現代行政学とガバナンス研究

堀 雅晴

東信堂

本書は、研究生活を応援してくれた両親・家族に捧げられる。

はしがき

　現代行政学は19世紀末の米国で誕生して以来、2度目の世紀転換期を迎えて今日に至っている。日本行政学もこの学問潮流のなかから20世紀初頭に産声を上げるところになり、今回、初めての世紀転換期を迎えた。ここで現代行政学が二度にわたる世紀転換期を経験するなかで確立していったアイデンティティとは何だったのか。それは、いずれも現代国家の統治のあり方を主な研究対象として探究された理念や運動・制度の総体であったといえるだろう。そしてその内容は、大きく相違する時代背景から対照的な強調を示している。一言でいえば、一度目の転換期が現代行政国家の創世期にあたっており、機能拡大を肯定する側に立っていた（堀 1989, 1990参照）のに対して、二度目の今回の場合にはグローバル化時代における国際的・圏域的な諸機構の整備と、分権化・民営化・市場化の進展のなかで、現代国家それ自体を根本から問い直す側に立っているのである。

　本書の課題はこうした時代認識から、大きく分けてふたつあると考えている。ひとつは第Ⅰ部で取り上げる現代行政学、とりわけ日本行政学がグローバル化時代のなかで、いかなる変容を顕しながらも自らのアイデンティティの確立を模索しているのかをできる限り明らかにすることである。これは、いうなればガバメント研究としての現代行政学像である。いまひとつは第Ⅱ部で取り上げる、日本行政学においては未開拓分野としてありつづけ、これまでわずかの例外を除いて注目されてこなかったノン・ヒエラルキー／ヘテラルキーでボトムアップの自己統治システムの理論的な探求課題（すなわちガバナンス研究）を、グローバル化時代のなかで（改めて）新しく浮かび上がらせられている理論的諸潮流を解明することである。

　さらにいえば、本書全体で追究する具体的な課題は、ガバメント研究からガバナンス研究へのパラダイム・シフトの道筋の一端を明らかにすることである。なぜならば、ガバメント研究とガバナンス研究の関係性が一般的には、

一方の極でガバメント研究があり、他の極でガバナンス研究があり、その中央部分で両研究が共存する格好になっていることから、ここでの研究はこの課題に限定しておくものとする。

　ところで、このふたつの課題は別個に存在するものではなくて、不即不離の関係にある。それというのも、ガバメント研究もガバナンス研究もそれぞれが抱える民主政と官僚制の諸問題と向き合いながら、これらの課題に取り組まなければならないからである。そしてこれらの課題は、当該時代に固有の理論的課題というわけでは必ずしもないように思われる。その理由としては、日本行政学は戦後改革期の民主化政策の背後にあった（ガバメント研究ではなくて）ガバナンス研究（第5章）を十分に学ぶチャンスに恵まれず、高度成長期の研究課題に直面せざるを得なかった事情（本書第1章, 堀 2007, 2008a）と、また1960-70年代の民主主義運動の高揚期に当時の参加民主主義論（寄本 1978, 西尾勝 1988）として議論されたにも関わらずに、残念ながら行政学の重要課題として認知されないまま、今日にまで至っているそれがあるからである。

　ところが、最近、日本学術会議政治学委員会・政治学分野の参照基準検討分科会が公表した、「報告 大学教育の分野別質保証のための教育課程編成上の参照基準 政治学分野」（2014年9月10日）において、次のような注目すべき記述が現れる事態となっている。それは、「国家や自治体などに関する統治（ガバメント）についてのみ考えるのが従来の政治学であったが、企業や市民社会的なセクターを含めて、さまざまな集団相互に展開される『ガバナンス』をも政治の問題と考える局面に、現代政治学は入りつつある」(p.4)である。また行政学の領域ではないけれども、「公共政策」において、「〔さらに；このなかの記述は堀である。以下も同様のこと〕統治の範囲の広がりや自己統治に着目したガバナンス論〔中略〕にも関心を広げている」(p.6)との記述もなされる事態にも至っている。いずれにしろ、このことは従来のガバメント研究から、今日のガバナンス研究へと、研究の方向性が大きく変化してきている時代を迎えていることがよくわかる。

　それでは、本書では、こうした問題意識が各章でどのように論じられてい

るのかを、予め述べておこう。まず序章ではガバナンス研究の見取図を、用語・社会科学論・系譜と位相から説明する。次に第一部では、ガバメント研究としての現代行政学の位相を論じる。

第1章は、90年余の日本行政学の発達史を検討したものである。日本行政学会では、どうしたわけかこのテーマが久しく取り上げられておらず、本章によって日本行政学の抱える課題として、①懸案の組織理論と経営理論の脆弱性問題、②1990年代中期に成し遂げられる行政学の「国産化」の意義と限界、そして③現在の過渡期状況の理解等が初めて明らかにされる。

第2章では、日本行政学が、世界で日々成長する現代行政学の諸潮流のなかで、自らの立ち位置をしっかりと理解するために、手始めとして現代行政学の母国である米国における研究史を理論的に辿りながら、その成果を手がかりに日本行政学との比較分析を行うものである。これにより①日本行政学の姿を日本の「外」から眺めることができ、②其学のリーダーたちによって「国産」化が進められる「日本行政学」と呼ばれる学問的特徴をよりよく理解できるとともに、③ノン・ヒエラルキーでボトムアップの自己統治システムの探求課題が広大な未開拓の研究領域であることを発見することになるであろう。ちなみに以下では、そこで目指される学問的営為を新天地開拓型行政学と呼ぶことになる。したがって、第二部で論じられるガバナンス研究によって、有力な新天地開拓型行政学のひとつとして本格的に取り組む意義が理解されることであろう。

さて第二部では、ガバナンス研究としての現代行政学の来歴と研究の到達点を論述する。まず第4章では、ガバナンスに関する学説・概念・類型・論点の諸点について整理する。特に、これまで世界の行政学をリードしてきたPeters教授らとRhodes教授の間で、2000年前後に行われたガバナンス論争を検討するなかで、Rhodes教授が新制度主義から反基礎付け主義へのポストモダニズム・ターンを宣明したことを確認する。ちなみに、このガバナンス概念との出会いは、1998年8月から1年間、当のPeters教授の下で在外研究に従事したことがきっかけであった。

第4章では、2010年時点で、10年余りが経過したガバナンス研究の回顧

と展望に関する論考が、前述の2人よりも若い世代の研究者たちによって相次いで発表されたことから、それらをフォローするものである。これによりガバナンス研究に関する見解には、少なくとも①マネジメントに限定する狭義のそれ、②ガバナンス・ネットワークやメタガバナンス（＝個別ガバナンスに対して行われる集合ガバナンスのこと）にまで拡張する広義のそれ、③「無国家」国家論としてのガバナンスという政治学の基本的抽象的カテゴリーにまで上向していくそれ、の3つの見解があること、またモダニズムとポストモダニズムという二つの哲学陣営の対立が①②と③の間に大きく存在することが明らかになるであろう。ちなみに②については、在外研究で直接学ぶことができた Sørensen 教授と Torfing 教授の下でまとめた堀（2011a）でより詳しく論じてある。第4章をこの論文とともに読むことにより、ガバナンス研究が諸理論で幅広く行なわれていて、その最先端の議論をよく理解できるはずである。

　第1部と第2部の議論で、世紀転換期において現代行政学に生起してきていた、ガバメント研究からガバナンス研究への研究アリーナの拡張が大きく進んできたことを理論的に理解できることであろう。

　ところで、こうした研究の進展は日本におけるガバナンス研究の研究アリーナを、歴史研究と現状分析の両面でも豊富化する大きなインパクトを確実に持つところとなっている。その貢献を示すものが、事例研究として第三部で取り上げる大学界（第5章）とスポーツ界（第6章）のガバナンス研究である。すなわち前者では、戦後民主改革期にあって、未完のままで終わっている中央政府の教育行政機構構想が大学界を包括する全国的なガバナンス研究として論じられる。後者では、国際機関をはじめスポーツの国際団体、そして国内のスポーツ行政機構と競技統括団体、仲裁団体とスポーツ学界の間で、関心の高まるスポーツ・ガバナンス研究の現在を論じている。ちなみにガバナンス研究に出会う前までは、著者はたとえば堀（1998b）において、思い切って従来のサービス提供型を辞めて、マーケットの提供するサービスを調整したり購入したりする役割に回った協働型の行政組織モデルを提唱していた。しかしこれは、ガバメント側の自己改革に一方的に依存する改革論

であったことから、必要な前提条件が整わないなかでは残念ながら空論に終ってしまった。

　さて、以上の追究の成果を、ここで結論として先取りしておけばこういうことになるであろう。従来のガバメント研究ではガバメントの宿命であるところのヒエラルキー的でトップダウンを内在させる現代行政学を改善するあり方として、一方で議会改革・オンブズマン・監査機関の関与の強化等の外部的アプローチと、他方で行政官僚制の病理への「処置」としての、アカウンタビリティ・倫理と誠実性・公開・公正・法治主義による「健全性」確保の追究という内在的アプローチとを研究してきたわけである。本書ではそれらの研究に加えて、新天地開拓型行政学としてのガバナンス研究に注目して、パブリック・ガバナンスの構築に向けたネットワークおよびボトムアップ型による自己統治システムを創造する理論的課題が現に存在していることを明らかにするとともに、それを本格的に追究する学問的な意義があることを積極的に主張することを考えている。換言すれば、世紀転換期を終えつつある現代行政学は、今や、ガバメント研究からガバナンス研究へとその学問的営為を大きく発展させる時期を迎えているといえるのである。

　したがって、本書は今後の研究展望を明らかにすべく、終章において、まず Rhodes 教授や Bevir 教授のポストモダニズム・ターンの宣明に積極的に応える意味から、自らの立場を批判的実在論に据えるとともに、ここで論究してきたガバナンス研究が実在論に依拠するカール・マルクスのアソシエーション論に包摂可能かどうか、そして可能な場合にはマルクスには彼のガバナンス研究というべきものが存在するのかどうかまでも検討する。そしてその結果は、ガバナンス研究が彼のアソシエーション論に包摂可能なものであり、そして 19 世紀後半期における具体的なガバナンス構想を描いてみせていたことを今回明らかにすることができたと考えている。したがって、本書の立場からいえば、今後のガバナンス研究の展望は、ここを原点に据えることで確実に切り開かれていくのではないかと考えている。

　最後に、こうしたガバナンス研究の展望は、翻って考えてみるならば、21世紀の時代潮流であるグローバル化によって、新たな政治的意味空間が生み

出されているなかで生まれている（King and Kendall 2004: 14；間宮 2000）。そこでは、これまで主体としての位置づけを得られていなかった個人をはじめ、団体も国家も、営利団体も非営利団体も、政府機関も非政府組織も、相互のコミュニケーションを情報技術の急速な発達と普及のなかで、直接容易に、そして縦横無尽に行うことが可能になってきている（堀 2014b）。このことは丸山眞男がかつて指摘していた、社会の頂点部に位置する統治勢力が独占していた「伝統的パターン〔＝知識の下降経路〕の利用」（丸山 1998: 37, 傍点は丸山）の終焉を意味するものである。そのように考えると日本行政学は、もはや一握りの国家エリートや知識人を自らのアクターとして固定的に予定することも、またそのアクターが活躍する空間を国家間の関係性を意味する国「際」化の次元に限定して理解することも、時代錯誤となっている。

したがって、こうしたグローバル化の時代性を認識し自覚するために、本書では扱えていないけれども、堀（2005a）の指摘するとおり、日本行政学は、その時代に生きる人々の理性と感性を通じて形作られている統治思想と対抗思想の対立状況のもとで、どうしてもそうした状況から被る自己の思想的変容の問題に着目する必要が生まれている。またそのためには、やはり「個々人の思想的成長」という内面的なアプローチからの接近が有効であって、そこを基点にして日本行政学のアイデンティティとディシプリンの確立を考えなければならないであろう。ちなみにこのような問題意識が生まれた直接の契機は、海外の学会での研究発表を求めて、堀（2005a）の元になった最初のペーパーを執筆する機会を積極的に持ったことからである。同時にそうしたことは日本行政学の発展にとっても、それが自らに内在させる前述の広大な未開拓のままになっている研究領域の存在を自覚させつつ、今後、この領域での研究を順調に蓄積していく際に強く自覚しておかなければならない、大切な立脚点ではないかと考えている。

目　次／現代行政学とガバナンス研究

はしがき　(i)

序章　ガバナンス研究の見取図 …………………………………………… 3
1. ガバメント研究からガバナンス研究へ　(3)
2. 言葉としてのガバナンスとガバメント　(5)
3. ガバナンス概念と社会科学論　(7)
4. 系譜と位相からみるガバナンス　(9)

第Ⅰ部　ガバメント研究としての現代行政学 …………………………… 15

第1章　日本行政学の過去・現在・未来 ………………………………… 17
1. 行政学研究への誘い　(17)
2. 研究発展の時期区分　(19)
3. 創成期の行政学・地方自治研究: 1920－30年代　(22)
4. 形成期の行政学・地方自治研究: 1940－1970年代中期　(24)
5. 確立期の行政学・地方自治研究: 1970年代中期－1990年代中期　(27)
6. 過渡期の行政学・地方自治研究: 1990年代中期－現在まで　(30)

第2章　現代行政学の位相 ………………………………………………… 34
──現代米国行政学の自画像を手がかりに──
1. 世紀転換期と現代行政学　(34)
2. 既成行政学の形骸化　(35)
3. Kettl の政治思想アプローチ　(44)
4. Stillman の欧米比較アプローチ　(52)
5. Uveges と Keller のパラダイム・アプローチ　(56)
6. まとめにかえて　(59)

第Ⅱ部　ガバナンス研究としての現代行政学 ……………………………… 67

第3章　ガバナンス研究の新展開 ……………………………………………… 69
　　　　　──学説・概念・類型・論点──
　1. ガバナンス研究のグローバル化　（69）
　2. ガバナンス研究の学説　（70）
　3. ガバナンスの概念論　（72）
　4. ガバナンスの類型論　（77）
　5. 国家中心アプローチの論点　（81）
　6. 反基礎付けアプローチの論点　（84）
　7. まとめにかえて　（91）

第4章　ガバナンス研究の回顧と展望 ………………………………………… 93
　　　　　──代表的な三つの見解から──
　1. 10数年にわたるガバナンス研究　（93）
　2. Klijn（オランダ学派）の場合　（94）
　3. Torfing（新制度主義理論）の場合　（98）
　4. Bevir and Rhodes（反基礎づけ的解釈理論）の場合　（108）
　5. BevirとRhodesの決別宣言　（116）
　6. まとめにかえて　（119）

第Ⅲ部　事例研究からのガバナンス研究 ……………………………… 123

第5章　大学界のガバナンス研究 ……………………………………………… 125
　1. 「中央政府の『官』独占批判」論の陥穽　（125）
　2. ガバメント研究からの改革論の限界　（128）
　3. なぜガバナンス研究に注目し、その源流を求めるのか　（129）
　4. CI&Eと文部省「大学法試案要綱」　（131）
　5. 大学改革構想へのガバナンス研究の適用　（136）
　6. まとめにかえて　（137）

第 6 章　スポーツ界のガバナンス研究 ………………………………………… 141
 1．活況を呈する欧州でのガバナンス研究　(141)
 2．スポーツ界のガバナンス研究の現状　(142)
 3．スポーツのグッドガバナンス研究に向けて　(149)

終章　ガバナンス研究の展望 ……………………………………………………… 157
 ── マルクスのアソシエーション論への包摂 ──
 1．ガバナンスの概念構成　(158)
 2．マルクスのアソシエーション論の内容　(159)
 3．マルクス『フランスの内乱』(1871年)におけるコミューン理解　(166)
 4．マルクスの「自己統治（self-government）」論　(174)
 5．おわりに　(176)

参考文献　(191)

あとがき　(215)

索引　(217)

初出一覧

　各章の初出の発表先等は次のとおりである。なお本書への所収にあたっては、編集上から生じる必要な改訂を行っている。

序　章　「ガバナンス論研究の現状と課題:"スポーツのグッドガバナンス"に向けて」『体育・スポーツ経営学研究』(27巻1号2014年)のうちのⅠ～Ⅲ。
第1章　「リサーチ行政学・地方自治論」大塚桂編『シリーズ日本の政治 第1巻　日本の政治学』(法律文化社、2006年)。
第2章　「世紀転換期の現代行政学: 現代アメリカ行政学の自画像をてがかりに」『立命館法学』(2000年第3・4号、2001年2月)。
第3章　「ガバナンス論争の新展開: 学説・概念・類型・論点」中谷義和・安本典夫編『グローバル化と現代国家: 国家・社会・人権論の課題』(御茶の水書房、2002年3月)。
第4章　「ガバナンス論の到達点: ガバナンス研究の回顧と展望をめぐって」新川達郎編『公的ガバナンスの動態研究』(ミネルヴァ書房、2011年3月)。
第5章　「被占領期における中央教育行政のあり方をめぐって: ガバナンス論の源流を求めて」(2008年度日本行政学会「分科会C脱審議会の政治行政」における報告論文、2008年10月)。
第6章　「ガバナンス論研究の現状と課題:"スポーツのグッドガバナンス"に向けて」『体育・スポーツ経営学研究』(第27巻2014年2月)のうちのⅣ～Ⅴ。
終　章　「マルクスとガバナンス論(1)」『立命館法学』(2014年第4号、2014年12月)。

現代行政学とガバナンス研究

序章　ガバナンス研究の見取図

1. ガバメント研究からガバナンス研究へ

　周知のとおり、国際機関を始め国家や自治体のあり方の検討において、従来の統制原理に基づく官僚制度や利潤原理に基づく市場制度の利用に代わって、オルタナティブとしてのガバナンス論が大いに注目され、議論が活況を呈している。そうした背景には、次のような歴史的文脈を理解しておく必要があるだろう。

　それは、まず① 1970 年代初頭にかけて冷戦状態の激化とブレトンウッズ体制の破綻、そして二度にわたるオイルショックのなかで未曾有の財政危機が進行したこと、そして②これまでどおりケインジアンの考える「有効需要」創出を図る「大きな政府」（ビッグ・ガバメント）ではさらに事態の悪化が昂進するばかりであるとのネオリベラルの見解が各界エリートに支持者を拡大していること、そのために③ 1980 年代に入ると先進資本主義諸国は相次いで「小さな政府」（スモール・ガバメント）と市場原理を掲げた新自由主義政策による市場化・民営化と緊縮財政政策を強力に推進することになった（「ワシントン・コンセンサス」化を含む）。その結果、国民国家は一方で数多くの国際機関等の誕生（1974 年の G5、76 年の G6）や超国家の出現（EC から EU へ）をはじめ、圏域レベルでの調整機構の設立や多国籍企業の影響の拡大ともに、他方でローカルな政府や諸団体への分権化と各種の連携政策が深化するなかで、その構造と機能が著しく変容し、部分的には空洞化までもが進行するところにまで到ってきている。

　したがって、こうした新たな事態に対して、従来のガバメント・アプローチでは到底理解も対応も図ることができないことから、それに代わる新たな

アプローチの「枠組み」、すなわち「ガバナンス・アプローチ」の構築が、理論的にも実践的にも求められることになった。たとえば英国の政治学者ジェリー・ストーカー（Gerry Stoker）[1]は、こうした新たな事態について、「困難に直面する現代民主主義」として総合的な見解を打ち出している（ストーカー 2013）。そしてその困難性の原因を、「政治家が腐敗して無能」だからでも「市民が政治に幻滅」しているからでもなく、「政策課題が制御不能になった」からだと診断している（ストーカー 2013: 85-96）。またそのなかで社会科学はこの研究課題を解明するために、新たな理論（「ガバナンス・アプローチ」）を生み出すことになったと考えている（ストーカー 2013: 98-99）。

ここで、予め本書が理解するガバメントとガバナンスの両概念を説明しておこう。一方のガバメントは、国家（政府）が国民の自己統治として国民を支配（Osborne and Gaebler 1992 では rowing 漕ぐとのメタファーで表現する）し、行政機関が住民や団体等へのサービス提供や規制等に関わる管理運営を担当し、

● 2経路での移行の可能性

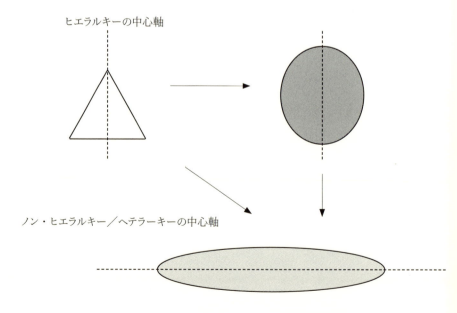

図序-1　ガバメント概念からガバナンス概念への転換

両者の関係性は独占的で閉鎖的なヒエラルキー的・垂直関係と特徴づけられるものである。他方のガバナンスは、非・国家（政府）や非・行政機関が国家（政府）・行政機関と対等な関係の有無に係りなくガバナンス自体で公共サービスや規制活動等を担い（同じく steering 操縦すると表現する）、両者の関係性はその有無に係りなく、ガバナンス自体として非独占・開放的なノン・ヒエラルキー／ヘテラルキー的・水平関係と特徴づけることができるものと考えている（堀 2007: 22-26）[2]。

　以上の説明について、概念図（**図序-1**）で視覚的に確認し、ガバメントからガバナンスへの転換についてもイメージしておきたい。まずガバメントは、トップダウンのヒエラルキーを中心軸とするピラミッド型で示すことができる。それに対してガバナンスは、ノン・ヒエラルキー／ヘテラルキーを水平軸にもつ円盤型（終章注 32 のとおり、以前「楕円形」とイメージしていた）で示すことができる。次にここでガバメントが維持・強化される場合と、ガバメントからガバナンスへ転換される場合が考えられる。そして後者の場合、ガバメントからガバナンスに直接に移行することも想定される一方で、民営化やエージェンシー化そして規制撤廃政策に伴ってヒエラルキーを中心軸にしつつも強固なピラミッド型が崩れて変容を被る場合も想定できる。したがって、そうした変形型を経由したガバナンスへの転換が計られることも予想されうる。

2.　言葉としてのガバナンスとガバメント

　はじめに語源からみておこう。ガバナンスはギリシャ語とラテン語の「（帆船の）舵を取る（steer）」という動詞の kubernan と gubernāre を淵源にもち、直接的には中世フランス語の gouvernance（グーベルナンス）を 14 世紀半ばごろに借用することによって、中世英語の語彙のひとつとした。またガバメントも同様に、時期は少し後になるが、同じく中世フランス語の gouvernement（グーベルヌモン）から借用した言葉である（Simpson and Weiner 1989）。

　次にその語意であるが、両方の基本的な意味は「ガバニングの行動ないし態様」（Simpson and Weiner 1989: 710）と「ガバニングの行動」（Simpson and Weiner 1989: 711）であり、同じ内容である。そして、今日まで英語の一般的

な語彙のひとつとして使用されている。なおガバメントには注釈があり、それには「ガバメントが、大方の場合に、ガバナンスの地位を奪いつつあると考えられるだろう」(Simpson and Weiner 1989: 711) と示唆されている。この見通しには刊行当時 (1989年) の一般的な状況が反映されている。しかし実際には、ガバナンスの地位はそれ以下には低下せず、反対に1990年代に入って多用されていくこととなり、英語圏以外でも頻繁に使われ始めることになるわけである[3]。

ところで、日本社会にもガバナンスという外来語は、今日広く浸透している。そこで国立国語研究所「外来語」委員会は、2006年に、わかりやすい日本語への言い換えを提案している。しかし、そのことはあまり知られていない (国立国語研究所「外来語」委員会 2006)。実は、取り上げられた176の外来語には、難易度ランクが付せられている。「ガバナンス」は、そのなかでも「最も分かりにくい外来語であり、公的な場面でそのまま使うことは避けるべき語」(国立国語研究所「外来語」委員会 2006: 2) とされ、一番わかりにくいランクとなっている。そこで同委員会では「ガバナンス」を「統治」に言い換え、意味は「組織が自らを上手に統治すること」(国立国語研究所「外来語」委員会 2006: 46) を提案している。しかし、この提案には、そもそも次の考慮事項が依然として残されている。

まず提案どおりと考えると、すでにガバメントが「政府」以外に「統治」を訳語としていることから、ガバナンスもガバメントも、その区別が考慮されなくてもいいことになるが、それでいいのか[4]。また本来、君主が国を治めることを意味する「統治」という言葉[5]が、民主主義社会で使用される用語として相応しいものなのかも考慮しておく必要があること (旧憲法第1条大日本帝国ハ万世一系ノ天皇、此ヲ統治ス) (成沢 1981) から、日本語側では「民主的な統治組織」(国家公務員法第5条、傍点は引用者) とするなどして、統治の言葉が背後に背負う「歴史的含意が持つ一種の呪縛力」(成沢 1981: 47) に絡められないように、その表現方法に工夫が必要となるだろう。

さてここで、小渕内閣時に設けられた「21世紀日本の構想」懇談会 (座長河合隼雄) のまとめた「最終報告書〔「日本のフロンティアは日本の中にある：

自立と協治で築く新世紀」」(2000年1月)が思い出されていいであろう。なぜならば、そこでは国のあり方として、「統治からガバナンス〔協治〕へ」[6]を掲げられていたからである。すなわち、「統治」には「『上から下へ』、あるいは『官から民へ』という官尊民卑型の統治のイメージ」(「21世紀日本の構想」懇談会 2000: 16)があり、ガバナンスには「自己責任で行動する個人とさまざまな主体が協同」(「21世紀日本の構想」懇談会 2000: 16)して、「新しい公」創出のイメージがあるとの理由づけがなされていたのである。このようなことからガバナンスを「協治」として理解すると、確かにアクターとしてのガバメント側にも「さまざまな主体」のひとつとして協同型マネジメントを行うイメージが持てることになるだろう。また実際に、自治体のなかでもこうした考え方を取り入れるところが生まれている（例 墨田区役所 2007）。

しかしこの考え方は、そのイメージはともかくとして、従来から主張されているガバメントを支える住民参加論（堀 2003）と、どのような本質的な違いがあるのかは実際上まだ明らかになっているわけではない。そもそも本書の定義するガバナンスが概念として定立するかどうかは、「協治」による「参加の拡充は統合様式の変革を要求する」(西尾勝 1988: 154)かどうかにかかっている。その意味で「協治」概念は、まだイメージ的理解の段階であって、「統治」に対置する概念にまで至っていないといわざるをえない。いずれにしろ、現時点では、カタカナのままガバナンスを使用していきながら、学問研究の進展と歴史的経験を積み重ねながら概念内容を明確化していくことが重要な作業になるであろう。

3. ガバナンス概念と社会科学論

次にガバナンス研究の検討に先立って入って、ガバナンスの概念に関しては、次の諸点を提示しておきたい。はじめにガバナンスの使い方として、時間的または空間的な事象や歴史的経験として生み出された事象のもつ実体的特徴を言い表す実体・関係・価値の各概念と、そうした事象を認識しそこから特質を析出するために使われる用具（「概念レンズ」）としての「分析」の概念がある（**図序-2**）（本書の pp.72-77 も参考のこと）。

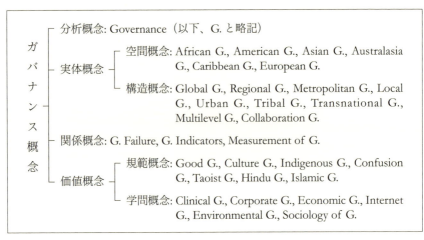

図序-2　ガバナンス概念の体系図（試論）

出典）Bevir（2007）から作成（注意、堀 2007: 29、図 6 の改訂版である）

　また概念の定義は、さしあたり「複数の事物や事象から共通の特徴を取り出し、それらを包括的・概括的に捉える思考の構成単位」（武笠 1998: 209）であるとすると、ここで新たにガバナンスという用語で概念化しようとする際の思考方法にも、当然のことながら現代の社会や国家を、どのように認識し理解すればいいかという社会科学論と直結する諸課題が内在していることがわかる。そのように考えると、この後で紹介することになる各論者のガバナンス研究を理解するうえで、それに先立って社会科学論の鳥瞰図（**図序-3**）を簡単にでもみておくことも必要となるであろう。

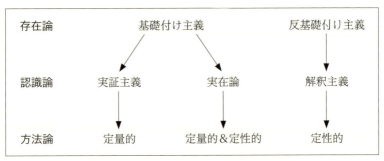

図序-3　存在論・認識論・方法論の連関性

出典）Furlong and Marsh（2010: 187）、Figure 9.1

そこでまず存在論からみると二つの立場がある。ひとつは基礎付け主義（foundationalism）であり、これは私たちの知識の外にリアルな世界が存在することを認め、知識はその世界に基礎付けられるものであると考えている。いまひとつは反基礎付け主義（anti-foundationalism）であり、これはそもそも知識の外に世界が存在することを認めず、アクターと観察者の解釈によって得られた知識によって世界が社会的に構成されたものであると考えている。次に認識論からみると、基礎付け主義は実証主義（positivism）と実在論（realism）の立場に分かれる。両者の間には世界の存在のあり方をめぐって、実証主義では超越論的実在を認めず、実在論ではその存在を認める点で見解が相違する。そのために前者では科学的認識が観察・実験によって獲得できると考え、後者では観察・実験によっては認識できないと考えている。また反基礎付け主義は存在それ自体を認めないから、その認識は当然のことながら解釈主義に依ることになる。最後に方法論からみると、基礎付け主義では定量的手法、実在論では定量的手法と定性的手法、反基礎付け主義では定性的手法が採用されることになる（Furlong and Marsh 2010）。

　最後になったが、この鳥瞰図を手がかりにして、日本の政治学・行政学研究の現状について少しだけ指摘したいことがある。それは政治学界において、近年実証主義の隆盛が認められることである[7]。その一方で実在論は現在、欧州を中心にして、古典的な段階を脱して批判的実在論（critical realism）として展開する段階にあるけれども、日本での研究はまだ紹介段階に留まっている（佐藤 2012；ダナーマーク 2015 参照）。

4. 系譜と位相からみるガバナンス

　はじめにガバナンス研究の前史であるが、1950-60年代に盛んに論じられた多元主義理論とエリート理論にまで源流を遡ることができる（ちなみに伝統的マルクス主義はそれらの対抗理論となっていた）。次に70年代に展開されたコーポラティズム、公共官僚制論、そして70年代後半からネットワーク論と政策コミュニティ論、イッシュー・ネットワーク論、政策執行研究が展開する（中村 2006；堀 2007: 34-35）。

表序-1　ガバナンスに関するナラティブ

ガバナンス・アプローチ ＼ ガバナンス・ナラティブ	国家危機仮説 （ガバメント無きガバナンス論）	国家狡知仮説 （ガバメント・ガバナンス並立論）
再構築型アプローチ	空洞化命題 ネットワーク・ガバナンス	ポスト民主主義研究 非政治化命題
比較型アプローチ	退場理論 ネットワーク化ポリティ	競争的国家 ネオ・リアリスト理論

出典）Palumbo（2010: XV）の Figure 1 に基づき加筆して作成。

　次にガバナンス研究の本史であるが、まずその概観からみておこう。**表序-1**のとおり 2000 年前後で、その論調（ナラティブ）に大きな断絶が生じていることから、そこで前半期と後半期に区分されることになる（Palumbo 2010）。そして前半期は国家危機仮説の論調（ガバメント無きガバナンス論）であり、それは政治的変化を、国民国家の行為者を蝕みつつ、その改革能力を喪失させる、奥深いところで進行する社会的経済的再編に依拠するものとみる。またそこで求められるのは再構築型アプローチであり、一方で意思決定・政策立案・政策執行に関わる経験的ミクロ研究と、他方で新制度主義者であれば制度的変化に、新機能主義者であれば過程的イノベーションである。次に後半期は国家狡知仮説の論調（ガバメント・ガバナンス並立論）であり、いわゆる国家退場論（例 Strange 1996）への懐疑的立場から、たとえ国家優位性までの主張はしないにしろ社会的経済的変数から政治的行為の自律性を再確認する。またそこで求められるのは比較型アプローチであり、ミドルレベルの研究と、抽象的で分析的なカテゴリーが精緻化と比較化がなされることになる（本書, pp.77-81；堀 2011a: 1274 1275）。

　また以上のガバナンス研究の本史を「研究アリーナ」として回顧した場合には、次の三者の理論的な立ち位置（位相）が、先の社会科学論の各典型を成していることがわかる。すなわち存在論における基礎付け主義ではオランダ学派の Erik-Hans Klijn と批判的実在論・新制度主義理論の Jacob Torfing が、反基礎付け主義では解釈主義理論の Mark Bevir と R.A.W. Rhodes がそれにあたる（詳しくは本書第 4 章）[8]。

　さて、ここでは後述との関係で、三者から示唆されるガバナンスの議論内

容について指摘しておきたいことがある。まずKlijn（2008）は、ガバナンス研究としては次の2つのタイプ、すなわち①マルチレベル・ガバナンスないしは政府間関係としてのガバナンスおよび②ネットワーク・ガバナンスとしてのガバナンスがそれに該当すると判断している。そしてその他の③グッドガバナンス（1990年代にIMFと世界銀行が使い始めた当時の概念）ないしはコーポレート・ガバナンスとしてのガバナンス、④ニュー・パブリック・マネジメント（New Public Management: NPM）としての、パフォーマンスとアカウンタビリティの改善としての、あるいはマーケット・ガバナンスとしての、各ガバナンス研究はいずれも公共経営論（public management）の守備範囲であって、ガバナンス研究から除外するのである。これは、「狭義のガバナンス研究」と呼んでいい考え方である。

次にTorfing（2010）からは、「広義のガバナンス研究」と呼んでいい、7点にわたる第二世代の研究課題が提起されている。ここでは後述との関係から、冒頭に指摘される①個々の市民と組織化された市民による、民主主義的参加の促進・向上を進める方向における、ガバナンス・ネットワークの役割に関係する課題と、最後に指摘される⑦ガバナンス・ネットワークのメタガバナンス（あるガバナンスに対して行われる別のガバナンスの在り様のこと）に関係するものだけを挙げておきたい。ちなみにこのメタガバナンスとは、一方でガバナンス・ネットワークは自然発生的には出現しないものであって、公共オーソリティ（ガバメントのこととして理解されている点に留意のこと）によって推進化・主導化・企図化されるものでありながら、他方でメタガバナンスは官僚主義的なルール・メーキングと絶対的な指揮監督の点で伝統的な国家主義的ガバメント・スタイルに復古することなしに、相互作用型ガバナンスの自己規制的な諸プロセスの推進・管理・指揮に関する熟議的試みを含むものである。

最後にBevir[9] and Rhodes（2010a）からは、「第一の波」の英国ガバナンス学派とTorfingらの「第二の波」のメタガバナンスに決別する、「第三の波」論が提唱されるのである。ここでは、その際の拒否内容が注目される（本書: 112-113）。後述の関係から指摘しておきたいことは、基礎付け主義からくる

経験主義的記述や具象化した国家構造観、そして国家回復論としてのメタガバナンス（これは Torfing らのガバメント・ガバナンス並立論のことを指す）を批判しつつ、彼らは自らの考え方の中心に、競合し合う伝統とジレンマで特徴づけられる信条をもつ人間のプラクティスを置き、それらの偶発的な活動への参照からガバナンスを説明するナラティブを重視するのである。この立場は一方でミクロレベルでの実証主義と経験主義への批判としては大きな意義があるけれども、他方でメゾレベルとマクロレベルでは、国家を「行為者の信条によって活気づけられる多様な行為や政治的闘争の偶発的な産物」（Bevir and Rhodes 2010a: 99）だとして無国家国家（the stateless state）の到来までも直ちに宣言する帰結を招来するものとなっている。したがって、今後、メゾとマクロの両レベルへの理論拡張がきちんと試みられなければならないことから、大きな理論的課題が残っている（Jessop 2012）。

　最後に、今後の日本行政学におけるガバナンス研究の立ち位置について述べておきたい。説明のために、縦軸に「強い執行部／トップダウン」⇔「弱い執行部／ボトムアップ」を、横軸に「ヒエラルキー型」⇔「権力バランス型」をそれぞれにとった座標軸を考えてみる（**図序 -4**）。そうすると従来の国内での諸見解は縦軸ではほとんどが「強い執行部／トップダウン」の側にある。横軸では大半が「権力バランス型」の側にあり、「ヒエラルキー型」には NPM 推進論（上山 2004；大住 2002）がある。なお「弱い執行部／ボトム

図序 -4　行政学的思考方法の 4 類型

出典）堀（2001a）の表 3（本書第 2 章表 2-2）であり、ここでは図の形に表示してある。

アップ」と「権力バランス型」の象限にはネットワーク研究やガバナンス研究が含まれ、日本では寄本勝美の「機能的相互連携型システム論」（寄本1978）が唯一含まれると思われる。したがって第2章で詳述されることになるけれども、ノン・ヒエラルキー／ヘテラルキーかつボトムアップの象限での理論的探求を図ろうとする新天地開拓型行政学の提唱は、本書でいうところの、ガバナンス研究の追究であることを意味するものとなっている。

注

1 Stokerは、別のところで、民主的なガバナンスを支えるマネジメントについて、伝統的行政学（Traditional Public Administration）や新公共経営（New Public Management）ではなく、公共価値型マネジメント（Public Value Management）を提唱している点で注目される（Stoker 2006: 44, table1）。

2 ここで、「ガバメント（Gt）」概念と「ガバナンス（Ge）」概念の集合関係について考えておこう。はじめに、ミクロレベル・メゾレベル・マクロレベルの各レベルで、Gt、Gt⊃Ge、Gt＝Ge、Gt⊂Ge、Geの5通りが考えられる。そして現状がいずれの関係であるかは、政策分野の種類および超国家・圏域・国家・地域と各ステイクホルダーの歴史的関係性によって規定されるだろう。ちなみに表序-1で述べられているガバメント無きガバナンス論は、このなかのGeのことであり、ガバメント・ガバナンス並立論はGt⊃Ge、Gt＝Ge、Gt⊂Geという3つの場合を含むものである。なお、こうした集合関係を使った整理の仕方は、Bovaird（2002）もFigure2（p.349）で示している。

3 英語圏以外への波及には、UNESCOが1949年に創刊し現在も関与する雑誌International Social Science Journal（英語版の他に、仏語、スペイン語、中国語、ロシア語、アラビア語の各版がある）が、1998年に第50巻（155号）でガバナンス特集を企画し、9本の論文を掲載したことが大きく寄与している。その後、例えばメキシコ国内では、José Juan Sánchez González, *Gestión Púplica y Governance*, Instituto de Administración Pública del Estado de México（2002）が刊行され、ガバナンスの研究アリーナが形成されることになったのではないかと思われる。

4 クリントン政権の誕生とその後の改革運動に大きく寄与し、米国でのガバナンス研究として注目されたのは、Osborne and Gaebler（1992）であった。しかし翻訳では、governanceを「統治」（原著p.247, 訳書p.229）と訳したことから、今からその当時を振り返ると、単なる行革指南書として受け止められることになったのではないかと思われる。

5 「統治」と類似の用語として、名詞の「総理」が内閣総理大臣として、動詞の「総理する」が日銀総裁、人事院総裁、国立大学法人学長として、該当する法律で

使用されている。

6 　この表現からすると、英語表記は from government to governance となろう。しかし同報告書の英語版から推測すると、その表記は government and governance（through cooperation among actors）となる点に留意したい。またそのように考えると、その当時の論調は表序-1 に示すとおり、ガバメント無きガバナンス論の考え方が優勢ななかで、当該報告書がそれに与せず、ガバナンス・ガバナンス並立論の立場に立っていることは注目される。

7 　道徳と公共哲学の歴史に依拠する規範理論に対抗する意味からみた、実証主義理論の来歴を理解するための好例は、政治学では坂本義和（2011）に対する猪口（2011）である。また行政学でも、行政学のアイデンティティが今や「行政を対象とする研究」だとする真渕勝と、それが「行政学としてのディシプリン」の欠如に当たると指摘する今里滋で見解の相違がある（今里 2011）。今里は真渕の見解の背景に、「価値自由」への誤解があるのではないかと指摘している。ここではそれに加えて、それと関連する、真渕が監訳したキングほか著『社会科学のリサーチ・デザイン：定性的研究における科学的推論』（木鐸社 2004 年）に全面的に依拠した実証主義的認識論に由来する見解があるのではないかと考えている（Furlong and Marsh 2010: 196-199 参照）。

8 　ちなみに Bevir 自身は anti-foundationalism ではなくて、postfoundationalism という言葉を使っている（Bevir 2004）。そして彼によって、その言葉には①人々の立ち位置の知識に由来する信条ではなくて、彼らが世界を構成する際に用いる理論・意味付け・信条の意義、②ボトムアップ型研究形態へのシンパシー、③社会生活の偶然性への強調が込められているけれども、両者に根本的な相違はないと考えられる（Bevir 2004: 609-610）。

9 　新書版の手軽さで読める Bevir（2012）だが、そこでは彼自身が唱導するポスト基礎付け主義のガバナンス研究への言及がなされていないことに注意が必要である。

第Ⅰ部

ガバメント研究としての現代行政学

第1章　日本行政学の過去・現在・未来

1. 行政学研究への誘い

　本章の目的は近代国家形成のあり方の特徴を深く刻印されているのではないかと思われる、日本における行政学の発展過程（地方自治研究を含む）について、その誕生から今日の姿までのいわゆる鳥瞰図を示すなかで、読者を斯学に招き入れようとするものである。その狙いを一言でいえば、戦後からではなくてその誕生から書き始めることで、戦後も長くその影響を及ぼし続けている講壇的学問と官僚的法解釈論の支配状況を、その行間に込めたいがためである。

　さて行政学・地方自治研究はその名のとおり、一方の行政学は学問名称であり、固有の研究対象と研究方法・体系を有するものである。他方の地方自治は研究対象の名称であり、研究方法も行政学をはじめ政治学や憲法学・行政法学・経済学・財政学・社会学等、さまざまである。したがって本章で意味するところは学問方法である行政学と、それが固有の研究対象とする国家等のガバニング活動と、それ以外に重要な対象としてきた地方自治に対する行政学アプローチに関する事柄に限定されることになる。

　ところで行政学の母国は、よく知られているように米国である。後の大統領になる Woodrow Wilson の雑誌論文（Wilson 1887）がその始まりである。それ以降、米国行政学は行政国家形成期における制度改革課題の要請に応えるべく研究教育を発展させて、今日では世界の行政学の中心になっている。日本における行政学の研究教育の歴史は後述するとおり、実質的に見て、1921年に東京と京都の両帝国大学における行政学講座の再設置以降、90年余りということになろう。

当初は東京帝国大学の蝋山政道（1895-1980）と京都帝国大学の田村徳治（1886-1958）の2人によって担われた。そして現在では行政学会の個人会員だけでみても、690名（2016年現在）を超えるまでに発展してきている。また日本における行政学の学問上の特徴は今から思えば、隣接学問分野の動向からも外在的に規定されてきたといえるだろう。一方で自らが帰属する政治学全体が欧米政治学理論の摂取に全力を注いでしまって、日本の現状分析に関わりが希薄化していたことがある。他方で憲法学が本来担うはずの統治の制度とその運用に関する研究に期待したほどの進展が十分にみられず、制度論的研究に終始していたことがある。そこで両学問分野で手づかずのままになっていた、国と地方自治体に関する制度と実際にわたる研究に精力的に取り組んできたといえるであろう。あわせて公務員研修の実務や行政部門の各種審議会や住民・労働運動等を通じて、実務・実践にも関わってきたことも特筆される。

ところで米国行政学にはそれを育てた革新主義改革運動があったように、日本の行政学にもいわゆる大正デモクラシーの流れを継承した戦後改革という時代の要請があった。そこでは学問としての存在意義を辻清明以来、政治行政の民主化と現代化の二つの課題に求めてきた経緯があり、大変に保守的で官治的な傾向が強いなかで彼に代表されるリベラルな学風と、リアリストとしての研ぎ澄まされた現実感覚がそれを内面から支えてきたのではないかと思われる。したがって歴史が浅かったにもかかわらず行政学の今日の発展ぶりは、こうした先達の学問への情熱と実践への努力が実を結んだのではないかと思えてしかたがないのである（みすず書房1991；田口2001；寄本1983）。

さてこのような歴史や内容・特徴を持つ行政学・地方自治研究について、さしあたりどのように学んでいけばいいのか。このように問われて、すぐに適当な答えが見つかればいいけれども、なかなかそういうわけにはいかない。教科書類[1]から手始めに何冊か読んでみたらどうかと考えてみたものの、その後が続かない。それではいけないので、わかる範囲で、冒頭で述べた鳥瞰図を大まかに示しておいて、学術文献を読み進んでもらおうと考えた次第である。こうすれば読者にも、その当時の研究課題や問題意識について大方の

見当が付けられるからである。また将来についても、何らかの見通しが提供できるかもしれないと思われるからである。

それでは、日本における当該学問の誕生から現在までの歴史をいくつかの時期に区分して、各時期の概要を紙幅の許す限りで説明してみたい。

2. 研究発展の時期区分

まずはじめに、日本行政学・地方自治研究の時期区分から述べていこう。かつて辻（1976a）が三つの時期区分を行ったことがある。まず「創始期」として東京帝国大学に行政学が科目として設置された期間（1882-91年）、次に「復活期」として東京と京都の両帝国大学に行政学講座が再設置されて以降から第二次大戦期を挟んだ戦後期、そして執筆当時の70年代を「発展期」としていた。しかし今日それから数えて、すでに40年が経過している。改めてここで時期区分を考えたい。

そこで辻の考え方を敷衍しながら、四つの時期区分、すなわち「創成期」「形成期」「確立期（70年代中期-90年代中期）」「過渡期（1990年代中期から現在）」に分けて考えたい。その理由はこうである。そもそも日本における行政学・地方自治研究の発達を概観してわかることは、行政学者の学問的リーダーたちが海外の学問紹介に終始しがちな、いわゆる「輸入品としての行政学」の現状を一刻もはやく是正したいと考えたことと、日本行政の現状を十分に説明しうるだけの理論枠組を構築したいと研究に専念したことである。その意味で「国産の行政学」（西尾・村松 1994: i）を構築したいという目標の達成は、関係者の悲願であった。そのように考えるならば西尾・村松（1994-95）（有斐閣講座と略）の刊行は、その達成を示す重要な指標になりうると思われる。言い換えるならば、90年代中期に日本行政学は学問としてその確立を成し遂げたと言っていいであろう。

ところで実は有斐閣講座の刊行に先立つこと20年前に、日本で最初の講座である辻編集代表（1976b）（東大講座と略す）が刊行されている。これは先ほどの目標から見れば行政学が、形成期から確立期に向けて重要な前進を示す指標になるように思われる。なぜならば当講座は先の「国産の行政学」と

いうアイデンティティに関わる基本的な課題の外にも、国際化時代への対応（国際行政と比較行政、グローバルの視点）および日本行政の制度と機能の詳述という二つの課題についても手つかずのままで残されていたからである（西尾・村松 1994: i-ii）。

こうしたことは、なぜそれまで行政学講座が存在しなかったのかという疑問とも重なる。これに対して蝋山は、東京大学出版会作成の出版カタログで二つの原因があるという。一つは行政学の研究蓄積と研究者のいずれもがわずかであったことと、いま一つは行政学としてその存在意義を鋭く問われることとなる公害問題をはじめ開発行政や計画行政といった重要な学問課題に直面したことである。これに加えて60年代後半に全国の大学を襲った深刻な学園紛争も、彼らの研究生活に大きなダメージを及ぼした。同じカタログには、行政法学者の田中二郎（1906-1982、41年に東京帝国大学教授就任）が東大講座の刊行で、ずっと以前から持っていた「『行政学とは何か』という素朴な疑問」が晴れたと述べていることに目がいく。

さて最後に現在の「過渡期」について、ここで先取りして述べておきたいことがある。それは前述してきた日本において確立されてきた学問体系とその特徴は、形成期と確立期を担った第二世代（辻 1913-91・長浜政壽 1911-71・吉富重夫 1909-76・足立忠夫 1917-2003 等）とその後継者である第三世代（佐藤竺・君村昌・中村陽一・沖田哲也・本田弘・片岡寛光・大森彌・西尾勝・村松岐夫・寄本勝美・中邨章・今村都南雄・水口憲人・新藤宗幸・新川達郎等）の学会リーダーたちによって構築されたものである。そして今日では、公に「達成感」と「充足感」（西尾勝 2001b: 35）が表明されているものである[2]。しかしながら現在の学問状況を見るならば、次の第四世代にとっては、必ずしもその継続性に確信が持てる状況にはないことは明らかであろう。例えば東大教授の田辺国昭はこう述べる。

　　　21世紀においても研究者の想像力を刺激し続け、新しい研究プログラムを生みつづけることによって、維持することができるのか、それとも、20世紀に置き去られて、かつての骨相学のように、現在では否定されてしまっ

たある時代風潮を示す遺物となり果ててしまうのか（田辺 2001: 138）。

　ここで日本行政学の将来展望について、これまで明示的に述べられた範囲から、さしあたり言えばこうなる。今やアングロ・サクソン諸国から全世界に広がってきているNPM運動の台頭を目の当たりにするなかにあって、日本行政学の発展方向の幅は一方の極で、従来からの方向性である「国産の行政学」構築という課題を支えているところの「制度学・政策学・管理学という三つの学の混成物からその合成物」への成長発展型の方向性（西尾勝 2001a）やさらなる総合学問への発展を展望する学際・市民的ディシプリン開発型の方向性（足立 1992a）であり、他方の極でNPM型行政学（上山 2004）をはじめ公共経営学（片岡 2004）、アドミニストレーション概念を中核に据えた総合管理学型の方向性（手島 1999, 今里 2001）やノン・ヒエラルキー型のボトムアップ論を理論的中核とするまったく新しい行政学を展望した新天地開拓型の方向性（本書第2章）等があるように思われる。そして現在の関心は、それぞれの方向性が、NPM運動とどのような関係に立とうとしているのかに集ってきているようである（進藤 2002）。

　もちろん、こうした今後の方向性がどのようになっていくかを十分に見定めるためには、どの学問でも共通して言えることであるけれども、学問それ自体の内在的発展力とともに、今後の社会的ニーズの見きわめと学問研究の社会的貢献度と認知度が共に大切になってくる。その点で今までになかった要素が日本に生まれている。それは昨今の大学院改革のなかで専門職養成の大学院の誕生のことである。そこでの教育内容がどのようなものなっていくのかが、行政学のあり方と内容そして研究方向を大きく左右するファクターとして見過ごせなくなっている[3]。いずれにせよ行政学は、現在、学問の確立後の安定した状況にあるというよりも、次の段階までの過渡期の局面に入っているように思われてしかたがないのである。

3. 創成期の行政学・地方自治研究: 1920 − 30 年代

　日本における行政学という名の学問は1882（明治15）年から、お雇い教師であるドイツ人ラートゲン（K. Rathgen）が東京大学文学部政治学科で教えた講義科目の一つとしてスタートした（辻1976a）。しかし設置から10年もたたない1891年には早くも廃止された。その背景には86年帝国大学令において大学設置の目的が「国家ノ須要ニ応スル学術技芸ヲ教授シ及其蘊奥（うんのう）ヲ攷究スル」こととなり、大学の理念として「立憲君主主義の国家体制建設期にふさわしい国家主義」と「資本主義の発展を迎える時期に適応する実用主義」（寺﨑1992: 227）が選択されたことがありそうである。具体的には1889年の大日本帝国憲法の発布のなかで、法律科目の需要が高まったことがあげられる。私学にあっても事情は同様のようである[4]。この点では政治学は対照的な存在であろう。官学のみならず私学や在野にあって、その後にわたって継続的に研究されてきて今日に至っているからである。

　辻はこの点を捉えて、官学による「講壇行政学」（辻1976a: 297）としての性格を指摘する。またこの当時の行政学の内容は、ウィーン大学国家学教授のローレンツ・フォン・シュタイン（Lorenz von Stein）の影響が大きかった（辻1976a: 297）。背景には憲法制定を準備していた伊藤博文が、明治憲法体制の樹立にあたっての国家的正統性の根拠を彼の学説に求めたことによる（寺﨑1992: 224-25）。なおシュタインの行政学は内容的にみて渡辺訳を介した点で「君主の家政の学問」としての性格を有する官房学的性格が強く、日本行政学の源とは一線を画するものとの見解で落ち着いている（辻1976a: 322；西尾勝2001a: 143）。

　さて、それから日本行政学が再び固有の学問名として大学に登場するには、30年がかかった。すなわち1921（大正10）年に東京・京都の両帝国大学法学部に、ふたたび行政学講座が設けられることになったからである（当時は一人一講座制）。時代は日本も重工業時代を迎えて都市・農村問題が顕在化したころであり、いわゆる大正デモクラシーの高揚のただなかであった。設置に至る直接の理由はこうした時代背景のなかで、従来から行政学に比べて自己の存在理由を十分に主張し続けてきた行政法ではあったけれども、行政法

各論ともなるとその法体系だけではなかなか論じれきれないさまざまな問題があることが担当者の間で痛感されていた。したがって行政学には改めて、その不備を補う役割が大いに期待されていたというわけである（蠟山・辻・吉富 1962: 82, 84）。そして最初の担当者には国際政治と行政法という、それぞれ異なる学問を学んでいた前述の蠟山と田村が就いた。

　この2人は周囲からのそうした期待に応えるべく、日本行政学の「真の創始者」（辻 1976a: 322）と見なされるべき学問業績を生み出した。辻は彼らの特徴を、次の三点にまとめている（辻 1976a: 322-29）。

　第一に学問方法論から見て、行政学を一つの学問として自立させるべく、政治学（蠟山）と法律学（田村）のそれぞれから自立させる志向を有していた点である。第二に自立した行政学による独自性の主張には行政を直接の研究対象とするべきとした点や、イデオロギーとは区別される構造と機能の合理的性格を指摘する点にあったことである。そして第三に両者とも、学問の体系化に努力した点である。

　それ以外にも指摘しておきたい特徴がある。それは政治学と行政学の関係をめぐって、統一的把握で決着がつけられたことである。実は米国行政学においては今日あきらかに二つの系譜の存在（本書 p.62, 注10）が認められるなかで、日本においては当初から政治学からの行政学の相対的自立を認めた形での統一的把握が選択されている（蠟山ほか 1950: 77、蠟山・辻の発言）。そのことで日本行政学が行政過程を、単なる技術的合理化過程としてだけでなく、政治的非合理化過程としても見ようとする二重の観点把握の立場に立つことになったといえる（蠟山ほか 1950；田口 2001: 141-44）。

　ところで20世紀初頭の重工業社会への移行は講壇行政学をこうして復活させただけでなく、都市行政分野での注目すべき研究と実践を生み出した。具体的には関東大震災後の復興計画や都市行政の調査研究に携わった東京市政調査会（創立1922年）の活動であり、大阪市助役・市長（1914-35年）として総合的な都市政策の立案と実施で活躍した関一（1873-1935）を挙げることができる。またその学問的背景には、先に述べた Wilson 論文が発表された1880年代から90年代に、実際に米国で都市行政と改革運動を学んでい

た社会主義運動の指導者の片山潜（1859-1933）が帰国後に著した諸論考（『都市社会主義』〔1903年〕としてまとめられる）があり、早稲田大学教授の安部磯雄（1865-1949）の『応用市政論』（1908年）等がある。同時期の著作として、ここで忘れてはならないものに、ニューヨーク市政調査会理事でコロンビア大学教授のチャールズ・ビアード（Charles A. Beard）（1874-1948）の『東京市政論』（1923年）や「近代都市計画の父」と呼ばれた池田宏（内務省・初代都市計画課長）（1881-1939）の『都市経営論』（1922年）がある。

したがって誕生まもない行政学はその母国と同様に、実際の改革運動から栄養を吸収したのである。現に蠟山は後年、都市行政を研究し始めた当時を振り返って、国内の参考文献としてあげた四冊のなかに池田と関の書物がある（蠟山1966）。また彼はビアードから行政（官）の法律偏重とドイツ観念論のドグマへの批判と、実地調査に裏付けられた学問構築の重要性を学んだということからもうかがい知ることができる（蠟山・辻・吉富1962）。

4. 形成期の行政学・地方自治研究: 1940－1970年代中期

1945年8月15日は、日本にとって第二次世界大戦の終結とそれに伴う民主国家建設に向けた新たなスタートの日であった。その事情は学問にあっても同様であった。日本の行政学は政治学が「科学としての政治学」（丸山眞男）として出発するのと歩調を揃えて、第一・二世代の人たちによる真理の探究の営みが公然と始まった。

形成期前半は40年代後半から50年代である。スタート時点での学問状況から見ていこう。この点については吉富重夫による文献解題（吉富1951）が参考になる。彼が行政学の概論としてあげる文献のほとんどが米国のそれであり、国内からは蠟山（1928, 1930, 1936, 1950）・田村（1925, 1938）・吉富（1939, 1948）を挙げるのみであった。ただし注意すべきことは米国以外でも日本と事情はだいたい同じであって、官房学の母国である独国ではすでに衰退しており、英国でも概論に見るべきものはないという有り様であったという。

1952年は創始者の下で育った第二世代が相次いで単著を刊行した点で、一つの画期をなすといっていい（西尾勝2001a: 44；足立1992b）。それは辻『日

本官僚制の研究』、足立『近代官僚制と階統制』、長浜『地方自治』、吉富『行政学』である。

また蝋山より指摘のあった新たな研究課題について、当時刊行されていた『行政研究叢書』(1957-64年) のテーマから拾うとこうなる。「地方自治の区域」「行政管理の動向」「人事行政の課題」「行政機構の改革」「開発行政」「大都市行政」である。これらはいずれも、戦後日本経済が50年代以降、73年のオイルショックまでの20年にもわたり高度成長を維持することになるけれども、それを推進した各種の国家政策のうちでも全国地域開発政策と、官民一体となった推進体制の再編問題（被占領政策の見直しも含む）をめぐって、その学問的関心から生まれたものである。

最後にこの時期には、現在のような自治体労働運動や住民運動の側からの、地域開発や公害問題等への研究活動が開始された（宮本2005）。1957年の第1回地方自治研究集会はその画期をなす。そして雑誌『月刊 自治研』(1959年)や『住民と自治』(1963年) の刊行開始により、研究と実践の持続的な交流が草の根レベルで図られていくことになる。

次の形成期後半は60年代以降である。第三世代の年長者による初めての教科書、加藤ほか（1966）や米国行政学のリーダーであるワルドー（1966）、岡部（1967）、川中（1967）等が刊行された。また先述の新たな研究課題を『行政研究叢書』と『年報行政研究』(1966-76) の特集テーマから拾うとこうなる。「行政改革の推進と抵抗」「公害行政」「現代行政の実践課題」「計画行政の理論と実際」「政策決定と公共性」「行政における組織と人間」「社会変動と行政対応」である。

ここで注目すべきは地方自治研究が安保反対国民運動の挫折以降、松下圭一論文（松下1961）によって大きな「起爆力」（松下・村松1990: 10）を得たことである。そして実際に63年以降の地方選挙では、いわゆる革新首長が相次いで誕生した。革新自治体の誕生はその理論と実践に大きな飛躍を促した。この研究分野のリーダーの一人である鳴海正泰（横浜市長〔1963-78年〕だった飛鳥田一雄のブレーン）は、「地域民主主義論」「シビルミニマム論」「市民参加論」での学問的成果をそこに見ている（鳴海1994: 第3章）。

さてこの時期の研究の集大成は 70 年代に入って明らかにされた。それは 1972-73 年に刊行された学際的な研究成果である伊東ほか編『岩波講座現代都市政策』であり、辻古稀記念論文集（渓内ほか 1974）と先述の東大講座である。

ところで今日の過渡期状況に関わって、ここで少し補足しておきたいことがある。それは日本の行政学の特徴ともなっている組織理論と経営理論の弱さ（西尾勝 1999 や森田 2010 でいうところの「管理学」に相当するもの）が、実はこの形成時期に徐々に進んだ両理論の外延化に起因するものではないかと思われる点である。換言すればこの外延化を契機に、内包部分の豊富化へと動き出したのではないかと思われるのである。

ここではそのように考える状況証拠を、二つ挙げておきたい。一つは先ほどの加藤ほか（1966）では、サイモン（1977）らの『行政学』（原著の出版は 1950 年）で示された構成、すなわち「人間の合理的活動―組織の形成 - 維持 - 発展」を軸にして、「組織と管理、行政組織、予算行政、人事行政、行政責任」（加藤ほか 1966: 13）の各テーマを扱うやり方が、本来の構成として考えられていたことである。周知のとおり米国行政学には行政理論と組織理論の「ふたつの水脈」（西尾勝 2001a: 27）があり、その後の米国行政学の展開が「合流と分流」（西尾勝 2001a: 27）の発展史であることを斟酌すれば、日本においても当然そうした学問展開の可能性が意識され追求されてもいいはずである。すでに「行政と経営」（公共性と企業性）に関心を寄せる公法学や経営学・会計学そして行政学の専攻者による行政管理研究会（1961）の成果もあった（一瀬 1988: 22-23）。そして実際にも、それは追求されていたと思われる（村松 1963, 1966; 井出・西尾・村松 1976: 11; 西尾勝 1976, 1983a; 今村 1978）。しかし学会全体は当時、ワルドーへの「傾倒的偏向」（今村 1983: 111）のなかにあったために、それ以上は進まなかったと思われる。

いま一つは戦後、行政管理庁行政管理局長等を務めた岡部史郎（1909-75）からの期待の表明があったことである。彼は当時のアカデミズムの主流の立場を「政治学派」と名づけて、自らの立場である「経営学派」とは区別（岡部 1957, 1967: 22-25）した上で、「新しい学問としての行政学」が「それぞれの立場が、他の立場と協力し、融合しつつ、発展をつづけている」（岡部 1967:

24）との一応の認識を示しつつ、その方向性に大きな期待を寄せていた。近年でも実務家出身で東大講座に関わっていた田中守（1915-1995）の「願望」（田中 1992: 238）がそれを物語っている。

　それではなぜこうした人的にも学問的にも基盤がありながら、日本行政学がそうした財産を生かせなかったのか。確かな証言がないので推測する他はなく、ここでは控えておく。いずれにせよ、この時期には加藤ほか（1966）が想定した、もう一つの構成をもつ学問体系の確立の方向性があったことがわかる。

5．確立期の行政学・地方自治研究: 1970 年代中期－1990 年代中期

　第三世代のリーダーたちは、東大講座の刊行を通じて、日本の統治過程や政策過程についての実証分析の必要性を痛感するところとなり、さまざまな方法により研究を深化させていった。そして第四世代となる後継者を育成しながら、彼らなりの「国産の行政学」のイメージをふくらませながら 1994 年から刊行されることになる有斐閣講座の完成に向かって、その研究成果を蓄積していった。その端緒は村松岐夫の教科書（1977, 1985a）の刊行で開かれた。従来のものとは決定的に異なり、内包部分の豊富化を予告する画期的な教科書だった。その理由は政治・行政の両過程を循環する公共政策全般を通じて、そこで繰り広げられる立案・決定・執行・評価をめぐる行政現象を「意思決定」として捉え、それを軸にして書かれたものだったからである。その意味で伝統的な行政理論からでもなければ（外延化された）組織理論からでもなく、新たに公共政策論から書かれた体系的な行政学の登場であった（小島 1979）。

　さてその当時の時代背景を振り返っておこう。一方で 1970 年代後半以降の不況と財政危機のなかで革新自治体は行き詰まりをみせ、他方で 80 年の衆参同日選挙を契機に保守勢力の巻き返しが図られた。このなかで登場した中曽根政権は「戦後政治の総決算」をスローガンに掲げて、第二次臨時行政調査会（1981 年発足）の新自由主義路線に基づく民営化路線（国鉄・電々公社・専売公社の JR・NTT・JT への株式会社化）と地方行政改革大綱の実施（1982 年）

を強力に押し進めていくことになる。

こうした新たな状況は、学問状況にもさまざまな影響を及ぼした。まず六名の行財政学者（今村・大森・加藤〔芳〕・君村・新藤・西尾勝）は第二臨調が「分権と自治」を理念とする「地方の時代」の発展を押し留め、地方自治を危機に陥れる「新々中央集権」（西尾勝 1983b）の見解だとして批判を展開した。そして自らの見解である「先端で身近な政府として市区町村から国へ上昇する調整型の中央地方関係の構造」の「創造」（西尾勝 1983b: 101）を対置させた。そして辻山幸宣によって、「『統制のとれた分権』体制」（辻山 1993: 47, 注3）として豊富化されていった。

村松岐夫はこの六名の見解を、「現実についての十分な知識の上に立っての提言であるだけに迫力がある」（村松 1985b: 240）としてその実践的意義を高く評価しつつも、依拠する中央地方関係パラダイムが伝統的な中央政府による地方支配である「垂直的行政統制モデル」（村松 1985b: 239）であり、中央地方の相互依存関係の一部分しか捉えていないのではないかと批判する（村松 1985b: 241）。そして規範意識としても事実認識としても、「中央地方関係を含む政治過程が選挙と選挙によって選ばれた代表者の議会を中心に動き出し、地方から中央へ向う影響力構造」（村松 1985b: 242）が歴然として存在するなかでは、自らの「水平的政治競争モデル」の方が説明力に優れていると反論する。

また村松からは、辻を中心に築かれていた日本官僚制論への総批判も行われた（村松 1985b: 203-09）。辻らの見解を「官僚制優位論」とよび、自説を「政党優位論」とよんで対置させるのである。そこでの論点は三つと設定された。①歴史観としての戦前戦後の連続説か断絶説か、②政策形成における官僚主導か政権党主導か、③自民党議員に官僚出身者が多いことが彼らの行動も出身官庁に左右されるのか選挙民に左右されるのかである。さらに村松の問題提起はこれに留まらず、政治体制論レベルでの「日本型多元主義」にまで展開する内容であったために、日本政治学会も巻き込んでの論争状態となった。これへの反論は例えば佐藤（1988）や新藤（1989）、山口（1989）、石田（1991）からあった。なお、ここで村松の問題提起をめぐってやや詳しく述べたのは、

学問状況を次の過渡期の段階に進ませるだけのインパクトをそこに認めるからである。

　同様のインパクトは有斐閣講座それ自体からも読み取れる。これは学会企画ではなかったけれど、第三～四世代の行政学会員49名を動員して完成をみた講座だったことから、学会に大きな活力を生み出した。東大講座に関わった2人からの書評（伊藤 1996；加藤 1996）は、その証左である。しかし伊藤大一が指摘するとおり、編集者（西尾勝・村松岐夫）は「不毛な観念論争」（伊藤 1996: 177）の回避を理由にして、講座の中核部分である「行政の存在根拠」（伊藤 1996: 177）について何も明示しなかった。また伊藤自身、講座刊行以降の学問状況を先取りするかのように、自身の実証的な概念規定の試みを示すのである。もちろん彼以外の方法も当然にあるわけで、その意味でさまざまな学問方法論への関心がいやがおうでも高まることになった。

　さて地方自治研究は革新自治体の衰退のなかで、どのような展開になっていくのかを見ていこう。一言で言えば長洲一二・神奈川県知事の提唱する「地方の時代」と歩調を合わせる形での「自治体改革」論への展開と自治体学の創造運動が進められたこと（鳴海 1994: 13-14章）、またアカデミックの側でも本格的な研究体制を整備すべく日本地方自治学会が創立されたこと、さらにそれまであまり目立たなかった都市経営論の潮流が財政危機を背景に一挙に台頭したこと（日本都市センター 1978, 1979）、前述の「経営学派」の潮流による実践的な目的を掲げた地方自治経営学会（1984年）が発足したことが、この時期の顕著な特徴として挙げられる。

　さて、有斐閣講座の刊行は地方自治研究にとっても、こうした新たな段階のなかで行われたことから期待も大きかったと想像される。その点で先ほどの加藤一明の書評を読む限り記述の豊富さが評価されつつも、地方自治が「行政学のなかで、どのように組み込まれているのか、よく理解できない」（加藤 1996: 171）と厳しく指摘されている。その含意は重大ではないか。なぜかというと、行政学がかつて地方自治をトータルに論じていたメインポジションから、サブポジションへの後退を暗示させているからである。例えば有名な神戸市の都市経営に関して、さまざまな学問からのアプローチと諸々

の研究蓄積（自治体問題研究所 1979；高寄 1985, 1990, 1992-93；宮本 1990b；蓮見ほか 1990；広原 1996；吉原 2000）がある。しかし本格的な行政学からの研究が見当たらない。したがってこの時期以降、佐々木信夫（元東京都庁職員）（佐々木 1990）や富野暉一郎（元逗子市市長）（富野 1991）に代表される実務経験者のアカデミックへの進出と活躍が注目されるのは、メインポジションへの復帰を果たす上で、彼らの斯学への貢献度の高さによるのではないかと思われる。

6. 過渡期の行政学・地方自治研究: 1990年代中期－現在まで

まず総括的議論として日本行政学の現状と行政学的思考の特徴について、次章で詳述するけれども、簡単に触れておきたい。斯学の先行研究によれば欧米の既成行政学が依拠してきた六つの前提が、いずれも形骸化していることが指摘されている。そこで日本の行政学の諸前提についても検討してみたところ、おおむね同様の傾向がはっきりした。ただし「B ヒエラルキーの前提」と「D 上向きのアカウンタビリティの前提」については実質的にみて、形骸化がはっきりとした形では認められない（**表 1-1**）。この背景には日本には「政治的空間の閉塞性」（新藤 1993: 63）の問題があり、欧米に比べて行政官僚制の自由な作動が保障される条件が維持されているのではないかとの見方ができそうである。今話題の NPM の導入のあり方はそれへの証左となっている。つまり欧米では政治執行部による行政官僚制の統制が主な動機となっているのに対して、日本では行政官僚制が自発的に「民間企業の経営原理を行政のマネジメントに埋め込」（上山 2004: 70）んで、自己革新の機会を得ようとしているからである。

表 1-1　形骸化に関する欧米と日本の比較

構造	A	自己完結性の前提	◎
	B	ヒエラルキーの前提	○
	E	標準的エスタブリッシュメント編成の前提	◎
機能	C	同一性の前提	◎
	D	上向きのアカウンタビリティの前提	○
	F	政治とは無関係なサービスという前提	◎

注）欧米と日本で共通する場合には◎、欧米の場合のみには○と表記する。
出典）堀 2001: 1465

またこうした日本の事情は、行政学的思考における特徴にも反映している。序章（図序-4）ですでに触れ、かつ次章で詳述することになるけれども、従来の立場は縦軸ではほとんどが「強い執行部／トップダウン」の側に、そして横軸では先述の言葉を使えば政治学派の大半は「権力バランス型」の側にある（ただし「ヒエラルキー型」のそれにはNPM推進者などの「経営学派」（上山2004, 大住2002）を含む）。なお「弱い執行部／ボトムアップ」＋「権力バランス型」の象限には、日本では寄本勝美の「機能的相互連携型システム論」（寄本1978）が唯一含まれるだけだと思われる。したがって前述の新天地開拓型行政学の提唱は、ネットワークやガバナンス等の決定的な研究の遅れがその理由になっている。

次に各論に入る前に日本の統治構造が、一連の改革で「2001年体制」（新藤2001: 181）とよばれる新体制に移行していることから確認しておこう。行政改革会議（1997年の最終報告）と行政改革委員会（1997年の最終意見）により1998年中央省庁等改革基本法などが成立して、その制度枠組みの改変（内閣府体制と経済諮問会議・1府12省体制・政策評価制度）と公共選択論の「公認の哲学」化がそれである。そのなかで日本官僚制論をめぐる研究は、現状がどうなっているのかを見ておこう。新藤（2001）によればそれまでのマクロレベルの「政治学の官僚制論」（村松1981: 19; 牧原1994: 296）から、ミクロレベルの「行政学の官僚制論」へと移動しつつあるという（村松1981: 26-27）。具体的には政治家の対応と無数の行政事務を両方ともこなす部下に対する、「エリート官僚の論理と行動様式」および彼らの背後にある「制度」内部の解明ということである。そしてそれを示す業績が、各省庁の現役職員とともに政策過程をまとめた城山ほか（1999, 2002）と、参与観察を発展させた田丸（2000）そして日本行政学会（2005）となって現れている。

また地方自治研究について述べる前に、地方自治構造改革とよばれる現状を押さえておこう。2000年4月の地方分権一括法の施行、2003年の第27次地方制度調査会最終答申と市町村合併推進三法の成立、そして第28次地方制度調査会での道州制等の議論がそれである。したがってこうした動向を反映して、地方自治研究は新たな段階に達している。さまざまな立場から各

種の研究が相次いで公刊されている。『岩波講座 自治体の構想（全5巻）』（岩波書店 2002 年）や『講座 新しい自治体の設計（全6巻）』（有斐閣 2003 年）、『自治体改革（全10巻）』（ぎょうせい 2004-05 年）、『シリーズ地方自治構造改革を問う（全5巻）』（自治体研究社 2004-05 年）、『岩波講座 都市の再生を考える（全8巻）』（岩波書店 2005 年）である。したがってこうした成果のうえに立って考えてみると、前述した行政学のポジションがメインかサブかということよりも、どれだけ行政学・地方自治研究からこの分野に重要な貢献ができているのかという、それの方がより大きな関心事にならなければいけないように思えてくる。

　以上をここで簡単にまとめておけば、このようになろう。「国産の行政学」は後継者の育成のなかで当然のことながら従来の内包部分（統治構造や官僚制そして地方自治研究）を豊富化する方向で進展していき、そのなかで自治体革新運動の過程を通じて公共政策分野を新たに開拓して大きく発展してきたといえる。同時にこの過程は外国からの研究成果の摂取過程ではいっしょに学ばれていた経営理論や組織理論等が、学会や学部の縦割りも背景にしながら徐々に外延化していったようである。現在、NPM 運動の台頭が「国産の行政学」のアイデンティティを大きく揺さぶる事態になっているわけであるけれども、それは日本行政学がその確立過程のなかで外延化していった理論分野からの再内包化の動きを意味していると思われる。その際に根岸毅がかつて指摘していた日本行政学の「学」に関する、「単一理論型」か「多理論型」かの定義問題が再び浮上するかもしれない（根岸 1973: 288-93）。

　今日、グローバル化社会の激動の海に向かって、各自がどのような羅針盤（学問）をもって船を漕ぎ出せばいいのかが厳しく問われている。したがって改めて羅針盤を一から作り直す気概が求められている。本章は院生時代には政治過程論（堀 1988, 1989）を専攻し、その研究過程で行政官僚制の分析課題とぶつかり、それ以来、新規参入者として研究してきた者の中間まとめといえる。いっしょになって思索を重ねていただければ幸いである（堀 2005a はその一例である）。

注

1 教科書には、さしあたり次のものがある。足立（1992a）、西尾勝（1988, 2001a）、村松（2001）、福田・真渕・縣（2001）、新藤（2001）、風間（2007）、村上・佐藤（2009）、外山（2011）、真渕（2012）、曽我（2013）、今村ほか（2015）、原田（2016）、縣・藤井（2016）である。地方自治に関しても、次のものがある。通史的な理解が得られる宮本（2005）と鳴海（1994）、教科書として佐藤俊一（2002）、自治体行政学の構築をめざして書かれた大森（1987, 1990, 1994, 2008, 2011, 2015）と金井（2010）である。

2 この点を確認できるものとしては、さしあたり井手・西尾・村松（1996）、西尾勝（1983a）、村松（1983）、西尾勝（2001b）を挙げておきたい。

3 東京大学・京都大学・東北大学・北海道大学・一橋大学で相次いで専門職系の公共政策大学院が設立されており、私学でも早稲田大学大学院公共経営研究科、明治大学ガバナンス研究科、中央大学大学院公共政策研究科、立命館大学大学院公務研究科の新設が続いた。その後10年余経った現在では、私学において明治大学を除き、3校とも学生募集の停止と研究科の廃止がすでに行なわれたか、あるいは予定されている。この事態は別途検討しなければならない。

4 東京専門学校（早稲田大学の前身）では1886年の科目に行政学があり、88年には行政学科が法律・政治の両学科とともに設置されるまでになったけれども、89年に科目名称が変更されて内容も行政法学の濃いものになったということである（片岡1983: 65-66）。慶応義塾大学においても事情は同じであった。政治学科開設時（1898年）当初から科目名称として行政学は設置されたけれども、そこでは少なくとも1900年には行政法が講じられているという（堀江1988: 448-49）。

第2章　現代行政学の位相
——現代米国行政学の自画像を手がかりに——

1. 世紀転換期と現代行政学

　世界における現代行政学は、前章で触れたとおり Wilson（1887）を嚆矢とする米国行政学を中心に発達してきた。そして今日でも、米国行政学から大きな影響を理論的にも実践的にも受けている。もちろん日本行政学もその例外では無く、米国行政学から積極的に多くを学んできた。例えば、日本行政学会創立30周年総会（1981年）での記念講演と各報告は、その証左となっている（日本行政学会1983）。しかし、同学会創設50周年記念講演会とパネルディスカッション（日本行政学会2000）では、対照的に米国行政学への直接的な言及はごくわずかしか聞かれなかった[1]。各報告者およびディスカッサントはいずれも自分の「行政学像」を個性的に語り、その意味で後退的でも否定的でもまったく無く、むしろ喜ばしい状況であるといえよう。この背景には、日本行政学が研究者数の増大により研究の質量両面での向上や海外交流の進展を通じた大きな発展があり、今日では独自の教科書や講座の刊行に結実するまでの研究が蓄積されるに至っている（第1章注1参照）。

　日本行政学には、そうした到達があるからといって将来展望を確実に描けるだけの力量が果たして備わっているといえるであろうか。残念ながら同パネルディスカッションⅡのテーマである「行政学の現状とその展望」では、大方の理解と納得が深まる方向で議論が詰まったとは到底言い難いと思われた。逆に、周知のとおり90年代に欧米諸国において NPM や「ニュー・マネージェリアリズム」（New Managerialism）」などと呼ばれる新たな行政の理論と実践が大きな潮流として台頭しており（堀1998a）、その真只中にあって日本行政学が将来に向って肯定的に自己を発展していけるかどうか、かえって深刻

に問われたとの感を強めることになった。したがってこれを機に、今後日本の学会にとってはこのテーマを基調に活発な議論を交していくことが大切になったであろう[2]。その際に、著者は少なくとも次の二つの問いかけが大切ではないかと考えている。ひとつは、日本行政学がこれまで学んできた米国行政学に肩を並べるだけの世界に発信できる個性的な行政学理論を果たして構築しえているだろうか[3]、である。いま一つは、そのために必要な比較理論研究（例えば、手島孝のいう『濾過装置』（手島1995: 180））が基礎的な準備作業として着実に蓄積されてきているだろうか、である[4]。

　さて本章の目的は、以上のところまでで述べてきた問題意識からこの二つの問いかけに自分なりの回答を用意するため、できるところから着手するべきと主張することである。具体的には、第一に世紀転換期にあってグローバル化の進展のなかで国際社会と国民国家および地域社会・集団・個人が大きく変動しており、そして欧米や日本の行政学が従来から立脚し続けてきた学問的諸前提も動揺を繰り返すなかでその内部から形骸化するという事態を迎えているわけで、その特徴を概括的にでも押さえて現代行政学の現状を確定しておくことである。第二に、そうした事態に直面して、世界の行政学の中心を占め続けている現代米国行政学は自らの学問研究の状況についてどのような認識を持っているのか。換言すれば、いかなる自画像を描いているのかについて典型的と思われる三つのアプローチを順に紹介し検討するなかで、世紀転換期の課題に応えうる行政学像の探究の手がかりを得ることである。では、さっそくみていこう。

2. 既成行政学の形骸化

　現代行政学は、劇的変化をとげる環境変化のなかで既成行政学（traditional Public Administration）自身が立脚してきた学問的諸前提の形骸化に直面している。そこで Peters and Wright（1996）の議論を詳しく紹介しながら、70年代以降の公共選択理論をはじめ90年代のNPMや「ニュー・マネージェリアリズム」などと呼ばれる新たな行政学の理論と実践によってもたらされているそのような事態を、日本行政学の学問的諸前提の状況とともに概観してみ

たい。2人はAからFの6点を、以下のとおり指摘する。

A　自己完結性の前提

既成行政学では、行政組織が自らで国民にサービスを直接提供すること（＝自己完結性 self-sufficiency）を自明のことと考えてきたという。しかしこの前提が80年代の新自由主義的諸改革のなかで、民間委託・民営化・規制廃止（deregulation）を通じた競争化の手法の採用、さらには市場化や準市場（quasi-markets）の導入によって挑戦を受けている。また既成理論では自己完結性とともに、「単一の孤立した行政組織」(Hjern and Proter 1981: 212) モデルもあわせて前提としていた。しかし、今日では行政組織の内外を通じたネットワーク型の組織展開が理論的にも実践的にも明らかになってきている（第Ⅱ部で論述するガバナンス研究等のこと）。

以上、2人の指摘は日本行政学が依拠する前提状況にも十分に当てはまる。80年代の臨調行革以降今日まで、民間委託をはじめ民営化や規制緩和の実施から始まり、最近では社会福祉事業法の改正や介護保険制度の導入により「措置から契約へ」とのキャッチフレーズで市場化や準市場の創設が取り組まれている（堀 2000；駒村 1999）。またこうした動きを従来から実際的に理論上から裏付けてきた公共選択理論が、「行政関与のあり方」についての理論的な基本枠組みの明文化にあたって公式に採用されるまでになった。言わば、名実ともに日本における行政改革論の「公認の哲学」になったといえる[5]。

B　ヒエラルキーの前提

既成行政学では、ナポレオン型行政モデルの組織原則にまで起源が遡られるといわれる直接的コントロールないしはヒエラルキーを前提にしているという。これは、上位者からの命令が下位者の喜び並びに報賞を伴った服従によって確保されていること、あるいは法の支配とアカウンタビリティ・システムが作動している場合にも相変わらずヒエラルキーの媒介によって大臣と多くの下位者との結合が決定的に保たれていることを意味している。しかし、今日ではこの前提は「エンパワーメント（権能付与）」(empowerment) に取っ

て代わられている。この考え方は、元来組織理論家によって公私の組織の違いにも関わらず民主主義の導入として提唱されてきた長い歴史がある。そして 90 年代に入り先進国政府がマネジメント・スタイルを変更するなかで、積極的に取り入れてきたことが知られている（例 カナダ連邦政府の PS 2000、米国連邦政府の National Performance Review（以下、NPR と略す）、英国政府の the Citizens Charters など）。「エンパワーメント」は下位者と顧客の両方に権能を付与することで、下位者には自分の職務に対するコントロールとアカウンタビリティが、顧客には増大された権能を活用した参加意欲の高揚と顧客指向型サービスへの期待増大が、それぞれ約束されることになる。

　以上の指摘は、日本の状況からみるとどうか。一言でいって、課題設定それ自体があいまいなままの状況である。行政組織では、一方で下位者への「エンパワーメント」は、職場環境に大きな相違があるが一般的に見ていわゆる「大部屋主義」(大森 1987: 第 1 部；城山 1999；熊沢 2000 も参照) のもとで「エンパワーメント」の実質が相当程度に確保されているかのようにみえる。他方で顧客へのそれについては、法制度的な保障が直接用意されるところまでにはまだ至っていない。先進自治体でのオンブズマン制度の導入を皮切りに、行政評価制度の導入・外部監査制度の法制化・介護保険制度に関わる介護サービス評価委員会の検討 (石田 1999) などが近年話題になっているが、それらのデザインには説明責任の指摘はあっても顧客への「エンパワーメント」の視点が明示されるまでには至っていない。NPM 型行政改革と評されたりする三重県の「さわやか運動」は「県民の皆さん へ」(1998 年 4 月) を発表して県民への説明責任を果たす姿勢を明確に打ち出し NPO 支援の面でも積極的ではあるが、県民への「エンパワーメント」の面は今後の課題となっている (大西 1998；三重県 1998)。さらに、「エンパワーメント」の議論では欠かせない Total Quality Management（TQM）はどうか[6]（表 2-1）。日本の民間企業において広く導入され先進国政府のなかでも浸透しつつある TQM であるが、日本の行政組織ではほとんど話題すらなっていない。その理由に、政治的任用の未発達による堅固なキャリア官僚制の存在、中央省庁による計画・財政・人事など広範囲な統制、垂直的中央地方関係、年功序列型給与制、コンセ

ンサス重視の稟議制、官への高い信頼感等の行政文化があげられる（Jun and Koike 1998: 275-88）[7]。もしそうだとすれば、今後日本での TQM の導入・普及はヒエラルキーの前提が形骸化したことを示す指標の意味を果たすものと言えるであろう。

表 2-1 既成マネージメントと TQM の原則に関する比較

既成マネージメント	TQM
製品・サービスの利用者のニーズは専門家によって定義される。	**顧客重視**、利用者が自分が何が欲するかを定義する。
エラーや浪費は定められた基準を超えなければ黙認される。	**黙認されない**エラーや浪費、製品・サービスに付加価値を生まない労働
製品・サービスに問題がないか検査され、あれば「修理」される。	問題が生じないように**予防**する。
多数の決定は仮定と度胸とによって行われる。	ハード・データと科学的手続きを活用した**事実重視型の決定**
予算サイクルに基づく短期計画化	mission performance の向上に基づく**長期計画化**
孤立した部門による連続的にデザインされた製品・サービス	多くの機能から成るチームによるトータルな製品ないしサービスの寿命のサイクルに応じた**同時的なデザイン**
個々のマネージャーと専門家によるコントロールと改善	マネージャー・専門家・雇用者・売り主・顧客そしてパートナー機関の間の**チームワーク**
コンピュータやオートメーションのような一時の難関突破に焦点化された改善	労働がどのように行われているかに関するあらゆる角度からの**継続的な改善**
コントロールに基づく垂直的構造と中央集権化	製品・サービスに付加される価値の最大化に基づく**水平的かつ分権的な構造**
価格に基づき与えられる短期契約	質と継続的改善に基づく長期に渡る買い手と売り手の契約に基づく**売り主[と顧客の]パートナーシップ**

出典）Carr and Littman（1993）Figure 1-1（p.4）. なお、太字は原文どおりである。

C 同一性の前提

既成行政学は、同一性（uniformity）を共通の前提にしているという。すなわち、「全ての市民は国家から等しい便益を可能な限り受け取り、かつ国家を支えるために等しい負担を担うべきである」（Peters and Wright 1996: 633）という考え方である。現代行政国家、とりわけ福祉国家の成立のなかで、この前提は正当化されてきた。しかし反・中央化と反・集中化に向けた新保守主

義勢力からの攻撃をはじめ、民間企業での生産ラインの細分化に連動する形で、行政組織は自らの課題や政策を差別化・焦点化し始めた。その端的な例は、英国の「ネクスト・ステップス（Next Steps）」政策（総務庁長官官房企画課1989参照）である。これにより設立されたエージェンシーは効率性が重視され、各エージェンシーの顧客はまったく異なる取り扱われ方がなされる。要するに、同一性の前提が「一つのサイズが全てにフィットすることは、ますます多様化する社会において適当なことではないかもしれない」（Peters and Wright 1996: 634）という新たな認識に取って代わられることになる。

　以上の指摘は、日本の状況にもぴったり当てはまる。国鉄の民営化以降、全国一律の運賃体系が改められ、JR各社間および同一社線内での都心路線と地方路線での二重の運賃格差が生じている。また、85年の「地方行政改革大綱」（自治省通知）以降今日に至る一連の自治体改革のなかにおいて「選択と責任」（当初は「選択と負担」といっていた）が強調され、それまではいわゆる「横並び」だった公共サービスの利用料・手数料等が今日では自治体間で差が生じていることを疑問に思うものはいない。この点で極め付けは、2000年4月から実施されている介護保険制度であろう。厚生省による事実上の一元的な予算管理（＝サービス提供総量の決定）の下で同省の示す全国一律のサービス提供基準で運用されているにもかかわらず、（国の財政調整措置はあるが）財政責任は自治体毎に担わされていため住民から徴収する介護保険料に格差が発生している。高齢化の地域的差異とともに自治体財政の力量差を反映する格好となった最初の保険料設定から、全国の市で比べると 最低額と最高額の間で1.5倍以上（全国市長会調査、「日本経済新聞」2000年6月7日朝刊）、同一県内でみても例えば福島（1.66倍）・石川（1.625倍）・岩手（1.52倍）・長崎（1.51倍）・京都（1.34倍（「朝日新聞（各地方版）」、2000年3月1日、8日、10日、18日、19日各朝刊）の開きが生じている。

　日本での「独立行政法人」の設立は、英国のエージェンシーの経験がヒントとなっている（行政管理研究センター1997；中央省庁等改革推進本部事務局2000）。現在のところ、その設立は国立研究・試験機関等からはじまり、数年後には国立大学でも誕生する運びとなっている（2004年4月1日に発足した）。

各大学法人の財政力の強弱によって、学生の納付金（授業料）に差が生じることになるかもしれない（丸山文裕 2004；山本清 2012 参照）。ここでもっと強調されていいことは、村松岐夫が指摘するとおり、制度改革論としての「エージェンシー化」の意味が「行政学の前提に関わる大きな変革の種」の「埋め込（み）」（村松 1999: 242）にある点であろう。

D　上向きのアカウンタビリティの前提

既成官僚制モデルは、大臣責任制の原則により匿名性をまとった官僚が大臣に対する応答責任（responsibility）と国民（主権者）に対する「上向きのアカウンタビリティ」（accountability upward）を果たすことを建て前として考えられているという。しかし既にみたエージェンシーやサードセクターの拡大あるいは市場化のなかで、応答責任の範囲がきわめてあいまいな状況になってきている。また英国でのエージェンシーの経験は、大臣が応答責任を回避する傾向にあることを教えているし、NPM の考え方には大臣の行政活動の最前線からの引き離しが含まれている。しかしこうした「上向きのアカウンタビリティ」の問題性については、擁護者から政治的アカウンタビリティには何ら影響がないとの反論があるという。その理由は、政治的アカウンタビリティの確保を「アカウンタビリティ原則が公共サービスの顧客にまで引き下げられること」（Peters and Wright 1996: 635）と単純に考えているからである。例えば、市民に公表された指標による質とパフォーマンスの評価に基づいた幹部への任命はその一例であり、「下（＝市民）向きアカウンタビリティ」の原則を高めるための方策とみている。

さて、以上で指摘されていることは、日本の状況ではどうか。諸々の改革の動きがあるとはいえ、「上向きのアカウンタビリティ」は堅持されたままとみていいだろう。この点で近年注目を集めるものに、「政策評価」制度の導入（2001 年 1 月実施）がある。「政策評価の導入に向けた中間まとめ」（政策評価の手法等に関する研究会（座長 村松岐夫）、2000 年 6 月 30 日）が公表されたが、この評価は変らない。その理由はこうである。冒頭の目的に「国民本位の効率的で質の高い行政の実現」と並んで、確かに「国民に対する行政の説明責

任（アカウンタビリティ）の徹底」と「国民的視点に立った成果重視の行政への転換」が挙げられている。しかし前者ではその中心は情報ギャップの改善であり、後者は将来の課題となっている。次に基本枠組において、「政策評価」は行政組織内のマネジメント・サイクル（Plan-Do-See）に位置付けられる。したがってこの内容であれば「自己評価としての政策評価」であり、「上向きのアカウンタビリティ」あるいは大臣への応答責任に類するものと判断できる。換言すれば、「下向きのアカウンタビリティ」には、それに相応しい国民への結果責任を明らかにできる制度デザインが別に用意される必要がある。その下では、他者（＝国民）評価として活用される「政策評価」が新しく生まれることになる。その点で西尾隆による「外在的統制の優先的命題」の提起は、アカウンタビリティにおける「上向き・下向き」の視点を一層深めるものとして重要である（西尾隆 1998）。

E　標準的エスタブリッシュメント編成の前提

　既成行政学の中心的な特徴のひとつは、標準的エスタブリッシュメント編成（standardized establishment procedures）に沿った明確なキャリア構造とメリットシステムに基づく公務員制度にあるという。しかし当該制度はその多くが攻撃を受けており、民間セクターの人事管理が導入されてきている。そのなかでも重要なもののひとつが業績給（pay for performance）の導入である（堀 2005bも参照）。業績給とは、「パフォーマンスを報奨金に結び付けることにより職員をより高いパフォーマンスと生産性へと動機付ける」（Ingraham 1993: 350）ものである。すでに数多くの難問が持ち上がっているが、Ingraham（1993）によれば次の二つになる。ひとつは、パフォーマンスの測定方法、プログラムの成功・失敗と個々人との因果関係、経営者的役割の強調と政策アドバイスの軽視の傾向に関する問題である。いまひとつは、業績給のような個人指向とTQMのようなグループ指向との管理テクニック上での対立、個人別成績給与制と公務員の考え方（＝全体の奉仕者）との両立可能性、不安定な有期雇用契約者の流入に関するそれである。したがって、いずれの変化も既成行政学が従来から強調してきた「訓練、エートス、そして政治からの隔離が

重視された公務員のキャリアの固有性」（Peters and Wright 1996: 636）という公務員制度の枠組を掘り崩すものである。そして NPM などは、民間からの短期契約者の採用による新しいリクルートのパターン化と幹部職員の目標と文化の再定義をつうじて、「彼らの顧客に、効率的で特別な要求に敏感な、マネージャー、起業家、『行為者』」（Peters and Wright 1996）へとその養成をめざしている（Virtanen 1996: 62-70；堀 1998b も参照）。

　以上の指摘は、過去に日本において進められた公務員制度改革の議論とおおいに重なる[8]。2000 年 8 月 15 日の人事院勧告では、「年功や人事グループ等の別に基づくこれまでの公務員人事管理を能力・実績や適性を重視したもの」（「(別紙第三) 公務員人事管理の改革に関する報告」）へと改革することが明言された。すでに公務員制度調査会答申（1999 年 3 月 16 日）でも、「能力・実績に応じた昇進・給与」が基本的な改革方向の一つに取り上げられていた（西尾隆 1999 参照）。ただし同答申には、公務と民間の異同に関する矛盾があることに注意を要する（西尾隆 1999: 35-36）。また著者の「市民公務員」の提案（堀 1998b）は、ボランティア課長をボランティア公募（1999 年 8 月）で採用した大阪府池田市において現実化した（田尾 1999: 208 も参照）。

F　政治とは無関係な公務サービスという前提

　既成行政学の前提は、従来「公務員制度が政治的に中立的である、あり得る、あるいはあるべきである」（Peters and Wright 1996: 636）という考え方に立ってきたという。もちろん実際には、この前提がヨーロッパの多くの諸国で侵害されてきたことはよく知られている。さて世紀転換期の政治的現実は、政治家と上級幹部公務員にとってどうなのか。まず政治家はどこの国でも統治能力を失っていながら、上級幹部公務員の有する積極性や逸脱性に対する非難が、政治家の経営能力と政策能力の欠如以上に浴びせられている。次に上級幹部公務員は一方で積極的でかつ起業家的に組織目標を追求しなければならないとされ、他方で顧客に対するサービスも改善しながら政策を追求すべきであるとされ、このふたつの期待が衝突している。さらに以上の実証研究に加えて、公務員の政治的役割の二つの理論化の試みがある。ひとつは「新制

度主義(new institutionalism)」である（Peters 2005 が後日に刊行された）。このアプローチでは、「制度は『それが自らのメンバーに教え込もう、そして政策形成のためのメカニズムとして利用しよう』と試みることでその価値を具体化する」(Peters and Wright 1996: 637) ことを強調している。いまひとつは、組織利益の重要性を強調する「合理的選択(rational choice)」である。このアプローチでは組織が自らの予算の極大化と自らの柔軟性向上のために、指揮命令でのリソース・専門的技術や情報を利用する。この見解では官僚組織は政治家との同盟という党派的理由からではなく、集団の増強という理由から政治家への抵抗を行う、いうなれば自己利益に動機づけられたアクターであるとみなされる特徴がある。

　さて以上の指摘は、日本の状況にも当てはまるところがある。近年のことでいえば、1999 年に国家公務員の兼業禁止問題がクローズアップされた。結局「閣議了解」(1999 年 11 月 30 日) で国立大学教官を中心に規制が緩和されることになった (小渕内閣 1999)。 また、中央政府と民間企業の人事交流に関する法律が施行 (2000 年 3 月 21 日) されたことも注目される。なお、引き続き従来からの退官時に「密接な関係」があった営利企業への 2 年未満の就職承認 (国家公務員法第 103 条第 9 項) も過去 5 年間 (1995-99 年) に 591 名にのぼり、「私企業からの隔離」原則があいまいなものになっている (人事院職員課 2000)。この点に関って、村松岐夫からは改めて政党優位論の立場から、日本官僚制が政策活動量を多くするためにその自律性 (ないしは中立性) を「犠牲」にして政治化がはかられたとの重要な見解が示されている (村松 1999: 246-47)。ただし「犠牲」にあたるかどうかは別途慎重な検討を要する。

　以上、Peters と Wright の議論を紹介しつつ、既成行政学の形骸化状況をみてきた。ここで表 1-1 (本書 p.30) を参考にしながらまとめておきたい。まず第 1 に、欧米に続き日本の行政学も同様の現実に直面していることが指摘できる。既成行政学は構造部分と機能部分に分けられるとすると、前者には A・B・E が、後者には C・D・F がそれぞれ相当するであろう。それからいえば、彼らの立論の範囲内ではあるが欧米の既成行政学では構造と機能の両面から形骸化が全面的に進んでいるわけで、日本行政学でもその方向で

形骸化の進行 が認められる。かつて Christopher Hood が 80 年代における NPM 化に関する OECD 諸国の国際比較をした際に、日本にも NPM 化の可能性を認めながらも、その動機が欠如していることを指摘したことがある（Hood 1996: 281）。その意味からいうと、90 年代の NPM 改革への動機づけはバブル経済の崩壊後、改めて「この国のかたち」（行政改革会議）の探究とそれに必要な行財政改革のヴァージョンアップの要請から生じたといえるであろう。第 2 には、そうした共通面とともに相違面にも十分に注意をむける必要がある。その理由は、日本では B と D に形骸化傾向がはっきりとした形で認められるまでに至っていないからである。今後ともこのままで推移するのか、欧米同様に形骸化していくのか。いずれにせよ現在の事態をどのように理解したらいいか、若干でもここで検討しておきたい。

まず考えられることは、B のヒエラルキーも D の上向きのアカウンタビリティも、いうなれば行政活動の根幹である行政官僚制の自由な作動を保証する必要条件である。したがって日本でこの二つが形骸化する事態は、行政官僚制に優先しうるだけの政治システムの発展が実現する過程で生じるのではないかと思われる。この点では新藤宗幸がかつて指摘した日本官僚制による「換骨奪胎」（新藤 1993: 54）的特質が参考になる（新藤 1993, 2000；福家 1999 も参照）。すなわち「日本の官僚制は、一党支配の政治的空間の閉塞性ゆえに、新保守主義の掲げる『規範』を、リソースの拡張にむけて援用した」（新藤 1993: 63）、と。

そうであれば、いかなる官僚制に優先する民主政治システムの創造によって「政治的空間の閉塞性」が打破されるのか、これが欧米と日本の比較から改めて理論的課題になってくるわけである。そこで次からは冒頭での全体課題に、ここで浮かび上がった現代日本の課題も加えて、現代米国行政学の諸潮流を鳥瞰するなかでその解明の手がかりを得ていきたいと考える。

3. Kettl の政治思想アプローチ

予め、日本における米国行政学研究の到達点を大まかに確認しておこう。はじめに研究者としては辻清明たち第一世代からはじまり、手島孝、西尾勝、

村松岐夫、大森彌、水口憲人、森田朗、今村都南雄、辻隆夫、今里滋たちがいる[9]。彼らの研究業績は、米国行政学を学説史的に追究する研究（辻、阿利、井出、手島、水口、辻（隆）、今里）と、特定の理論を検討する研究（村松、大森、西尾、今村、森田）とに大別される。そして現代米国行政学の鳥瞰にあたって関係することになる前者についていうと、従来の研究の特徴はこうである。すなわち現在でも研究を継続する今里を例外として、①時間的には80年代初頭までを検討対象とし、②政治行政分離論から融合論、Waldoのプロフェッショナリズム論、Ostromの「一体性の危機」論、米国行政学の性格規定論などの問題意識に限られ、③特定理論の紹介にとどまる、といえるであろう。今里についていえば、①時間的には80年代中期までを検討対象とし、幅広く行政学と行政教育についての検討をおこなうとともに、②意思決定論と組織理論を中心に理論紹介を精力的におこなっている。先述した50周年記念シンポジュームにおいては、唯一米国行政学との比較の軸で日本行政学の現状と展望への興味深い問題提起を行なった。しかしここでの問題意識である90年代後半期以降の現代米国行政学の理論状況については、今後の研究にまたなければならない。以上が日本行政学における米国行政学研究の概観である。

　それでは、これから政治学と行政学を統一的に把握するKettl[10]の政治思想アプローチによる現代米国行政学の鳥瞰をおこないたい（Kettl 1993, 2000）。はじめに米国行政学の現在の状況は、1969年ごろから始まるとする。この年は周知のとおり、Waldoが率先していわゆる「新行政学運動（New Public Administration）」を推進し始めたことで学説史上に記憶されている。この運動自体は特定のアプローチや理論を掲げるというものではなくて、正統派批判に関わる研究態度やその規範に共通性がみられる（今里 1983: 225-58）。

　さて、現在の学問状況は、一言でいえば「中心から遠離かっていく諸潮流（Centrifugal Forces）」（この言葉はKettl 1993: 412, Kettl 2000: 412で使われている見出し語である）のそれとみている。ここでいう諸潮流とは、具体的にはImplementation（代表的研究者、以下同様、A. Wildavsky）・Public Management（L. Lynn）・Economic theories（J.M. Buchanan）・Public Bureaucracy（J.Q. Wilson）

のことであり、80年代中期以降ではFormal and Game theory、Network theory、NPMが特に注目される。

ところで、Kettlは以上の諸潮流を分析するにあたって、米国の四つの伝統的政治思想を使って行政学的思考の説明から始めているので、それからみておこう（**表2-2**参照）。

表2-2 米国の政治的伝統における行政学的思考

	Wilsonian ヒエラルキー型	Madisonian 権力バランス型
Hamiltonian 強い執行部／ トップダウン	●強い執行部 ●トップダウン型アカウンタビリティ ●ハイアラーキー型権威	●非官僚制度中心型 ●政治権力焦点型 ●トップダウン型アカウンタビリティ
Jeffersonian 弱い執行部／ ボトムアップ	●弱い執行部 ●ボトムアップ型アカウンタビリティ ●市民に対する責任	●非官僚制度中心型 ●地方統制焦点型 ●ボトムアップ型責任

出典）Kettl 2000, p.17.

表2-2を簡単にみておこう。まずWilsonian／ヒエラルキー型とは、政策立案者（政治家）は民主的コントロールとアカウンタビリティを信用して執行者（行政官）にプログラム執行の権限委譲を行う一方で、執行者は政策立案者の立てた目標とは無関係に専門技術の向上に取り組み、行政効率性を専ら追求することを意味する。この考え方の後への影響は、①政策の形成よりも執行に、②統治の効果性を人物のリーダーシップよりも装置それ自体に関心を向けさせ、③完全無欠なマネジメントを抽象的レベルで措定することで、20世紀の行政改革の伝統を確立することに大いに貢献する。

次にMadisonian／権力バランス型とは、Wilsonianのように行政効率ではなくて政治権力を統治活動の中心としてみなしたために、腐敗を恐れてそのバランスの必要性を強調する。この伝統は、J.L. PressmanとA. Wildavskyの*Implementation*（1973年）やJ. Q. Wilsonの*Bureaucracy*（1989年）という著作となって今日でも脈々と生き続けている。

さらにHamiltonian／強い執行部・トップダウンとは、「行政部が精力的であることは、およそよき政府の本質であり、その主要な性格のひとつなの

である」(Cooke 1961: 471（斎藤・武則 1991: 340）)（*The Federalist Papers*, No. 70）との建国の父の言葉をその内容とするものである。そして、強力な国民政府の確立に関する国民的見解となったものである。

最後に Jeffersonian／弱い執行部・ボトムアップとは、Jefferson の「農民としてのルーツ（agrarian roots）」(Kettl 2000: 16) に根ざすものであり、「個人の自立性を擁護するために、スモール・ガバメントに貢献する政府への強い関与」(Kettl 2000: 16) を表明する見解である。Jefferson 自身は、大統領に就任するまで行政に何ら働きかけることはしておらずボトムアップの伝統を態度に示すにとどまっていた。しかし就任すると、皮肉にも a supreme Hamiltonian に変貌した。ただし、この変貌ぶりも「人が権限についてどのように感じるかは、人が権限を有しているかどうかにかかっている」(Kettl 2000: 16) わけであり、さして驚くには値しない。重要なことは、この見解が今日まで米国行政学に大きな影響を及ぼしていることの方である。

以上のところで政治思想アプローチの枠組自体は押さえられたわけであり、表のなかについてみていきたい。実はこの四つの思想の組み合わせから、19世紀末から今日まで米国の政治行政体制の編成のあり方として提示され続けてきた基本的な四つの選択肢を読み取ることができる（Kettl 2000: 17）。

①執行者（行政官）や理論家は皆等しく、the Hamiltonian tradition に従って中央政府の強化に焦点を合わせるべきか。

②彼らは the Jeffersonian tradition に従って、州並びに地方政府に権限委譲するために、ないしは政府プログラムを民営化するために、焦点を合わせるべきか。

③彼らは、the Wilsonian reform tradition のもつ「執行部強化、効率性重視、唯一の最良の道」(Kettl 2000: 17) に焦点を合わせるべきか。

④彼らは数世紀前の the Madisonian constitutional tradition に従って、米国政治過程（特に権力分立）のなかに行政過程をより一層渾然一体となるよう統合すべきか。

以上までの論述をもって、Kettl は現代米国行政学が直面するその理論的課題の難しさがまさに伝統的政治思想の緊張関係に根ざすものであるとの認

識を示す。そして結論として、次の二点を得ている（Kettl 2000: 27）。ひとつは、米国行政学が米国の政治文化にしっかりと組み込まれており、その政治文化によって多様化する政治的規範と政策的欲求に応えてきたことである。いまひとつは、四つに分かれた政治的諸価値の間の紛争が不可避的な性格を有するものである。この紛争を端的に表すものが、これから**表 2-3** で説明する諸潮流であり、いずれも現代米国行政学を代表するものである。では、さっそくみてみよう。

　はじめに既成行政学が、Hamiltonian-Wilsonian（HW）型に位置していることを確認したい。同型には、それ以外に Principal-agent theory、NPM、NPR を置いている。まず Principal-agent theory とは、同型の枠組みを前提かつ研究対象とするひとつの公共選択理論である[11]。その考え方は、政治家と官僚の関係を「為されるべき仕事をもつ主人〔政治家〕と、報酬と引き換えにその仕事をすることに合意する代理人〔官僚〕との関係として組織的に相互作用」（Kettl 2000: 18）が働いていると仮定し、その関係の下で両者が等しく自己利益を最大限まで追求する途上での「情報の非対称性」や「モラル・ハザード」等の組織病理の分析を行う。

表 2-3　米国の政治的伝統における行政学的考え方

	Wilsonian ヒエラルキー型	Madisonian 権力バランス型
Hamiltonian 強い執行部／ トップダウン	● Traditional public administration ● Principal-agent theory ● New Public Management ● NPR 　　Downsizing 　　Performance measurement 　　Procurement reform	● Bureaucratic politics ● Implementation ● Game theory 　　Institutional choice 　　Congressional/ 　　presidential dominance
Jeffersonian 弱い執行部／ ボトムアップ	● NPR 　　Employee empowerment 　　Customer service	● Network theory

出典）Kettl 2000: 29 ; Kettl 1993: 408。

　次に NPM とは、1980 年代に米国や英連邦（UK, NZ, AUS）で行われた行政改革の諸経験が 1990 年代以降 OECD によって本格的に経験交流されて

いるものの総称である。なお、その普及に果たす国際的なコンサルティング会社の役割を見逃すわけにはいかない[12]。その特徴を、Thompson（1997）の引用箇所（Garson and Overman 1983）を簡潔なものにしてこう述べる。つまり「社会的諸価値よりもマネージマントに、公正よりも効率に、エリートよりもミドル・レベルのマネージャーに、特定の公的イッシューに合わせた戦術よりも一般理論に基づくアプローチに、プロセスと諸制度よりも組織に、政治学ないしは社会学よりも経営学に」（Kettl 2000: 27）、それぞれ重きを置くものである、と。

最後に、NPR とは D. Osborn and T. Gaebler のベストセラー、*Reinventing Government* に目を付けた B. Clinton 大統領が、A. Gore 副大統領をトップにすえて取り組んだ連邦政府改革のことである[13]。ここでは NPR の改革の柱が五つに分けられ、その内の三つ（Downsizing・Performance measurement・Procurement reform）が HW 型に、残りの二つ（Employee empowerment・Customer service）が Jeffersonian － Wilsonian（JW）型に、それぞれ分類されている。

前者についていえば、数百項目にも上る改善案と、連邦政府職員に対する 35 万ポジション以上もの縮小によって攻撃的なダウンサイジングをおこなったり、連邦議会の Governmental Performance Results Act（業績評価法）の制定とあいまって全ての連邦機関に対して performance measurement（業績評価）の実施を命令したり、ある主要な調達改革法案（a major procurement reform bill）を具体化したりしたことをさす（Kettl 2000: 25）。後者は最上位の監督者に対して部下にその権限を付与するよう催促したり、政府の事業プログラムが市民のニーズにより一層応答したりするものになるよう、顧客サービス向上の取組みを進めたことをさす（Kettl 2000: 25）。

次に Hamiltonian-Madisonian（HM）型に位置づけられているもの、すなわち Bureaucratic politics と Implementation theory・Game theory（Institutional choice・Congressional/presidential dominance）をみておこう。まず Bureaucratic politics（Kettl 1993: 419 以下）とは、いわゆる「行動論革命」の最中にあっても Long（1949）以後に継続的に蓄積されてきた一連の官僚制研究の成果をさ

し、J.Q. Wilson の前掲書がその総合化された著作とみなされている。この見解のポイントは、行動論的視点に対する官僚制の役割の強調、官僚制から独立しうる政治権力のソースとしてのネットワークの指摘、公共政策執行への権限と影響力という独立したソースを有する制度としての官僚制観であるという。

そして Implementation theory とは、J.L. Pressman と A. Wildavsky の前掲書からスタートとし、1990 年代初頭には研究の第 3 ステージを宣言する研究（Goggin et al. 1990）が刊行されるまでに発展している見解である。その問題意識は Pressman たちの前掲書の副題が示すとおり、「ワシントンにおける大きな期待がオークランドにおいてどのようにして失望に変るのか、あるいは驚くべきことにモラールの確立を追求する同情的な観察者によって語られるように連邦政府プログラムの実施が経済開発行政に関する退屈な長話になっているのは何故か」にある。そして重要な点は、Implementation theory が暗示的にヒエラルキー型を拒絶し、連邦政府プログラムの成功がなぜ分り難くみえるのかを説明することに役立っているという（Kettl 1993: 415）。

最後に Institutional choice theory についてみておこう。なお Kettl による Congressional／presidential dominance に関する説明は Kettl（1993）にも Kettl（2000）にも見当たらないので、ここでは留保しておく。この見解（例 Knott and Miller 1987；Moe 1995）は先にみた Principal-agent theory と同じ公共選択理論のひとつである。その特徴は、既成行政学が独立変数とみている官僚制を制度に対する従属変数とみなし、いずれの外部監督者が官僚の行動に支配を及ぼす大きなインセンティブと強力な手段を有しているかを把握しようとするものである（Kettl 2000: 20）。なお Kettl は、公共選択理論に対する高まる批判を十分に承知している。しかし公共選択理論が全体として未成熟で実践とのギャップも存在することを前提にしたうえでも、議論の豊富化や知見の新しさによって当該分野の理論研究に貢献していることを了解している。したがってこうしたさまざまな知見を包括する立場こそ、米国行政学研究を発展させる立場であると積極的に表明するのである（Kettl 1993: 419, 423, Kettl 2000: 22-23）[14]。

さて、表2-3に関する最後の説明は、Jeffersonian-Madisonian（JM）型に位置付けられるNetwork theoryについてである。この見解は第二次世界大戦以降、政府活動がそのヒエラルキー構造を越えて数多くの民間組織と非政府的行政手段をますます多用するようになってきており、既成行政学では説明不能となっている現実を背景として登場してきた。換言すれば当該理論への期待は、公的セクターの民営化ではなくてむしろ民間セクターや社会全体に及ぶ「政府化（governmentalization）」（Kettl 2000: 23）の進展と「政府プログラムの集権化と分権化の同時進行」（Kettl 2000: 23）とを、公共管理の課題として上手に解こうとしているところにある。またNetwork theoryは、米国行政学をその誕生から深く根付くヒエラルキー的権威とその病理から解き放し、新たなgovernance theoryの発展の基礎的理論を提供していることで最近ではますます重要になっている。そして米国行政学は、そのなかで自らを力強く活性化させ、「政治権力と代議制民主主義の間の結びつきを理解する最良の方法とはなにか」（Kettl 2000: 24）という学問固有の課題に挑戦しているという[15]。

重要なことは、Network theoryに関する同様の認識が、学界重鎮で「新行政学運動」の中心メンバーの一人であったH.G. Fredericksonからも示されていることである。彼は1999年に米国政治学会（APSA）の設けるJohn Gaus賞受賞の記念講演において次のように述べた。「米国行政学は、実践と理論の両方において、国家の解体化〔の課題〕に関連する威圧的な問題を処理するためにそれ自身を再定義しつつある。端的にいって、再定義される行政学というものは、断片化されかつ解体化された国家業務を作り出すための政治学である」（Frederickson 1999: 702、傍点は引用者）、と。

以上のところでKettlが描く現代米国行政学の自画像について、ここで必要な範囲でのフォローを終える。彼の特徴は、統治（官僚制）に関わる現代政治理論を網羅しているところにある。しかしそこにはこれから述べるStillmanの分類する諸潮流のうち、特に重要視されているものが含まれていない。それは再建派のことであり、解釈派とともに明示はない。その理由は、「新行政学運動」の系譜にあたる学問潮流に対する評価の低さにあるのか、

既成行政学の新種とみているのかなどとさしあたり推測する他はない。では、次から Stillman のアプローチをみていこう。

4. Stillman の欧米比較アプローチ

　Richard J. Stillman II は、現代米国行政学研究が欧米比較アプローチからみて「反国家主義（antistatism）」という政治的伝統の産物であるとみている（Stillman 2000: 17-30）。彼のいう「反国家主義」とは、「統治の諸制度に対する敵愾心をあらわにする教義と考え方のことであり、その役割と活動を縮小・制限、さらには削減さえも論じる」（Stillman 2000: 16）ものである。そして、その上で米国行政学のユニーク性を次の5点にまとめている（Stillman 2000: 18-19）。①合州国憲法制定に遅れること一世紀後に冒頭で触れた Wilson 論文が現れることに象徴される学問の未発達、②「行政国家」確立および「憲法の運用」（Stillman 2000: 18）の両段階以降での登場、③プロテスタント的な「モラル向上」と「民主主義的理想主義」で鼓舞された下からの諸改革による浮上、④欧州大陸での法学教育の伝統とは異なる、政治行政分離論の下での科学的管理運動の思想と方法からの成長、⑤社会の膨張化と断片化に強く応答した学問研究と教育の展開、である。

　さて Stillman は、米国行政学思想を四期に分けた鳥瞰図（**表 2-4**）を示すなかで、現代米国行政学の画期を Refounding movement が台頭してきた1989年に求めている。そして、現在それを含め6つの学問的諸潮流の影響を現代米国行政学に確認している（Stillman 2000: 25-27）。それでは、さっそくみてみよう。

(1) 再発明派（The Reinventors）

　彼らは1990年代初頭に登場した D. Osborn と T. Gaebler の前掲書の考え方に結集する者たちで、第一の最も重要なグループである。「起業家精神」を基調に「第三の道」「旧い大きな官僚制の打破」「市場原理の導入」（Stillman 2000: 25）をキーワードに NPR の推進する連邦行政改革をリードしていった。諸々の理由から90年代末までにその熱気は著しく低下してきているといわ

れるが、それにもかかわらず全ての政府レベルで公行政に関する「規模・範囲・方法そして思考方法」(Stillman 2000: 25) に大きな影響を有している。

(2) コミュニタリアンズ (The Communitarians)

この考え方は Philip Selznick や Amatai Etzioni のような社会学者の著作 (Selznick 1992 ; Etzioni 1993) によって、90年代にポピュラーになり影響力を高めた。例えば、Selznick は権威的官僚制のモラル的・実践的な限界を指摘し、「オープンさ・適用・参加そして問題解決力」(Selznick 1992: 287) というポストモダンの精神に基づく正統性の展望を示唆する。要するに、コミュニティとシチズンシップを再建するというような大きな課題に取り組み、行政改革にまでは具体的に触れてはいない。しかしながら暗示的には行政の姿勢が家族や近隣・職場での絆を強めたり、より広範な市民参加を奨励したりすることを示唆する。

(3) バージニア工科大の再建派 (The VPI Refounders)

これまでのグループとは対照的に、Virginia Polytechnic Institute and State University (VPI) の再建派は、米国行政学研究者として著名な G.L. Wamsley, R.N. Bacher, C.T. Goodsell, P.S. Kronenberg, J.A. Rohr, C.M. Stivers, O.F. White, J.F. Wolf から構成されている。彼らは元々1984年に the Blacksburg Manifesto (VPI の所在地に因んで名付けられた宣言) を発表したグループで、90年代に二つの論文集、*Refounding Public Administration* (1990年) と *Refounding Democratic Public Administration* (1996年) にその成果をまとめている。その狙いは行政学の規範理論化の試みであり、行政学の役割が機関・執行官・権威の再定義と市民の実践への新たな意味の付与を通じて、ガバナンス・プロセスにおける正統なパートナーとして実践を解釈することにあると考えている (Wamsley and Wolf 1996: 11)。要は、根本的・哲学的・制度的そして理論的な面から行政学全体の再建を追求している (Wamsley 1998: 200-201 ; Maheshwari 2009: 61-62 も参照)。

(4) 解釈派 (The Interpretivists)

　解釈派たちは既述の「新行政学運動」の直系の後継者として、現象学ないしは「主体 - 間主体的諸関係」を指向した研究を行う。その特徴は、彼らの問題意識が米国の政治文化に根ざした行政学の正統性概念の復興にあり、イマジネーションのテクニックを使って既成行政学の神話を乗り越えようとするところからきている (Kass and Catron 1990: 9-11)。そうしたことから、彼らは 90 年代初頭に Public Administration Theory Network (PAT-NET、1981 年結成) を American Society for Public Administration (ASPA) から組織的に独立させ、*Administrative Theory and Praxis* の刊行 (Vol.38, 2016) や年次大会の開催を行っている (2017 年 6 月に第 30 回年次大会を予定)。研究成果としては、Kass and Catron (1990) をはじめ Sage book series, *Advances in Public Administration* の叢書がある[16]。

(5) ツール・メーカー派 (The Tools-makers)

　彼らはテーラー主義以来のテクノロジストであり、行政学の草創期から学問形成に主要な役割を果してきた。調査・教育の分野で、ハードな計量分析や分析方法論・政府プログラム分析の開発を継続的に行っている。注目される成果としては、Lester Salamon たちの *Beyond Privatization* (1989 年) であり、政府プログラムで使われている道具 (ツール) を分析し、自分たちの新たな道具を提案している。その背景には彼の「第三者政府 (Third-Party Government)」論がある。それは従来まで行っていたサービス提供や政府プログラムの実施を非連邦レベルの多彩な第三者に任せさせ、政策の優先順位を設け、助成基金を創設する方向に政府を再定義する見解である (Salamon 1989: 8-10)[17]。

(6) 新官僚制分析派 (New bureaucratic analysts)

　官僚制分析の分野において新しい研究成果をあげる政治学者のことで、行政学に対してもその研究を前進させることで貢献している。名前として挙げられる者は、先ほどの Donald Kettl や James Q. Wilson のほか, Louis Gawthrop, Paul Light, Hal Rainey たちである[18]。彼らの著作の特徴としては、

政治と行政の関係とは何かといった、最も規範的で政治的な課題を取り上げる傾向があるという。

以上のところまでで、Stillman が描く現代米国行政学の自画像の輪郭が明らかになったと思われる。彼の分類はコミュニタリアンズやツール・メーカー派といったところまで目配りしているわりに、公共選択理論を取り上げていないところにその特色がある。なお再建派と解釈派とを区別する理由は、それぞれのグループの形成過程に着目したところにある。しかし登場の背景には、官僚バッシングに対する正統性の擁護や ASPA における理論研究の軽視への反発が共通してありそうである（McSwite 1997: 221-23）[19]。それでは最後に、欧米比較アプローチからこの自画像に先のユニーク性がどのような形で刻印されているかをみておこう（Stillman 1999: 258-59）

表 2-4　アメリカ行政学思想の四つの時代区分

	POSDCORB 正統期 1926-1946	社会科学の異端期 1947-1967
代表的著作	L. White, *Introduction to the Study of Public Administration* (1926)	R. A. Dahl, "The Science of Public Administration", *PAR*, 1947。 H. Simon, *Administrative Behavior* (1947)
行政思想	POSDCORB	Social Science Heterodoxy
中心価値	節約と能率 政治行政分離論	現実性と厳密性 学際的パースペクティブ
中心的な 理論問題	行政学の構築と適用	行政学とは何か

	民主主義的理想主義の再主張期 1968-1988	Refounding Movement 期 1989 to Present
代表的著作	F. Marini, ed., *Toward a New Public Administration: The Minnowbrook perspective* (1971) V. Ostrom, *The Intellectual Crisis in American public administration* (1973)	G. Wamsley et al., *Refounding Public Administration* (1990)
行政思想	民主主義的理想主義	Refounding Movement
中心価値	節約・効率・正統性	新しい正統性・概念枠組み・価値の探究
中心的な 理論問題	行政学はどこに存在するのか	行政学の新しいアイデンティティとは何だろうか

出典）Stillman（2000）Table1（p. 28）に基づき作成。

第一に、方法論からみると、現代国家が欧州大陸の行政学を作り米国行政学が現代国家を作った歴史からいうと、大陸のヨーロッパ人は国家の意義から演繹し米国人は国家の意義の喪失のために行政学から国家に帰納させることを強いられている。したがって、行政学に関する思考における演繹的方法（欧州大陸）と帰納的方法（合州国）という基本的な相違が大西洋を隔てて存在している。

　第二に、学問の性格からみると、トップダウンよりもボトムアップにより構築された米国行政国家の現実は、より一層「明確な範囲、本質あるいは焦点のないまま」（Stillman 1999: 258）に米国行政学を生み出している。その上で米国に実在する国家は、米国行政学のアイディアと実践の挑戦的試みから帰納的に定義されることになる。

　第三に、研究課題からみると、永続する民主主義と官僚制の難問のような制度的課題を論述する際に、行政学的思考は欧米において次の相違がみられる。ヨーロッパでは民主主義と官僚制の相違は、「より先鋭であり、より論理的であり、そしてより良く」（Stillman 1999: 259）定義される。しかし合州国の場合には、両者の問題はより一層問題性を帯びるものとなる。その理由は民主主義と官僚制は既に相互に絡み込みあっており、混乱の原因はそうした複雑な錯綜ぶりにあるからである。この民主主義・官僚制のアマルガムといもいうべき一体化はまた、「局面のニーズに著しく柔軟に かつ急速に応答し得る高度に適応しうる民主的な行政システム」（Stillman 1999: 259）を提供すると同時に、「もっとも難しく、そして作動するのに混乱を伴い、当然［国民からの］憤慨を被るシステム」（Stillman 1999: 259）ともなる。

　以上で Stillman のアプローチを終えたので、最後の Uveges と Keller のパラダイム・アプローチによる鳥瞰をみていくことにしよう。

5. Uveges と Keller のパラダイム・アプローチ

　J.A. Uveges と L.F. Keller は、現代米国行政学の自画像をどのように描こうとしているのかをみていきたい（Uveges and Keller 1998）。

　はじめに、米国行政学の多様性は異なるパラダイムが反映したものである

との見方から、その分析枠組として Burrell and Mogan（1979）に依拠してマルチパラダイム・アプローチを採用する（**図2-1**）。

　図2-1について、その座標軸の説明からはじめよう（Holzer and Gabrielian 1998: 51-52）。まず〈主体―客体〉軸では、主体的観点は「個々人が自分自身が知っている世界を創造・修正・解釈する方法に対する理解」に焦点を絞るのに対して、客体的観点は「観察されるべき現実を説明・統治する普遍の法則」を探究するものである。次に〈ラジカルな変革―規制〉軸では、「凝集性を有するヒューマン・システムの秩序を説明しよう」とする立場か、「変革を考慮しよう」とするそれか、の次元が問われている。次に、各象限にそれぞれ名付けられている見解の定義をみておこう（Gioia and Pitre 1990: 585-86）。〈ラジカル・構造主義的パラダイム〉とは構造的現実に対するイデオロギー的関心を有する客体主義者の立場のことであり、〈ラジカル・ヒューマニスト的パラダイム〉とはその関心を持たない主体主義者の見解である。続けて、〈解釈主義的パラダイム〉とは規制に対する明白な関心あるいは現状変化に対するそれの欠如を有する主体主義者の見解であり、〈機能主義的パラダイム〉とは安定化あるいは現状維持の指向性を有する世界に対する客体主義者の立場である。

　さて、以上で分析枠組の説明を終えたので、さっそく Uveges と Keller によるパラダイム・アプローチの結果を示す図2-2の説明に進もう。彼らによると、米国行政学に影響を与える建国以来の政治的あり方を三つのモデル、すなわち党派紛争型（conflict of factions、COF）、党派支配型（rule of factions、ROF）、公益型（public interest、PI）で考えている。党派紛争型とは政体の本質を党派の紛争であるとする見解を、党派支配型とはそうした紛争状況が選挙に基づいて政治的正統性を獲得した政党によって支配されるとする見解を、公益型とは科学の適用による公共問題解決とモラル向上・専門職への権限委譲を内容とする政府のあり方に関する見解を、それぞれ示している。これらのモデルは、座標軸上では党派紛争型が〈ラジカルな変革・主体〉象限に、党派支配型が〈ラジカルな変革・客体〉象限に、公益型が〈規制・主体・客体〉現象に存在し、それぞれにパラダイムの指向性が認められる。

図 2-1　マルチパラダイム・アプローチ
出典）Burrell and Mogan（1979），Figure 3.1（p. 22）．（鎌田伸一ほか（1986），p. 28 参照）

図 2-2　行政学に対するパラダイムの指向性と各アプローチへの影響
出典）Uveges and Keller（1998），Figure 1（p. 32）に基づき作成。

　では、以上の分析枠組のなかで、現代米国行政学を彩る学問的諸潮流はどのような配置を取ることになるかといえば、次のとおりである。
　Reinventing government は、パラダイム指向からみると機能主義的ということになる。その理由は、活動の業績測定に多大な関心を寄せているからである。その以外にも、費用対効果分析などを用いる政策分析論が該当する。公共選択理論はパラダイム指向からみるとラジカル・構造主義的となる。その理由は現代政府の有する立憲的本質を検討課題にする一方で、経済学と同様の方法により紛争を特徴づける、客観的世界に対する仮説から成り立っているからである。Refounding movement は解釈主義的パラダイムにある。その理由は専門職業人の役割を重視し、秩序探究の主観的世界からの行政学の構築を強調するためである。 Multicultural movement はラジカル・ヒューマ

ニスト的パラダイムにある。その理由は、この運動が行政に対して行う要望が大きなインパクトを持ちそして紛争までも生み出しており、そのために公共サービスの提供実態を調査するスタッフとその機関の増大をもたらしているからである。

　以上の説明によって、Uveges と Keller は現代米国行政学の現状がパラダイムの多様性を反映していることを明らかにし、同時にこの多様性こそが行政学研究の活力の源泉になっていると確信している（Uveges and Keller 1998: 31）。

6. まとめにかえて

　以上のとおり世紀転換期の現代行政学の現状を押さえたのちに、三つのアプローチから現代米国行政学理論の動向を鳥瞰してきたわけである。ここで 80 年代初頭に同様に自画像を描いてみせていた H. George Frederickson の行政学モデルも視野にいれながら、これまでの考察によって、いかなる現代米国行政学の特質が各アプローチにより浮かびあがってきたかをまとめておきたい。またあわせて、当該の問題意識の出発点となっている日本の現代行政学が世紀転換期に、どのような自画像を積極的に描いたらいいかについても検討を試みたい。

　第一に、現代米国行政学はこの 20 年間でどのような展開をみせたかといえば、人間関係モデルの地位の低下に代わって、公共選択理論の多彩な発展と新たに NPM や Reinventing Government、Refounding movement、Policy analysis の台頭があったことは明白である[20]。その当時、Frederickson によって分類された行政学モデル（Frederickson 1982〔1987〕: 17-30〔25-42〕）とは、①古典的官僚制モデル（F.W. Taylor, W. Wilson, L. Gulick）、②新官僚制モデル（H.A. Simon, J. March）、③インスティテューショナル・モデル（C.E. Lindbloom, J. Thompson, F. Mosher）、④人間関係モデル（E. Mayo, R. Likert, R. Kahn）、⑤公共選択モデル（V. Ostrom）、であった。

　第二に、三つのアプローチによって現代米国行政学の特質として明らかになったことは、次のとおりである。①欧米比較アプローチによって行政学思

考 における演繹的方法（欧州大陸）に並立する帰納的方法や民主主義と官僚制のアマルガムが孕むパラドックスなど、個性的な特質が浮かび上がったこと、②パラダイム・アプローチによってその学問的諸潮流の位置関係や個々の特質、そして未発達部分や今後の展開方向等の羅針盤が与えられたこと、③政治思想アプローチによって政治的伝統にその基礎を置く現代米国行政学の理念的四類型が抽出され、そのなかでもとりわけ Network theory に代表される Jeffersonian-Madisonian 型[21]の発展への期待が大きく高まっていることである。そして、現代日本との関連から先に問題意識として示していた「政治的空間の閉塞性」打破の課題については、この型の理論的発展による民主的政治システムの構築にかかっているということがここでの結論である。したがって本書は、今後、第二部のガバナンス研究へと展開することになる。ちなみに代替理論として日本でも話題になっている公共選択理論は、これまでの検討結果からパラダイム的には〈ラジカルな変革・客体〉現象、政治思想的には Hamilitonian-Wilsonian 型、という同理論に内在する指向性が明らかになった。

　最後に、本章での検討結果が冒頭で示していた二つの問かけに対して、さしあたりいかなる回答を用意しえたのかをここで述べておきたい。世紀転換期における日本行政学の展望にかかわる点では、次のように考えられる。一方で「制度学・管理学・政策学としての日本行政学」（西尾勝）のアイデンティティを総和としてさしあたり持ち続けつつも、他方で従来から行政学者の多くが Hamiltonian-Madisonian 型（**表2-2**, 図序 -4）を研究の前提に置いていたのではないかという自覚も必要となっている。

　したがって、これまでどおり JM 型や HW 型での「分析・批判」研究を継続するとともに、Jeffersonian-Wilsonian-Madisonian（JWM）型での「理論・制度デザイン」研究を本格化させることが大切になっているだろう。その点については、管見によれば、寄本勝美の「『機能的相互連結型』システムの構築」論（寄本1978；Yorimoto 2000）が、次の二点からみて日本の行政学会にあって Jeffersonian-Madisonian 型の性格を有する独創的な理論ではないかと思われる。

ひとつは、これまで市民参加や公民のパートナーシップ・中央地方関係というキー概念がごく当然のように個別的ないしは無機的に論じられてきた。しかし当該システム論の視点は、今日的課題の複雑性と包括性を鑑みて、コミュニティから始まり市町村・広域行政・中央政府に至る各アクター間をボトムアップ型システム構築へと有機的に収斂させていくものであり、その意味で Jeffersonian といえるからである。いまひとつは、これまで制度デザインを考える際に、ごく当たり前のように個々の制度内部の精緻化と効率化に目を奪われてしまっていたように思われる。しかし当該システムのそれは、制度の肥大化や濫立化の防止およびリソースと努力の効果的な投入をめざすために、シナジィスティックなアプローチによる制度デザイン上でのバランス化を企図するものであり、その意味で Madisonian といえるからである。

　ところで、JWM 型での「理論・制度デザイン」研究の本格化を考えれば、比較理論研究の重要性は高まるばかりである。しかし現状をみるならば停滞傾向が続いている（小野 2000 参照）。その背景として考えられることは、近年の外国研究への着目が、自らの「分析・批判」研究に新たな知見を与える目的で専らその有用性から研究されるという、ある種の狭さがあるように思えるからである（例 真渕 1998）。したがって、各国の政治文化・伝統そしてグローバル化の下で育ってきた理論と制度・思想に対する比較理論研究は、今後、一方でこうしたことに留意するとともに、他方で JM 型や HW 型の研究だけのためにあるのではなく、今後発展が期待される JWM 型での「理論・制度デザイン」のためにもあることをここで強調しておきたい。

注
1　直接言及したのは、今里滋のみであった（日本行政学会 2000；久保 2000）。
2　例えば、西尾勝は日本行政学の再構成にあたって「国際化」と「国産化」の課題を指摘し、そのなかで特に米国行政学の受容問題に由来する管理学的研究の圧倒的弱さの克服を提起している（西尾勝 1999）。新藤宗幸は「この 10 年〔1990 年代〕は、学としてのあり方を厳しく問われる時代」であったとして、日本行政学の現状が「先鋭な規範意識とそれにもとづく制度設計論指向」の低調・希薄、行政研究者の増加による制度評価と改革方向の拡散、「伝統的パラダイム」批判のマイナスの影響を指摘する（新藤 2000: 24）。

3 今里滋の発言（久保 2000: 50）参照。ちなみに英国行政学の現状と今後の展望に関する Rhodes（1996a）の見方は参考になるであろう。彼は既成行政学が行動論の攻撃によってではなくて、80 年代のマネージャリズムと公共選択論のインパクトによって衰退してしまったと現状をみている。しかし英国行政学が生き残ることができるとするならば、それは行政学のアカデミックへの貢献のまさにその質によってであるとその展望を語っている。すでにこの点は Rhodes が 1975 年 9 月〜 12 月にかけて、The German Marshall Fund of the United States からの助成を得て、米国の有力な大学院（the Maxwell School, Syracuse, the Institute of Public Policy Studies, Michigan, the Graduate School of Public Policy, Berkeley, Public Management program（Stanford Business School）での研究教育活動を訪問調査した経験があり、そこから得られているようである。ちなみに、まとめられた報告書(Rhodes 1976)は、英国行政学への教訓を、「あなたの最善であると考えることを行うことであって、他の人々が今行っていることを行うことではない」（Rhodes 1976: 113）との言葉で結ばれている。また最近、彼は 2014 年世界政治学会（IPSA）の総会講演を、Recovering the 'craft' of public administration in network governance との題目で引き受けている。

4 手島孝は、1995 年に手島（1964）を復刻した理由を述べたところのなかで、「日本経済社会の驚異的発展と国情の違いが、近来とみに、もはや欧米諸国に学ぶところなしとの思い上がりを学界にすら助長しているかに見える」（手島 1995: iii）との所感を吐露している。また今村都南雄は、自著への「書評」（真渕 1998）を受けた後でも、「今日、〔辻清明が 40 年近く前に指摘した外来理論に対する批判的研究の弱さの〕事態はどれほど変っているだろうか。さほど変っていない」（今村 1998: 93）との認識をさらに強くしている。最近、村松（2016）からも同様の指摘がある。

5 公共選択理論の「公認の哲学」化は、行政改革委員会事務局編『行政の役割を問い直す―行政関与の在り方に関する基準―』（大蔵省印刷局 1997）および三重県「公共関与・県の関与の判断基準: 平成九年度業務見直しテストの判断基準」魚谷増夫編著『地方行政システム改革の実践: 三重県事務事業評価システムの運用を中心として』（行政管理研究センター , 2000 年）で確認できる。この点に関する検討は、今村（1999）と福家（1999）が詳しい。なお公共選択理論の影響は、既に 70 年末の行政管理基本問題研究会（行政管理庁長官の私的諮問機関、座長・辻清明）報告『今後における政府・公共部門の在り方と行政改革』（1979 年 7 月）において確認できる。

6 三重県の「事務事業評価システム」や静岡県の「業務棚卸法」の本質が TQM にあるとする古川俊一の指摘（古川 1999: 10）は重要であり、さらなる検討が必要である。

7 同様の認識は、唐津一編著『新たな行政の管理基準』（行政管理研究センター 2000 年）のなかでも鮮明である（特に、第 3 章）。

8 不足する研究の蓄積を図るために、「公務研究」（良書普及会）が創刊（1998

年10月）された。ただし1巻1号、2巻1号（1999年3月）、2巻2号（2000年3月）の計3冊だけに止まった。

9　主な業績等は以下のとおりである。辻清明「現代行政学の動向と課題」日本行政学会編『年報行政研究1』（勁草書房1962）、同「私の行政学」『(年報行政研究17) 行政学の現状と課題』（ぎょうせい1993）。阿利莫二「アメリカ行政学の動向」『今日の法と法学（山之内先生追悼論文集）』（勁草書房1959）。井出嘉憲「アメリカにおける行政理論の展開過程」高橋勇治・高柳信一編『政治と公法の諸問題』（東京大学出版会1963）。手島孝『アメリカ行政学』（日本評論社1964、復刻版1995）。村松岐夫「行政における組織目標と人間の行動: サイモンの行政理論の一研究」『法学論叢』第78巻第6号、1966年。大森彌「行政学にたいするプロフェッショナリズム・アプローチ: アメリカ行政学の一動向」『(年報行政研究10) 政策決定と公共性』（勁草書房1973）、同「現代行政学の展開－アメリカ行政学における『行政』モデルとパラダイム－」辻清明他編『行政学講座第1巻 行政の理論』（東京大学出版会1976）。西尾勝「組織理論と行政理論」同『行政学講座第1巻 行政の理論』（東京大学出版会1976）。水口憲人「『民主主義社会』の行政学（一）: アメリカ行政学研究序説」『法学雑誌』第20巻第4号1974年。D・ワルドー・山崎克明訳『行政国家』（九州大学出版会1986）、今村都南雄「アメリカ行政学の受けとめ方」『(年報行政研究17) 行政学の現状と課題』（ぎょうせい1983）、森田朗「インクリメンタリズムの論理構造: Charles E. Lindblom の政策決定理論に関する一考察」『千葉大学法経研究』第10号1981。辻隆夫「戦後アメリカ行政学の再整理」『早稲田大学社会科学研究』第27号、1983。今里滋「現代アメリカ行政学の展開とその『一体性の危機』（一）（二・完）」『法政研究』第50巻第1号・第2号1983。同「行政学と行政教育: アメリカ行政学における『一体性の危機』の制度的側面（一）- (四)」『法政研究』第51巻第3・4号、1985年 - 第53巻第2号、1987年。同「意思決定過程論再考: アメリカ行政学にみるその方法論的意義」九州大学法政学会編『法と政治－21世紀への胎動（下巻）』九州大学出版会、1995年。同「アメリカ行政学の回顧的展望－事例研究と組織研究」『法政研究』第63巻第3・4号、1997年。

10　Kettl の名前は、稲継裕昭監訳・浅尾久美子訳『なぜ政府は動けないのか: アメリカの失敗と次世代型政府の構想』勁草書房2011年（「表7.1 ガバナンス・モデルの進化」）で、日本でも知られるようになった。ところで、こうした行政学と政治学の関係に関する二つの見解は、本文で触れた John Gaus 賞の受賞者らにおいても併存しているという。統一的に把握する者は、Allen Schick, James W. Fesler, H.G. Frederickson である。分離的に理解する者は、Dwight Waldo, Herbert Kaufman である（Kettl 1993: 412；Kettl 2000: 12）。

11　Principal-agent theory についての解説は、加藤寛編『入門公共選択（改訂版）』三嶺書房、1999年、77頁にある。公共経済学には、Principal-agent theory の他に、表3に挙げられている Institutional-choice theory をはじめ、Bureaucratic outcomes theory、Transaction-cost theory がある（Kettl 1993 も参照）。

12　NPM 理論については、村松岐夫によって、初めて日本の行政学の教科書に取り上げられた（『行政学教科書』有斐閣、1999 年）。世界各国での同理論の普及に関わって、国際的なコンサルティング会社の関与に関する指摘は、Denis Saint-Martin, "How the Reinventing Government Movement in Public Administration Was Exported from the U.S. to Other Countires?." Paper prepared for the American Political science Association Annual Meeting, Boston, September 3-6, 1998 が詳しい（後に、Denis Saint-Martin, *Building the new managerialist state: consultants and the politics of public sector reform in comparative perspective*, Oxford: Oxford University Press, 2000 として刊行される）。初出当時の最新の研究成果では、C.Pollitt and G. Bouckaert, *Public Management Reform*, Oxford: Oxford University Press, 2000 (3rd edition, 2011) がある。ごく最近では、NPM の命名等で功績のある Hood が Hood and Dixon (2015) で NPM 型行政改革の 30 年余を総括しているけれども、それによって①政府がより良く活動せず、②政府支出・給与・歳入確保の諸点で経費が削減できなかったことを実証している。

13　初出当時の最新の研究は、D. Kettl, *Reinventing Government: A Fifth-Year Report Card*. Washington, D.C.: Brookings Institution Press, 1998 である。日本での研究成果は以下のとおりである。小池治「経営革命と行政改革－ナショナル・パフォーマンス・レビューの評価をめぐって－」「クリントン政権の 行政改革とその実像」総務庁長官官房企画課『行政のボーダレス化と機能的再構築に関する調査研究報告書（平成七・八年度）』1997-98、平井文三「アメリカ・カナダの行政改革の動向」堀江教授記念論文集編集委員会編『行政改革・地方分権・規制緩和の座標』ぎょうせい 1998、大山耕輔「クリントン政権の行政改革と NPM 理論」「季刊 行政管理研究」No. 85, 1999。

14　合理的選択理論をめぐる論争状況については、さしあたり「合理的選択理論とその批判」「レヴァイアサン」木鐸社、第 19 号、1996 年を参照のこと。

15　初出当時の最新の研究には次のものがある。E.S. Savas, *Privatization and Public Private Partnerships*, New York: Seven Bridges Press, 2000. Savas は、民営化の一層の促進（政府所有のビジネス・インフラストラクチャー・社会保障）による公私間のパートナーシップの前進を今後の方向性としてみている。その下で政府に期待されていることは、①公認・部分的財政支援・監督・アクセス確保への役割限定と、②市民とのコミュニケーション・説得・交渉による 動機付けに基づく彼らからの支持の一層の確保である（Savas 2000: 318-20）。なお、民営化には十分に思いやりがあり、そして「手段としての民営化」は福祉国家によって効果的に運用されるが、一旦それが「目的」化 されると福祉国家にとって有害となるという「基本的なパラドックス」が内在することを十分に承知している（Savas 2000: 300-01）。

16　PAT-NET 結成の経緯等は次のものが詳しい（ホームページ情報によれば、2011 年に非営利法人となる）。McSwite, O.C., *Legitimacy in public administration: A discourse analysis*, Thousand Oaks, CA: Sage Publications, 1997, pp. 222-226. ま

た、このシリーズから刊行された著作は次のとおりである。なお、Stillman も編集委員会のメンバーの一人である。McSwite, O.C., *ibidem*; Terry, Larry D., *Leadership of public bureaucracies: the administrator as conservator*, 1995; Michael M. Harmon, *Responsibility as paradox: a critique of rational discourse on government*, 1995; Geoffrey Vickers, *The art of judgment: a study of policy making*, 1995; Guy B. Adams, Danny L. Balfour, *Unmasking administrative evil*, 1998.

17 「第三者政府」論を検討したものに、次のものがある。田中建二「行政―NPO関係論の展開（二・完）」『法政論集』No. 179, 1999年。

18 彼らの代表的な著作は、以下のとおりである。J.Q. Wilson, *ibidem*; L. Gawthrop, *The human side of public administration*, Gaus Lecture, Sep. 4, 1998; Paul Light, *The New Public Service*, The Brookings Institution Press, 1999; Donald Kettl, *Government by proxy: (Mis?) Managing federal programs*, Congressional Quarterly Inc., 1988; Hal Rainey, *Understanding and managing public organizations*, Second edition, Jossey-Bass Publishers, 1997.

19 両派の共通性は人物の重複からも伺える。Kass and Catron（1990）に加わる Orion F. White は、*Refounding Public Administration*（1990）と *Refounding Democratic Public Administration*（1996）の両方にも加っている（Cynthia J. Mcswain は後者には参加している）。ちなみに O. C. McSwite は筆名で、Cynthia J. Mcswain と Orion F. White のことである。

20 人間関係モデルの地位の低下といっても、それはあくまで相対的な意味であり、米国行政学の懐の深さに留意すべきであろう。この点に関しては、Levine, Charles H., Peters, Guy B. and Thompson, Frank J., *Public administration: challenges, choices, consequences*, Glenview: IL, Scott, Foresman and Company, 1990, part 3, 参照。

21 Frederickson は、既述の John Gaus Lecture において、Kansas city の実証研究に基づき institutionalism, network theory そして governance theory の交差地点の上に the theory of public administrative conjunction と呼ぶ統合型の理論を提起しており、注目される（Frederickson 1999: 706-710）。同理論は、「行政的統合（administration conjunction）がネットワーク化された公共（a networked public）において、ユニットを代表する諸アクターとそれらの諸アクターの行政的行動の間の水平的な正式・非正式の組織配列とその性格である」（Frederickson 1999: 708）と定義される。そして15項目にもわたる諸仮定を提示しながら、ヒエラルキーや市場を求めない行政プロフェッショナルの存在と、彼らの信条の重要な役割・極端に低い取引費用等の特性が示される（Frederickson 1999: 709-710）。

第II部

ガバナンス研究としての現代行政学

第3章　ガバナンス研究の新展開
―― 学説・概念・類型・論点 ――

1. ガバナンス研究のグローバル化

　本章の目的は世紀転換期の現代において、グローバル化の進展と国家のあり方と役割の変容に関する様々な議論が巻き起こっているなかで、そのコアとして先進国で盛んに論じられ注目を集めているガバナンス研究の新たな展開過程を検討してみることである。

　もともとガバナンス（governance）という英語の言葉はガバメント（government）と同じく、14世紀半ばの中世英語にまで遡ることができる（序章参照）。そして語源となるラテン語（gubernantia）が帆船の舵取り（steering）を意味するもので、近年まで governing と同じ意味で普通に使われてきていた（序章参照；堀 2001b；Mayntz 1998）。この言葉は現在では、国際機関（UN, World Bank, OECD など）の公式文書はもとより、社会科学諸理論のキーワードとして各人各様の含意で多用され、世界的規模でガバナンス現象と呼びうる事態が生じているようである（UNESCO 1998 参照）[1]。

　さて 2000 年に開催された世界政治学会（IPSA）のあるセッションにおいて、スウェーデンの Peder Rjork と Hans Johansson はガバナンス理論の研究前進のために、次の五点にわたる共通了解を提示している（Rjork and Johansson 2000）。冒頭にあたりガバナンスに関する一定のイメージを描くために、ここで紹介しておきたい。

　①ガバナンスとは、社会的アクターを組織化するための必要条件を生み出す新たな手段と方法によって統治される社会に関することである。

　②ガバナンスはアクターが伝統的なヒエラルキーよりも、別の方法によってコーディネートされることを重視する。

③ガバナンスは統治する強い意欲をもつ国家に関することであり、それゆえに国家は重要アクターのひとつである。

④ガバナンスは一義的にはアウトカムに関することではなくて、静的な政治システムにおけるプロセスに関することである。

⑤ガバナンスは規範的ではない。

それではグローバル化の進展を背景にしながら、そのなかで国家の主体的な再編過程が生まれているわけであるが、それを主な研究対象とする行政学分野を中心として展開されているガバナンス論争をここで整理・検討し、今後の研究課題を探りたいと考える。以下では R. A. W. Rhodes、および B. Guy Peters と Jon Pierre の所説を中心に紹介しながら、ガバナンス論の学説・概念論・類型論と、その論点を順に検討していくことにしたい。

2. ガバナンス研究の学説

ところでガバナンスの議論の際には、必ず決まって概念それ自体がわかり難いとの指摘がなされる。Pierre によれば、その理由はガバナンスに二重の意味が含まれるからである（Pierre 2000b: 3）。ひとつの意味は、20世紀末に現れているグローバル化への国家の適応の経験的な現象に関する事柄である（現象としてのガバナンス）。いまひとつは、社会システムの調整（その大半は調整過程において国家が役割を果す）の概念的ないしは理論的な表現方法に関するそれである（理論・分析枠組としてのガバナンス）。ここで取り上げるガバナンス論争は後者に関する事柄であり、それには次の二つの見方が並立しているという。

ひとつは、Rhodes のいう「ガバメント無きガバナンス（gonernance without government）という「ニューガバナンス」論（Rhodes 1997a: chapter 3）と、その学問方法論である反基礎付けアプローチ（anti-fondational approach）である。もうひとつは、Peters と Pierre の政府のステアリング（steering）を中心的内容とする「伝統的ガバナンス」論と国家中心アプローチ（state-centric approach）である（Peters and Pierre 2000；Payne 2000: 208）。

さて両者のガバナンス研究は学説史的にみて、どのように位置付けられる

のか。ここでは三人の見方を紹介しておきたい。

はじめにドイツからみる Renate Mayntz によれば、次の三つのステップを段階的に踏んで包括的な理論としてガバナンス理解は成長してきたとみる（Mayntz 1998: 8-10）。第一に 1960 年代末に登場したプランニング理論にその源を発し、第二に 1970 年代のユートピア批判のなかでアジェンダ・セッティングや政策手段等を実証的に研究する政策ディベロップメントを経て、第三に 1970 年代末から 1980 年代初頭の政策インプリメンテーション研究に進んだ後に、ガバナンス・パラダイムの原型が完成したとする。そして現在は、ヨーロッパ化とグローバル化による概念拡張が段階を追って進んでいるとみる。

次に英国からみる Michael Hill ではこうである（Hill 1997: 72-74）。Rhodes らによって 1980-90 年代に始められたアプローチであるネットワークと政策コミュニティを重視する姿勢は、プルーラリズムに起源を持ち、コーポラティスト理論を経てきたものと指摘する。いずれにも共通する問題点として、政策決定過程の組織方法を説明することはできても、なぜそうした方法で組織されるのかに関して何も説明がないことを指摘する。他方 Peters も依拠する行政官僚制論（public bureaucracy）は、統一するエリートとして官僚を理解する点からエリート論の流れに潜在的にあるとみる。さらにその流れの次の展開として、エリート論とは正面に掲げずに民主的アカウンタビリティ論として論じられる Rhodes のコア・エグゼクティブ論を位置付けている（Hill 1997: 83-85）。なお Rhodes 自身はこれをネットワークと政策コミュニティに位置付けており、次の Kettl と同じ理解をする。

最後に米国からみる Kettl（2000）ではこうである。ガバナンス研究の存在を認めるけれども、まだ行政理論の考え方のひとつにそれを数え上げるまでには至っていないとみる（本書表 2-3, p.48）。そして現在のところヒエラルキー的権威とその病理から行政理論を根本的に解き放ち、同時にガバナンス研究の発展の基礎理論を提供しているネットワーク論を、権力バランスと弱い執行部（ボトムアップ）という米国政治思想の伝統上に位置する唯一の考え方であるとして大変重視する（Kettl 2000: 23-24；本書: 51）。

ところで Hill によってエリート論の流れであるとされた行政官僚制論は、Kettl の説明（Kettl 1993）によるとガバナンス研究に自己展開していくことになる。行政官僚制論はそもそも、官僚制を「公共政策の指揮にあたってパワーと影響力という独自のソースを有するインスティテューション」（Kettl 1993: 420）とみるからである。そして Heclo の「イッシュー・ネットワーク」論（Heclo 1978）に依拠しながら、官僚制を政治的諸勢力の織り成すネットワークのなかに位置付けて議論を展開する。さらにこのネットワークは多層的かつ複合的に絡み合う公共・民間・非営利組織の提携関係へと今日では深化しており、一言でいえば「公共セクターの民営化ではなくて、むしろ民間セクターの政府化」（Kettl 2000: 23）とみなしうる事態となっているという。したがって行政官僚制論は、この意味から現在進行する国家と社会の再編過程をガバナンス研究からの研究展開でフォローすることのメリットを十分に認識しているといえよう。

以上のところで、一応のまとめをしておきたい。ここで検討した範囲でいうと、ガバメント論の学説史とはこうである。まずプルーラリズムとエリート論のふたつの源まで遡ることができそうである。そして1970年代後半以降に登場したコーポラティズムや行政官僚制論・インプリメンテーション論を経て、現在までのところネットワークというコア概念にまで到達したとみることに異論はなさそうである。ただしその先に進んで、ネットワーク論がどの程度までガバナンス理論の研究へと発展しているのかどうかについては議論が分かれるところとなっていた。しかし次章にみるとおりガバナンス理論は、その後10年余り経つなかで、諸学派にとって欠かすことのできない重要な研究領域として立派に成長している。

それでは学説史からの説明はここまでにして、次からは Rhodes および Peters と Pierre のガバナンス研究を詳しく検討していく。

3. ガバナンスの概念論

まず Rhodes にあっては、仮説としての「ガバメント無きガバナンス」論の文脈上から当該概念を「自己組織的（自律的・自己統治）組織間ネットワーク」

（Rhodes 1997a: 53；Rhodes 2000: 61）と定義する。当該仮説の主旨とは、従来までのいわゆるウエストミンスターモデルと呼ばれる優秀な指導者層・強力な執行部・中央集権体制からなる一元的な政府による統治活動がもはや存在せず、あるのは数多くのレベル（地方や圏域・国・超国家）の諸政府を結びつける多数の中心点（centres）のそれだけであるというものである。そしてガバナンス概念の特徴を、分析概念と実体概念の未分化のままの概念として次の四点から押さえる（Rhodes 1997a: 3；Peters 2000a: 33 参照）。

①組織間の相互依存性（ガバナンスは公共・民間・ボランタリーの各セクターを包括し、その下ではセクターの境界が移動し曖昧なものとなる）

②ネットワーク・メンバー間での継続的な相互作用（リソースの交換と共通目的の取り決めの必要性から起因する）

③ゲームのような相互作用（信頼に基礎を置き、参加者の合意に基づくルールによって規則化される）

④国家からのかなりの程度までの自律性（ネットワークは国家に責任を負わない一方で、国家は特権的で主権的な地位を占めないけれどもネットワークを間接的に不完全に操縦（steer）する）

　最後の点については、もともと自律性の意味が強く出すぎていたために、同僚の Andre Dunsire からの指摘に従って、ネットワークの自律性は「間接的に不完全に」でも国家に制約されることにした経緯がある（Rhodes 1997a: 59-60）。もちろん Rhodes（2000）では、再確認の意味から次の一文が挿入され、国家のネットワークに対する一方的な操縦の印象を改めて、双方向的な関係を明確にする。「ネットワークは、政府の操縦に抵抗し、自分たち自身の政策を発展させ、自分たちの環境を形成する。」（Rhodes 2000: 61）

　さて Peters と Pierre は、ガバナンス概念においてステアリングの重要性を強調する。そのために Peters と Pierre はガバナンスが前述のように steering を語源としていることに注目を向け、ガバナンスを「社会に対して統一的な方向性を与えるいくつかのメカニズムを用いること」（Peters 2000: 32）と定義する。そして具体的にはステアリングを guide、direct、influence の能力と考え、たとえ完全なコントロールが無理だとしても経済・社会にお

いて意味ある行動となるのであれば、ステアリングは政府を通じてガバナンスを相変わらず生み出すであろうとみている（Peters 2000: 32）。そして2人はガバナンス概念を実体概念として構造とプロセスの両面から特徴づける一方で、分析概念としてのそれも提示する（Peters and Pierre 2000: 14-24）。以下では、こうした2人の説明を**図3-1**にしたものを参照しながら、彼らの概念の見取り図を描いてみたい。

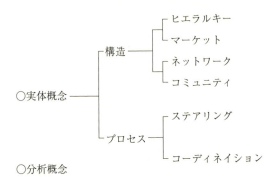

図3-1　Peters and Pierre のガバナンス概念図

まず構造概念のなかのヒエラルキーとしてのガバナンスでは、多くの論者とは違ってガバナンス・モードとしてヒエラルキーそれ自体を認める。さらに彼らは近年、公式的なコントロールに代わる「より小さな規模・柔軟性・多様化・非公式的な交換」（Peters and Pierre 2000: 15）と、また公私間の厳格な分離の維持よりも国家とマーケットによる「パワーの共有」（D. F. Kettl, *Sharing Power: Public Governance and Private Markets*, Washington, DC: The Brookings Institution, 1993）とをより強調するようになっている。

次にマーケットとしてのガバナンスでは、リソース配分メカニズムと経済アクターのアリーナの二つが含意される。ちなみにマーケットに対するガバナンスの内容は、マーケットで活動するアクターが相互で競争するなかで、例えば企業間であれば価格や海外との競争・生産規模についての集団的コントロールに必要となるコーディネイションの共有をさす。

またネットワークとしてのガバナンスでは、基本的な内容をこのように押

さえる。国家やインスティテューション・各種の組織利益等の幅広いアクターから成り立つネットワークが凝集性の密度に従って、統一的な政策コミュニティから単一争点型コアリションまでの多彩な組織形態によって、公共政策の効率的なインプリメンテーションのために公共・民間の利益とリソースのコーディネイションを促進するものである。なおふたりは、ここでふたつの点に留意している。

ひとつはネットワークが決して現代的特徴ではないこと（「鉄の三角形」「政策コミュニティ」をみよ）であり、いまひとつはネットワークと国家の関係が排他的なもの（＝Rhodesたちの「ニューガバナンス」論が念頭にある）ではなくて、相互依存的なものとする。ただし後者にはジレンマも内在することを認識する（国家はアクターを束ねるネットワークを必要とする一方で、ネットワークによって政策遂行が逆に妨害されることにもなる）。

構造概念の最後は、コミュニティとしてのガバナンスである。ここではまず、現行システムが①規模問題、②市民の影響力行使・議論参加を疎遠にさせる問題、③市民の目標が政治エリートのそれに取り代わる問題、④政治システム上での緊張関係の程度問題（ウエストミンスター型の対抗的関係からスカンジナビアのコンセンサス型関係まで）を抱えているとの認識のもとで、国家やマーケットに代わる第三の政治理論として直接民主主義（direct democracy）と熟議民主主義（deliberative democracy）の議論に期待する。ただしコミュニタリアン（communitarian）の議論には次の問題を指摘し、ここでは除外するのである（Peters and Pierre 2000: 141-59）。

彼らのガバナンスは、国家や地方自治体の関与が極小化された状態という「ガバメント無きガバナンス」の実現によって、コミュニティ関係者の共通問題の解決に取り組むという主張である。この前提には国家や地方自治体が彼らのいう共通問題の解決には大きすぎるものであり、官僚化されすぎた機構であるために一見問題解決に当たっているようにみえて、実は新たな問題を発生させているとの認識がある。この考え方は、①きわめて牧歌的で博愛主義的な考え方、②共通の意志（common will）の強要、③「コンセンサス＝善／不同意＝悪」の誇張、から問題視するのである（Peters and Pierre 2000: 22-23）。

さて次はプロセス概念としてのガバナンスである（Peters and Pierre 2000: 22-23）。そもそもガバナンスがプロセス（およびアウトカム）に関心をもつ理由は、構造の間における相互作用の重要性からである。そしてアクター間で繰り広げられる包摂と影響が時間とセクターを超えて絶えず変化するなかにあっては、ガバナンスにその形状と目標からみてダイナミックスな存在であることが期待される。ただしプロセスのなかのステアリングとしてのガバナンスに関しては、関連する問題がふたつある。

第一は国家が社会のステアリングを相変わらず可能なものとするけれども、法的権限ではなくて唯一国家的権威のみが批判的なリソースに対するコントロールと集団利益のゲシュタルト（心理形態）がより多く必要とされることである。第二に誰がステアリングの目標を定義するのかを抜きにした、ガバナンスに関係するアクターの関連性が主な関心事となることである。

コーディネイションとしてのガバナンスに関しては、政府による経済的アウトカム生産の中心的な役割および国際環境における経済的緊張のマネジメントにそれぞれ資するように、経済セクターをコーディネートする内容である。

最後に分析枠組みとしてのガバナンスである。既述のとおり実体概念ばかりをみて分析概念に不注意であることから、ガバナンス概念に混乱が生じているとする。なぜなら実体概念と区別される分析概念それ自体の理解が重要であると判断するからである。すなわち分析概念としてガバナンスをながめる意義を、彼らは、従来の政治学の枠組みとは異なる新たな観点からの分析が期待できる点にみるのである。

以上で、Rhodes、およびPetersとPierreのガバナンス概念が一応押さえられたと考える。そこで両者の概念把握の特徴を述べれば、こうである。まず前者にあってはそもそも分析概念と実体概念の未分化のままの概念として、英国現代政治分析のための概念装置の開発を念頭に置いて「ガバメント無きガバナンス」論の命題を証明すべく構造と機能に内在するエッセンスを抽出したものであり、その意味で能動的で戦略的な概念構成といえる。これに対して後二者にあっては実体と分析に区別される概念として、社会諸科学で拡張され続けるガバナンス概念の見取り図を得る目的で概念構造の全体像を描

くことに力が注がれており、その意味で静態的で包括的な概念構成といえる。

なおここで留意すべきことは後二者が包括的な概念構成であるといいながら、前者が機能面で指摘する特性の叙述がない点である。後二者はプロセスとして包摂と影響を指摘するけれども、それはあくまで形態説明に留まる。そこには、いかなる特性を帯びているかまでの説明はない。その理由は後二者ではひとつのまとまりのある機能として叙述すること自体が、ガバナンスの概念構成上できないからではないかと考えられる。なぜならば後二者が説明の対象とした理論は多岐にわたり、それぞれから抽出される特性が多様に存在するからであろう。以上で概念論をおわり、次では Rhodes、および Peters と Pierre の類型論の特徴を検討したい。

4. ガバナンスの類型論

日本でガバナンスの類型論といえば、Rhodes（1997a）の六類型がよく知られている[2]。最近 Rhodes（2000）は新らたに七類型を試みており、両者をここで比較・検討してみたい（**表 3-1**）。まず変更点は⑥に代わって⑥'が置かれ、

表 3-1　Rhodes（1997）と Rhodes（2000）の類型論に関する比較

(A) 共通する 5 つの類型
・Rhodes（1997）
① コーポレート・ガバナンスとしてのガバナンス（該当文献: Cadbury Report 1992）
② 「舵取り（steering）型公共セクターに向けた」（Rhodes 1997）/「企業経営と市場化のため」（Rhodes 1997）の NPM としてのガバナンス
③ グッド・ガバナンスとしてのガバナンス（World Bank 1997）
④ 社会サイバネティク型システムとしてのガバナンス（Rosenau and Czempiel 1992；Kooiman 1993）
⑤ 自己組織的ネットワークとしてのガバナンス（Rhodes 1997；Kickert 1993；Scharpf 1997；Thompson et al. 1991）
⑥ 民営化・（準）市場化・歳出カットによる最小国家としてのガバナンス（Rhodes 1997）
(B) 相違する類型
・Rhodes（2000）
⑥' 相互依存としてのガバナンス（Rosenau 2000；Payne 2000；Sbragia 2000）
⑦ 新政治経済学としてのガバナンス（Lindberg and Campbell 1991；Jessop 1995, 1997）

出典）Rhodes（1997: 47-53）、Rhodes（2000: 55-63）

新に⑦が加えられたことである。よくみると②のなかに⑥が吸収され、グローバル化との関連で注目される国際関係論および政治経済学のガバナンス論が新たに注目されていることがわかる。またNPMに②だけでなく⑥も当然含まれるとみれば、六類型でのNPMの比重が七類型では相対的に下げられたのではないかと考えることもできそうである。

次にPetersとPierreの類型論は、以下の八類型である（Peters and Pierre 2000: 37-47）。ここでは彼らの先行研究に対する評価も交えながらみておくことにする。

⑴　ヒエラルキー型アプローチ

この類型は国家に内在するトップダウン型の伝統的権威に注目する。歴史的には18世紀の欧州諸国から今日の発展途上国等までを念頭に、法と統合力という手段による「特例としての中央部からの効果的なコントロール形態」（Peters and Pierre 2000: 38）が民主主義との関連で問題となるとみる。

⑵　オートポエシス（autopoesis）・ネットワーク型アプローチ

オートポエシスとは、Petersによれば「私的セクターの自己参照的で自己組織的な性格」（Peters 2000: 51）のことで、それにより公共セクターの能力が抑制される状態を意味する。念頭にある議論はオランダの行政学者たち（Bekke et al. 1995）であり、「強固な市民社会」論のPutnam（1993）もこれに含まれるとみる。これらに対する2人の批判は、マーケットや社会集団の機能する基本的パラメーター（制限範囲）のなかでガバナンスが確立している点を無視するべきではないというものである。例として、法の支配下でのマーケットの存在、存在の認知された集団のもつ政策影響力、直接・間接にわたる公的財政支援による団体の存続をあげる（Peters and Pierre 2000: 39）。

⑶　サイバネティクス型アプローチ

Deutsch（1963）によって完成されたモデルであり、一定の温度を常に保つサーモスタットになぞらえられるものである。この議論はすでに経験と規

範の両面から批判があり、とりわけガバナンス研究にとって中心概念であるステアリング概念がその平衡概念の下位に位置付けられているという致命的欠陥の存在を指摘する（Peters and Pierre 2000: 41）。

(4) 政策手段型アプローチ

この観点はそもそも政府が採用する政策手段（裁量権を有するもの）について検討するなかで、アウトカムはもちろんのこと、経済・社会への数多くの副次的効果ならびにガバナンスへの影響を明らかにするものである（Salamon and Lund 1987；Hood 1984；Peters and Van Nispen 1998）。しかしこの議論は社会が喜んで政府に統治を任せる程度に限ってのみ、政府が統治できることにもなる。そのために公共サービスに要請される透明性に反して、目につき難い手段が有効なものとなるという批判を免れ得ていないとする（Peters and Pierre 2000: 43）。

(5) インスティテューショナル分析型アプローチ

このアプローチは効果的な統治のために必要となる政府能力の確定にあたって、大統領や議会といったインスティテューションが果す役割（Weaver and Rockman 1993）や、裁判所・官僚制・中央銀行のような非多数決制のインスティテューションが果すそれについて検討するなかでガバナンス問題に接近しようとするものである。なおこの経験的なもの以外にも、規範的（March and Olsen 1989）、合理選択論的（Shepsle and Weingast 1995）、歴史的（Thelen et al. 1992）、各アプローチからの議論がある。

(6) 合理的選択理論型アプローチ

この議論は経済学の効用性のロジックに基づくもので、社会諸科学にとって重要なものとなっている。ガバナンス研究との関係いえば、行政官僚制の主人―代理人分析の成果がある（Horn 1995；Wood and Waterman 1994）。ただしこの成果は前述のヒエラルキー的アプローチで得られたそれと結論的には変らないとみる。また国家の権威的マネジメントに深く関係しており、民主主

義的マネジメントからみて問題があるとする（Peters and Pierre 2000: 44）。

(7) ネットワーク・政策コミュニティ論型アプローチ

当該アプローチは前述の Rhodes（1997a）の議論であり、ここでは繰り返さない。

(8) ネオマルクス主義・批判理論型アプローチ

O'Conner（1973）に基づき、この議論のアウトラインはこのように描かれる。資本主義国家は資本蓄積とそれに必要な正統性の確保という二重の機能を有しているけれども、福祉国家化に伴う財政危機により正統性の危機および統治の危機が招来され、システム崩壊となるだろう。2人の評価ではこの議論はソ連崩壊後では誰も信用しない議論であり、保守派と共に政治システムの脱正統化過程の大部分を税の高負担の役割と国民の反発が占めるという点に興味を示す程度である（Peters and Pierre 2000: 46-47）。

以上のところまでで、Rhodes および Peters と Pierre の類型論を説明はできた。そこで両者の類型論の特徴を指摘すれば、Rhodes の類型論が各ガバナンス論を単純にピックアップしているようにみえるのに対して、Peters と Pierre のそれは依拠する理論をベースに一応包括的に論じているところにありそうである。しかし後者の議論をよくみると、内在的にみてオートポエシス型と政策コミュニティ型を別個に論じる必要性がさしてあるようには思えない。外在的にみても、明らかに前者の⑥⑥'と⑦の理論が後者で取り上げられていなかったり、後述する Jessop（2000）の議論が先の(8)で言及されていなかったりしている。したがって後者の議論が、十分な類型論を展開しているとは必ずしもいえないことに注意する必要がある[3]。

それでは次からは、Peters の国家中心アプローチと Rhodes の反基礎付けアプローチからみたガバナンス論争の争点をそれぞれみるなかで、グローバル化や国家等との関連から浮かび上がるガバナンスの特質を明らかにしたい。

5. 国家中心アプローチの論点

Peters は、次の六つの論点からガバナンスを検討している（Peters 2000: 37-49）。

(1) 非歴史的なガバナンス論争

彼は、次の三点からガバナンス論争が非歴史的であると考える。

第1に、過去の国家が経済と社会へのコントロールにあたって優越的な存在であったわけではない。この仮説は良くて誇張であって、悪くて過去のガバニングに対するいくつかの重要な観点を理解していない。例えば公共セクターにおいて利益集団が作るネットワークの知名度が向上したといっても、当該利益集団が過去数十年間にわたり政策作成に重要な役割を直接に果たしてきたことを凌駕するものではない。反対に利益集団が数多く競合する場合にはネットワークへの包摂と調整済みの政策提言の提示とが以前よりも困難となり、ネットワークのパワー増よりも、むしろパワー減が議論されることになるかもしれない。

第2に、グローバルな勢力の公共セクターへの影響力は決してユニークではない。Hirst and Thompson（1996）に依拠して、①グローバル化といっても国際貿易に占める GNP のパーセンテージが第一次大戦以前のレベルに今やっと到達したに過ぎないのである。②企業が国際的なアクターではなくて国家に基礎をおく企業として現在でも行動しており、国家のコントロールからの企業の回避能力が誇張されている。

第3に、スーパーナショナルな組織（特に欧州連合）の現在のパワーは前例がないけれども、そうだからといって後述するように自らの能力向上に努める巨大な政府組織の存在を容易に凌駕できるものではない。

(2) ガバナンスとは目標を設定すること

ガバニングの最も重要な要素のひとつは、目標設定あるいは優先順位の決定である。そのように考えると、政策優先順位のセッティングと調整からみて国家がガバナンスの最も確かなソースであるといえる。換言すればマー

ケットやネットワーク・サブナショナルな政府が、その候補ではないことは明らかである。もちろん国家が自分で決めた優先事項も執行できないことが十分にありうる。またネットワークやサブナショナルなアクター、さらにマーケットの機能が国家を補完するかもしれない。ここで重要なことは、インプリメンテーション研究における Pressman and Wildavsky（1973）の分析をひとつみても効果的執行の難しさを指摘できるわけであり、今に始まった議論ではないだろう。

(3) ガバナンスは紛争を解決すること

　国家ガバナンスは、紛争を成功利に解決するガバニング能力をふたつ有している。ひとつは誰が勝利し敗北するかを権威的に決定するメカニズムであり、いまひとつは関係するアクター全員に有利な解決となるよう交渉するメカニズムである。マーケットやネットワークには、そのような紛争解決は不向きである。もしもマーケットやネットワークが十分に適合している場合には、それらは同じ解決策を支持する国家のパワーにしばしば依拠する場合である。

　スーパーナショナルないしインターナショナルな組織は、ネットワークや政策コミュニティ以上に、紛争解決に向けより多くのことに対応するであろう。例えば欧州連合は国民国家の特徴の多くを発展させており、ルーズなネットワーク以上に、ひとつの政府のように機能する。

(4) ガバナンスはゼロサム・ゲームではないこと

　「ニューガバナンス」論にはゼロサム思考がある。例えば国家が以前と同様に経済と社会をコントロールしないとするならば、「ニューガバナンス」論は当該国家に欠陥があり、他の勢力に代替されているにちがいがないと考える。そしてアクターによるパワーの獲得を、不可避的に生じる他のアクターの犠牲と考えて、より協同的なガバナンス過程を描こうとする。しかし実際のところは非ゼロサム状況であり、数多くの政策アリーナでのネットワーク拡大と国家のネットワーク活用が併存するのである。そして数多くの政策

ネットワークが国家からパワーを付与されたなかで作動する。そのためにたとえ当該ネットワークが決定を行っているとしても、当該決定が国家の範囲内で保持されていなければならず、場合によっては国家によってその自由行動の範囲自体が取り上げられるかもしれない。

(5) **ガバナンスとは適応力のあるプロセスのこと**

　国家は企業など他の組織と同様に、ガバニング能力の向上のために学習したり適応したりすることができるのである。批判者たちは、このガバニング能力を静的に見る誤りを犯している。例えば先のオランダの行政学者ら（Bekke et al. 1995）は、民間アクターが政府規制の試みからの回避を論じる。同時に政府が環境の変化に（非）正式に適応しようとする試みを欠落させているとみる。しかし政策執行にあたっての（非）営利組織の活用増大は政府の責任放棄ではなく、政府が自らの掲げる共同目的の達成のために、より低コストでより高い効率的手段を有するとみることができる。論争となっている税収政策においても、過去と同様に企業からの歳入増加が見込めない現在においては、その損失を、個人所得課税をはじめ、特に消費税と社会保障税の増加で補っている。規制政策においても企業はコントロール回避を試みるけれども、規制組織側でも目標追求のために新たな手段の開発に大変に熟達してきている。

(6) **ガバナンスとは差異化する活動のこと**

　ガバナンスは政策インプリメンテーションではなくて、政策アリーナによって差異化されるべきものである。国家に固有の活動である（経済活動以外の）政策アリーナでは、伝統的なメカニズムによってガバナンスにとって大変高い自由度が常に存在するのである。もちろん国際環境の影響を完全に遮断できないけれども、いくつかのアリーナは国家のコントロール能力の内側に完全な形で相変わらず留まっている。例えば社会政策や給付が国際市場によって影響されるとしても、政策アリーナの粘り強さ・残存性において永続的な差異性が認められる。ちなみに批判派は政策インプリメンテーションに

焦点を当てる。なぜならば例えば、ガバナンスに対するグローバル化の挑戦がこのインプリメンテーション段階に第一義的に作動するようにみえるからである。しかし国家が立案する経済対策が常に有効なものとはならない理由を考えると、マーケット・アクターによる回避がその原因となっている。したがってこれは国内政策のインプリメンテーションの失敗の原因と何ら変わるところがなく、ガバナンスの差異化の働きとは関係がないといえる。

(7) **ガバナンスは公的アカウンタビリティを必要とすること**

　ガバナンスがその決定の正統性確保のために、公的アカウンタビリティのメカニズムを必要要件としている。そのために Peters によれば、Rhodes たちはこのメカニズムを想定しえない「ガバメント無きガバナンス」を主張することになってしまうために、最終的にこの主張を思い留まっているように見ている（Rhodes 1997a: 58-9）（ただし Rhodes 本人は後述のところから判断すると、「ガバメント無きガバナンス」というキーワードの使用を明らかに控えているけれども、その主張自体までも取り下げているわけではない）。なぜならば関係する民間アクターが公共セクターのマネジメントに、最善の場合でもアカウンタビリティを発揮することはないからであり、また反対に最悪の場合にはそれからの逸脱を意味しかねないからである。要するに公共セクターの新しいガバナンスは伝統的で官僚的なガバナンス以上に責任回避につながる、より一層不透明なプロセスとなるからである。したがってこの難問からのひとつの脱出方法は、プロセスへの政府の直接的関与を通じてアカウンタビリティが提供される従来の方法に代わって、他の形態で公的アカウンタビリティを確保するガバナンス構造のデザインに取り組むことであるとする（例 政治的任用制の導入）。

　以上に関する論評をここで直ぐには行わず、次の Rhodes の論点をみたところでまとめて行うことにする。

6. 反基礎付けアプローチの論点

　Rhodes（2000）の採用する反基礎付けアプローチとは、後述のとおり通常の社会諸科学の基礎的な理解に対立する内容の人文科学的アプローチ（言語

レベルで分析する「説話（narrative）」の方法論）である（Rhodes 2000: 64-84）。従来までの社会諸科学の方法論とは別個に、それとは内在論理の点で並立関係にある人文科学のそれになぜ注目する必要があるのか。さっそく彼の論点をみていこう。

⑴　ガバナンスは新しいか、そして重要な課題か？

　懐疑論者（Peters と Pierre が念頭にある）がネットワークを新しくないと指摘（例 前述の「鉄の三角形」のこと）するとおり、Rhodes のガバナンス・アプローチはネットワーク自体を新しいものだとは主張しておらず、ネットワークの増殖の点を唯一主張しているとする。具体的には専門目的別機関と委託サービスの増大による公共サービスの断片化が広範囲に広がっていることを含意する。かつて 1980-90 年代の支配的な「説話」はネットワーク内部およびその間の交渉の必要性を無視して、コーポレート・マネジメントとマーケット化の官僚制に対する勝利を語った。したがってここで断片化問題を取り上げても同様のことを繰り返すことになるため、ネットワークでいわれる脆弱性とマーケットによる代替性の両方に対峙しうる「ニューガバナンス」という新たなストーリーの創造（とそれを生み出す「説話」）を重要な研究課題としなければならない。

⑵　どのような方法で定義を選択すればいいのか？

　Rhodes は従来の研究戦略を振り返り、ここで改めて時代の変化に応えられる行政学の新たなディシプリンの可能性を示そうと試みるのである。これまで自分たちが進めてきた社会諸科学の研究方法論は、一方で 1990 年代の英国国家分析での貢献という具体的な成果を生み出しているけれども、他方で次のような限界にも直面している。つまり従来どおりネットワークを所与の事実として取り扱い、それを理想タイプとして利用し、そして当該ネットワークと英国国家の変化を比較する場合において、実はネットワークの前提自体がすでに政策ネットワークやそのサービス提供システムとその理想タイプの間で正確な一致がないという事態に陥っている。そこでこれを克服する

ために前述のとおり「説話」による反基礎付けアプローチを提唱するのである。

　このアプローチの特徴とは、統治構造をはじめマーケットやヒエラルキー・ネットワークといった概念を実体のない非歴史的な理想型として叙述する点である。このため静的で固定的なカテゴリーに、政治家や官僚・第一線職員・利用者といった当事者と研究者によって信条や事例・テキストが後から吹き込まれることになる。そうなると判断の審級は、ここで述べている理想型との比較からは生じないことになる。そうすると反基礎付けアプローチにとって定義選択の問題はすでに証拠のレベルではなく、ストーリー（発問と筋書き）の機能と話者が誰かというレベルの問題となり、そのレベルで改めてガバナンスを構築することになる。

　したがって、すでに指摘してあるとおり Rhodes の概念論の特徴は、もともと分析概念と実体概念の未分化した概念である。そして Rhodes（2000）は Peters と Pierre の批判する分析概念と実体概念の未分化状態を解消する方向に向うのではなくて、社会諸科学とは内在論理を異にする人文科学によって新たなガバナンス・アプローチを組み立てることになったといえる。それに対して Peters と Pierre に言わせれば、Rhodes が前述してあるネットワークを所与の事実として取り扱い、理想タイプとして利用すること自体に伏在するふたつの概念の未分化状態をどのように認識するのかを問題にするだろう。これに対して予想される彼の回答は、ポストモダンの諸学説に問題意識の部分で共有する立場を取ることからみてふたつの概念の区別問題の以前に論じられるべき問題が存在するのであって、区別の問題に矮小化すべきでないということになるのではないかと思われる（Rhodes 1997a: chapter 9）[4]。

(3)　ガバナンスの拡大をどのように説明するのか？

　既存の社会諸科学では、たとえば Rhodes（1988）であれば、既に先進工業社会が機能的で制度的な専門化および政策と政治の断片化のプロセスによって発展してきたと説明する。同じことをレギュレーション理論ではフォーディズムからポストフォーディズムへのシフトの結果として見る（Jessop 1997；Stoker 1998, 2000）。さて今回の反基礎付けアプローチではどのよ

うな説明になるのか。ガバナンスが各伝統を通じて解釈される「説話」であり、いずれの伝統の文脈上で、誰の解釈かによって説明が異なることになる。

例えば英国のリベラルの立場にある Henney（1984）を取り上げて説明する。マーケットの力への信頼から管理可能な規模まで地方自治体を削減することは、準市場のサービスの提供構造を断片化し、アクター（個人と組織）に共同への動機を生み出すことになるので、彼の進める改革から解体を迫られるネットワークは逆に倍増することになる。

またソーシャリストの伝統では、ネットワークをインテグレーションの問題としてみている。ニューレーバーのシンクタンクである Demos の Perri 6（1997）は現行の浪費的・集権的・短期的でコーディネイションが欠落する機能的政府（functional government）を改めて、省庁の枠組みを拡大するような全体論的政府（holistic government）を考えている。したがってソーシャリストはネットワーク構造のもつ分権的性格が、インテグレーションを妨げる間接性や不干渉性を有する点に信条レベルでの対立があると指摘する。

(4) 国家の中心が空洞化しているのか？

そもそもガバナンスは、例えば国際的な相互依存によって「上」から、例えば専門目的別機関によって「下」から、そして例えばエージェンシーによって「横」から国家の空洞化が進んだなかから生まれた産物である。その結果、国家の中心的能力の低下が明らかになる。さらに空洞化に帰結するかもしれない、次の六つの対抗的傾向の存在を指摘する（Rhodes 1997a: 211-212）。①断片化 vs. コントロール、②内部的独立性 vs. 外部的依存性、③集権性 vs. 自律性、④意図的結果 vs. 意図せざる結果、⑤シンボル vs. 実体、⑥制約 vs. 機会である。

さて空洞化の命題はこのように指摘される。まず前提として、社会一般に制度的差異化と多元化が存在しているなかで、中枢管理機構のステアリング能力への挑戦が数多く生じている。そして当該命題は重要なトレンドを明確化させ、先の対抗過程でダメージ的な場合と便益的な場合とで意図せざる諸結果に注意を集中させるのである。あわせて反基礎付けアプローチにより、どの伝統の文脈のなかでガバメント構造に関する誰の話なのかを明らかにす

ることにもなる。

⑸ 中枢はネットワークをどのようにマネージするのか？

　ここでは、ネットワーク・マネジメントに対する社会諸科学的な分析を次の三つのアプローチからみる。まず①手段的アプローチは、ネットワークのステアリングへのトップダウン・アプローチである。中枢が中心的な目標の維持のために政策ネットワークの内部と相互間の統合を強化するであろうツールを考案し押し付けることができると考える。このアプローチの主要な問題は、アクターからの反抗と柔軟性の損失というステアリングのコストにある。コントロール不足は、トップダウンされた目標がいつまでも残存してしまうという意図しない帰結にある。次に②相互作用アプローチは、相互学習による目標と戦略の発展のために、ネットワーク・アクターの依存性に焦点を当てる。主な問題は、連携のコストである。例えばネットワーク・マネジメントは時間を消費する。③インスティテューショナル・アプローチは制度的な背景やルールと構造に焦点を当てる。当該アプローチの問題は、インセンティブやルール・カルチャーが変化に対して抵抗的であり、ネットワークが閉鎖的であり、専門目的別機関で情実任命が増えているという三点にある。

⑹ 代議制民主主義にとってのガバナンスの含意とは何か？

　社会諸科学の観察は、「ニューガバナンス」の多様な形態のいわゆる迷路状態のなかにおいて、民主主義的欠陥がありふれた存在となっていることを明かにする。例えば最近の英国では、地方当局の無力化・エージェンシーによる大臣アカウンタビリティの侵食、非公選者・専門目的別機関・情実任用の増加をめぐる民主主義的なアカウンタビリティに対する不満が渦巻いている。アカウンタビリティの要請がもはや特別の組織に対してだけのものではありえず、政策ネットワークにも必要となっているけれども、それはまさにプライベート・ガバメントの見本である。そのなかで政策ネットワークは、自らが政策プロセスにおいて参加者をどのように制約するのか等、政治的マーケットの寡占状態に焦点を当てる。そして当然のことながら、公的アカ

ウンタビリティがプライベート・ガバメントで代用されるのかについても検討され、結局のところアカウンタビリティはガバナンスを作り上げるインスティテューションの網目からこぼれ落ちてしまうことがわかる。

ところで以上の社会諸科学の分析ではインスティテューションが個人の行為に主要な影響力を行使すると仮定するのに対して、反基礎付けアプローチではそうした仮定を退けて、意味を作り上げる個々人の能力を通じた政策ネットワークの社会的構築に焦点を当てることになる。Rhodes は Bang and Sørensen（1998）の研究をこのアプローチの好例として紹介するけれども、まだそうした観点での研究が始まった段階であることも示唆する。

(7) ガバナンスの失敗は回避しうるのか？

ネットワークはマーケットとヒエラルキーの限界に対する代替策としてみなされる一方で、ネットワークにも同様の限界があるとの認識も広がっていることも確かである。ネットワークを凌駕するマーケットとヒエラルキーの優越性はないと考えられるなかで、ネットワークが最良に作動する諸条件（**表 3-2**）がすべて揃った場合にネットワークをマネージすれば失敗を回避できる代替案となりうると考える。あわせてネットワークは、他の資源配分メカニズムと同様に費用が無料ではないことをはじめとする欠点（**表 3-3**）もあることに注意を向ける。

最後に Rhodes は、今回提起した反基礎付けアプローチによる今後の展望をどのように考えているのか。それはまず社会構造を実体化することを回避して、個々人の信条と行為において社会構造を基礎づけようと追求する。そしてネットワークはそのメンバーによって社会的に構築され、規定されることになる（この点ではマーケットとヒエラルキーも同様である）。この展望は当然のことながら、Rhodes が人文科学の方法論にメリットとして注目する理由でもある。

以上のところまでで、Rhodes と Peters が提起する論点をみることは終えたい。さて彼らが取り上げた範囲は多岐にわたり、ガバナンス論争の外延の広さを物語っている。ここで結論的に言えば Peters の議論はすでに決着が

つき了解されている範囲内で論述しているためか、内容がすっきりしていて理解が容易であろう。それに反してRhodes（2000）はPeters and Pierre（1998）からすでに批判がある「ガバメント無きガバナンス」論を後景に退けたうえで、改めて反基礎付けアプローチからの新たなチャレンジを試みているわけである。大いにその意欲を評価したいけれども、まだ初歩的研究段階にあってわかり難い内容になっている。そして今後も、社会諸科学と人文科学の並列的な叙述による相互補完的な説明を維持するつもりなのかどうかまでは、今のところ即断できない。

表 3-2　ネットワークの必要条件

- アクターは信頼できる「より大きな厚みの情報」を必要としている。
- 質は特定化されえないか、あるいは定義ないしは測定し得ない。
- 商品は価格を付けることが難しい。
- 専門家の裁量と専門知識が中心的な価値となる。
- ローカル化され多様化されたサービス要求に対応する柔軟性が必要とされる。
- 横断的セクター・複数機関の連携・生産が求められる。
- そうした連携は異質な組織文化と対立する。
- アクターは協同的戦略の価値を認識する。
- 長期にわたる関係は不確実性の減少にとって必要とされる。
- モニタリングと評価は高度な政治的で行政的な諸コストがかかる。
- インプリメンテーションは交渉も含む。

出典）Rhodes 2000: 81.

表 3-3　ネットワークの欠点

- 部外者や非代表者には閉じられている。
- こうした者たちの行為には責任がない。
- （地方と中央政府の両方において）パブリックな利益ではなくプライベートなそれに奉仕する。
- ステアリングが困難である。
- 連携が遅滞を引き起こすために非効率である。
- 利益衝突により動きに妨げが起こる。
- 他の統治構造との結合が難しい。

出典）Rhodes 2000: 81.

7. まとめにかえて

すでに Rhodes のチャレンジをみたけれども、ガバナンス研究に関して、今後どのような研究アジェンダが設定されていけばいいのか。また Rhodes、および Peters と Pierre の研究で気がついたところを述べてまとめにかえたい。

まず前者についていえば、Peters and Pierre（2000: 207-208）および Pierre（2000c: 244-246）は研究アジェンダとして、次の五点を指摘している。①異なる国家の文脈と異なる政策セクターとにおけるガバナンス、②ガバナンスの失敗、③ガバナンスと紛争マネジメント、④ガバナンスと集合利益の関連性等、⑤「国家らしさ（stateness）」。彼らの認識では、いずれの分野もまだ本格的には研究されていないものとして挙げている。加えて Rhodes の反基礎付けアプローチからの検討も本人は今後も意欲をもって進めていくつもりのようであるし、彼の問題意識を活かす方向で議論する必要があろう。

次に後者についていえば、Jessop（1995, 1997, 2000）の一連の研究が正当に評価されていないように思われる。彼は国家とマーケットの失敗はもちろんのこと、ガバナンスの失敗も先駆的に分析した点でもっと注目されていいだろう。特に Jessop（2000）では、彼の行った実証研究を踏まえてメガガバナンス論をその失敗と共に提起しており、今後の展開が期待される。

いずれにしてもガバナンス論争は今後とも引き続き諸学派を巻き込みながら、重要な研究アリーナとして成長していくことだけはまちがいなさそうである。

注

1　例えば Elaine C. Kamarck は、1980 年代以降 20 年間に数力国で始まった中央政府改革が世界 123 カ国のうち 80 カ国（65%）にまで広がっていること等を調査から明らかにする（**表3-4** 参照）。そして背景には、次の四つの要因があることを指摘する（Kamarck 2000: 232-35）。

　① 世界的な経済競争（国際標準化、投資とビジネスの環境整備、経済危機のなかで、グッドガバメント化の要請）
　② 民主化（官僚制の民主化、分権化と地方自治体の創設）
　③ 情報革命（OECD からの情報等の普及と共有、政府改革要求の醸成作用）

④ パフォーマンスの欠陥(市場の透明性と効率性からみた政府の曖昧な目標と不効率性)

表 3-4 世界規模で進む行政改革の動向

分権改革 49 カ国(40%)、民営化 74 カ国(60%)、25% 以上のダウンサイジング 13 カ国(11%)、公務員制度改革 27 カ国(22%)、顧客重視のサービス改革 26 カ国(21%)、財政・金融改革 37 カ国(30%)、規制改革 30 カ国(24%)、IT 活用 14 カ国(11%)

出典)Kamarck 2000: 239-49 から作成。

2 　初出当時の最近の紹介論文としては、例えば新川(2001)・大山(2001)がある。
3 　例えば民主主義論の立場からみる Hirst(2000)の概念類型も参考になる(Hirst 2000: 14-19)。①経済開発分野における「グッド・ガバナンス」論(World Bank 1997)、②国際的なインスティテューションおよびレジーム分野(「ガバメント無きガバナンス」Rosenau and Czempiel 1992、「国際レジーム」Krasner 1983、「国家の退場」Strange 1996)、③経営学分野の「コーポレート・ガバナンス」論(Cadbury Report,1992)、④行政学と公共セクター分野のニュー・パブリック・マネジメント(Rhodes 1997a)、⑤ネットワーク・パートナーシップや審議フォーラムによる新たな調整活動としての「交渉型社会ガバナンス」(Sabel 1995；Hirst 1997)。
4 　Rhodes の反基礎付けアプローチは欧米での実証主義批判を展開するポストモダンの議論と重複するところがあり、行政学方法論争の重要な理論的課題となっている点に留意する必要がある(本書序章, White 1999 も参照)。

第4章　ガバナンス研究の回顧と展望
——代表的な三つの見解から——

1. 10数年にわたるガバナンス研究

　現在、19世紀以来、今日まで継承されてきている伝統的な法制度論からみた国家観とその具体的な国家統治機構論であるガバメント研究（各レベルの政府を中心とする統治機構のあり方）に関する諸理論に代わって、いわゆるガバナンス研究が1970年代以降の世界的な財政危機と「大きな政府論」批判の文脈のなかで台頭してきている。また日本の諸学界においても1990年代中期以降、とりわけ今世紀に入ってますます盛んになってきている（本書3章, 堀 2007, 2011a）。

　そこで本章の目的は、最近10数年にわたるガバナンス研究の回顧と展望をめぐって、次に述べる代表的な三者の論考を紹介しながら、それを概観してみることである[1]。

　当然、そのなかではガバナンス研究をめぐる時代背景や、それと深く連関した思想転回（新自由主義・ポストモダン主義）の衝撃、そして新たな理論構築をめぐる知的営為の進展状況が明らかになるであろう。

　ところで、この点は第3章において、すでに B. Guy Peters の国家中心アプローチと R.A.W. Rhodes の反基礎付けアプローチの間で繰り広げられたガバナンス論争として取り上げている。そしてそこでの結論は、この論争が「今後とも諸学派を巻き込みながら、重要な研究アリーナとして成長していくことだけはまちがいなさそうである」（本書, p.91）としていたわけである。本章では、その予想が代表的な三者の論考紹介によって、どのような結末を迎えたのかが明らかにされるであろう。

　さて、ここで取り上げる理論的立場の代表的論者の論考とは、①オランダ

学派[2]から Erik-Hans Klijn（Erasmus University, the Netherlands）の「欧州におけるガバナンスとガバナンス・ネットワーク：当テーマに関する10年間の研究評価」（Klijn 2008）、②新制度主義理論[3]から Jacob Torfing（Roskilde University, Denmark）の「欧州におけるガバナンス論争について：新たなパラダイムに向けて」（Torfing 2010）、③解釈主義学派の各立場の一つ（反基礎付け主義）を代表する Mark Bevir（University of California, Berkeley, USA）と R.A.W. Rhodes（University of Southampton, UK, 英国政治学会〔PSA〕Life Vice-President）の「国家の再考」（Bevir and Rhodes 2010a）である[4]。

では、さっそく三者の議論の概要を紹介することからはじめたい。

2. Klijn（オランダ学派）の場合

はじめに、Klijn（2008）はこの間、欧州において様々なガバナンス論が展開されているなかで、ガバナンス論の名に値するものは次の二つのタイプのみであるという。すなわちマルチレベル・ガバナンスないしは政府間関係としてのガバナンスと、ネットワーク・ガバナンスとしてのガバナンスである。その他のグッド・ガバナンスないしはコーポレート・ガバナンスとしてのガバナンスや、NPM として、パフォーマンスとアカウンタビリティの改善として、あるいはマーケット・ガバナンスとしての各ガバナンスは、いずれも公共経営論としての議論であり、検討の対象外にしている。

(1) ガバナンスの主な誤解

次に四つの誤解がこの間の研究の進展のなかで現われていると指摘しつつ、それらを訂正する。すなわち①ガバナンスは至るところに存在しているといわれることがあるけれども、そうではなくて、大半は相変わらず官僚制とそのヒエラルキーの下にあること、②ガバナンスは NPM であるといわれることがあるけれども、そうではなくて、両者は対立的なパラダイムであること（ガバナンスとは政府組織とその他の組織との水平的諸関係を強調する考え方であり、NPM とは公共官僚制の改革策である）、③ガバナンスは非政治的でテクノクラティック（専門家支配的）であるといわれることがあるけれども、そうで

はなくて、意思決定と政策アウトカムについての価値選択に関わることから、政治的であり、決して純粋に技術的なものではないこと、④ガバナンスは公共（政府）アクターや政治アクターの無介入を前提とするセルフ・ガバニング（自己統治）のネットワークから成り立っているとの理解があり、それは必ずしも誤りではないけれども、これらのアクターの関与のなかでセルフ・ステアリング（自己操縦）ないしはセルフ・オーガナイジング（自己組織化）が行われていることに注目すべきこと、である。

　これらの検討を踏まえてKlijnは、ガバナンスとはガバナンス・ネットワークのなかで起こっているプロセスのことであり、政府・ビジネス・市民社会の各アクターのネットワークによる公共政策の形成・執行（とりわけ公民パートナーシップ・相互作用型政策形成）に注目する必要があるという。そして、こうしたネットワーク研究に先行する欧州での研究の伝統に触れるとともに、この伝統がガバナンス・ネットワークの研究に最も大きな影響を与えていることを指摘する。

⑵　**ガバナンス研究の前史**

　この研究の伝統について、Klijnは**表4-1**にまとめているので、それをみておこう。彼の指摘する三つの伝統とは、①政策ネットワークに関する研究であり、1960年代の多元的な政治科学研究として始まり、サブシステムや政策コミュニティ・政策ネットワークに関する研究として継続している。②組織間でのサービス提供と政策執行に関する研究であり、組織間コーディネイションに焦点を当てる最初の組織間理論家により始まり、サービス提供や外注そして執行に関する研究として継続している。③ガバニング・ネットワークに関する研究であり、政府間関係の研究（Hanf and Scharpf 1978）で1970年代中期に始まり、効果とマネジメント要件を含んだ新たなガバナンス形態の分析として続いている。なおこうした欧州での研究は米国でのそれと比較すると、欧州では定性的分析による政策グループ研究であるのに対して、米国では計量分析による社会的ネットワーク分析であるとみている。

表 4-1 経験的研究におけるガバナンス研究のタイプとそれらの特徴

	政策ネットワーク	サービス提供・執行	ネットワークのガバニング方法
主な出自	政治科学	組織科学・組織間理論	行政学
焦点	意志決定と結果、終結とパワー、問題と課題の設定関係	組織間のコーディネーション、効果のある政策とサービスの提供、統合的政策とサービス	社会問題の解決、水平的なガバナンス関係のマネジメント、ガバナンス・ネットワークを伝統的制度と熟議的プロセスに結び付けること
主な研究上の問題意識	いずれのアクターが意思決定に内包されているのか？権力関係の本質とは何か？何が意思決定に対する効果なのか？	どのようにしたら、複雑な統合サービスがコーディネートされるのか？いかなるメカニズムが効果的で効率的なのか（外注、パートナーシップなど）？	どのようにして、ガバナンス・ネットワークはマネージされうるものなのか？どのようにして、ガバナンス・ネットワークが組織され、伝統的制度と結び付けられるべきか？どのようにしたら、その多様な内容は改善されうるのか？どうしたら、多様な価値判断が混合されうるのか？
歴史	1960年代の多元的な政治科学研究として始まり、サブシステムや政策コミュニティ・政策ネットワークに関する研究として継続している。	組織間コーディネーションに焦点を当てる最初の組織間理論家により始まり、サービス提供や外注・執行に関する研究として継続している。	政府間関係の研究で1970年代中期に始まり、効果とマネジメント要件を含んだ新たなガバナンス形態の分析として継続している。

出典）Klijn 2008: 512, Table1.

⑶ 研究テーマ

さらに Klijn は、欧州におけるガバナンス・ネットワークに関する研究テーマや話題を、次の四点に整理している。

①中央政府のレトリックとローカル・レベルのリアリティに関心が向いていること。より一層の水平的ガバナンスへの願望に関する数多くの政策文書と政治的声明が欧州において生み出されているけれども、各国のコンテキストは非常に様々であり、我々はそのような文書の内容と効果を一般化しすぎないように注意しなければならない。また水平的ステアリングの含意も、欧州全般を通して同じではない点に留意しなければならない。それは一般的に

いえば欧州南部に比べると、欧州北部とりわけスカンジナビア諸国、英国、オランダの実例に依拠して語られる傾向が強い。

②同様に、現象としてのガバナンス・ネットワークの増大が注目されていること。それには(ア)複雑な意思決定プロセス、(イ)サービス提供のための組織間ネットワーク、(ウ)公共アクターと民間アクターの間のパートナーシップおよび新しい形態のアライアンス（提携）という、三つに区別されている。

③ガバナンス・ネットワークとデモクラシーの関係について、欧州の研究では管理者への焦点化ないしはステイクホルダーの巻き込みに最大限の関心が払われていること。ガバナンス・ネットワークの新しい形態のほとんどが、明瞭な管理者的バイアスを有していると主張され、また(ア)ガバナンス・ネットワークの間で存在する緊張、(イ)代議制民主主義の諸制度、(ウ)ステイクホルダーを意思決定に巻き込む最上の必要性が指摘されているのである。

④ガバナンス・ネットワークのマネジメント層の育成が継続的な課題となっていること。なぜならば公共マネージャーは、より正式な組織のなかのマネージャーが享受する明確なパワーと権威の構造をしばしば欠いており、明確な目標構造の不足によって苦しめられているからである。

(4) **結論**

最後に Klijn は、論文の結論として、次の四点をまとめている。

まず過去10数年間にわたり急激に増大してきたガバナンス・ネットワークのトピックスに関して、世界中で広範な文献が存在しており、換言すればガバナンスに関する文献はガバナンス・ネットワークに関するものといっていい。

次に当該文献はネットワーク・マネジメントの重要性と、ネットワークと代議制民主主義の伝統的制度の機能の間で存在する緊張関係に、多くの焦点を当てている。さらに当該分野の大多数のケース・スタディは、意思決定の複雑性に焦点を当てている。

また我々は、ネットワークにおける決定の到達方法をはじめ、そうしたプロセスの民主主義的な性格や、ネットワークが民主的代表制のより伝統的な

制度との関連方法に、重大な注意を払うべきである。

　さらにガバナンス・ネットワークに関する15年にわたる研究は我々に、ガバナンス・ネットワークがどのように機能するのか、そしてこれらが政治的行政的問題をどのようにして解決するのかに関して初歩的な理解を含む、いくつかの回答を用意してきた。しかしまだ数多くの問題が回答を待っており、より多くの比較研究（ケース研究およびより多くの量的調査の両方、および国際比較にも確かに焦点が当てられるものであるが）が求められている。

3. Torfing（新制度主義理論）の場合

　Torfing（2010）の概要はこうである。彼は、「新たなパラダイムに向けて」を副題に掲げて、欧州におけるガバナンス論争がどこまで到達しているのかの解明を目的とする。そこでまず、ガバナンス論争の台頭を支える政治的制度的諸条件をみた後で、次にガバナンスの諸定義の検討を踏まえてガバナンス・ネットワークを定義し、そして欧州での実証研究の論点をフォローし、最後に彼らの唱えるガバナンス・ネットワーク研究の第二世代研究論[5]で取り扱う研究課題の紹介と今後の研究テーマを示唆するのである。それでは、紙幅の許す限り、それぞれについてみておこう。

(1) ガバナンスへの関心

　まずTorfingは欧州でのガバナンス論争が1990年代初頭に登場したふたつの理由を、「ガバナンス」への新たな関心に求める。一つが「ガバメント」の伝統的な諸形態の孕む問題、すなわち閉鎖的で、形式的で、偏狭で、保守的で、厳格で、無条件的で、排外的であることに対する批判である。いま一つは「ガバナンス」の受容が、Jessop（2002）の指摘する国家再編の三つの傾向（国家性の脱国民化・政治の脱国家化・政策レジームの国際化）への応答としてなされたことである。換言すればまず国家と国民のつながりが脱領域化と再領域化のプレッシャーによって弱体化し、次に欧州の新旧国家権力が国際的・超国家的組織へと上向に置換され、地方自治体や公共サービス機関そして利用者ボードへと下降に置換され、台頭する越境的なリージョン・グローバル

なシティー・ネットワークへと外部に置換される。要するに国家権力は相違しかつ錯綜したスケール（規模・程度）の多様性のなかで行使され、同時に国家は公共政策の立案に関してその独占性を徐々に喪失しつつある。公共政策がますます国際的な政策アリーナとその他の政策アリーナへアップロードとダウンロードされ、越境的性格となっている。

(2) 政治的制度的条件の成熟化と学術研究の着手

　次にガバナンス論争の台頭を支える政治的制度的諸条件のなかで第一に注目するのは、1973年に組織された日米欧委員会とその報告書（ハンチントンほか著『民主主義の統治能力（ガバナビリティ）』1975年）である。この報告書によって、市民からの過剰な期待や公共官僚制の能力の制約を原因とする「政府の過重負荷（overload）」、公共精神を発揚する価値の低下におそらく起因する「社会に対する統治の無能力性」に関する世界的な議論が始まったこと、そして公共事業の民営化・公共サービスの外注化・残った公共セクターの営利化という三つの方法によって、当該の問題解決を目指す新自由主義政府と同政策に道を開いたとみている。

　同政策のひとつとしてのNPM改革が、英国・豪州・フィンランドにおいて実行された。具体的には「小さな政府」化と民間委託・公民パートナーシップ・利用者ボードの創設であった。それによって公共セクターは新たにいわゆる断片化が亢進するとともに、これまでの伝統的政策問題（物理的なインフラ計画、圏域開発と環境保護）が厄介な諸問題として再登場するなかで、ジョイントアップ・ガバメント（提携型政府）という新しい形態、公共のサービス購入者と民間提供者、公民パートナーシップ、ガバナンス・ネットワークという横断的な調整と多面的なアクションが典型的な対応策として講じられた。

　これに対して欧州連合内部では、いわゆる民主主義の赤字問題が浮上してきていた。そこでEUコミッションの白書（*European Governance*、COM（2001）428final）[6]と影響力のある論者（Scharpf 1999）によって、EUの諸政策の入力型・出力型の正統性の確保と、ガバナンス・ネットワーク、パートナーシップ、そしてその他の形態での参加型ガバナンスの創設が勧告された。

すでに1990年代には相互作用型ガバナンスに対する政治的・行政的関心はドイツのマックスプランク研究所やJ. Kooimanらのオランダ学派に広がり、欧州の政治科学の新たな発展によって強化され支持されてきていた。さらにこの動きは研究者と実務家の双方から歓迎され、1990年代以降、西欧では多中心型ガバナンスが目覚ましい高まりをみせていくのである。この背景には高い信頼感を始め、相対的に強力な諸国家と相対的に強力な諸市民社会のユニークな組み合わせの点からみて、公共と民間の諸アクター間でのコラボレーションに向けての良好な諸条件が揃っていることがある。

(3) 先行研究の検討

以上を踏まえて、Torfingはガバナンスの定義に取りかかるのである。まずそのための作業として、次の四者の先行研究の検討から始める。

①Meuleman（2008）のガバナンス概念が、あらゆる種類のガバメントが含む秩序化されたルールに関する一般概念としてみる。そのためにこの広範に定義されるガバナンス概念が、ガバナンスの単一の中心部に位置する諸形態の役割と性格自体を問題視してきた、本来の基本的な見解に背くことになると批判する。

②Jessop（1998, 2002）のガバナンス概念は、「内省的な自己組織のもつヘテラルキー」として定義されている。この定義はガバナンスを市民社会と結びつけるため、保証のない規範主義を生じさせていると批判する。要するに当該ガバナンス概念が市民社会の固有の価値を再生産することとなり、当ガバナンス概念が国家とマーケット以上に、より一層コンセンサス的・平等的・信頼基盤型、そして熟議型であると常に考えられることになるのである。

③オランダ学派のKooiman（1993）とKlijn（2008）、マックスプランク研究所のMayntz（1991, 1993）とScharpf（1994）はガバナンスを、ヒエラルキーと市場のハイブリッドとして定義するか、あるいはヒエラルキーと市場を補完するガバニングの弁別的なモードとして定義するかのいずれかの、ネットワーク型諸形態のガバナンスと同等のものとしてみている。そのためにネットワークがたとえガバナンスの不可欠な一部分であるとしても、ネットワー

クとガバナンスが合成されたものとして定義されてしまい、非常に狭すぎると批判する。そのためにこの定義では水平的なネットワークによっては提供されえないような、ステアリング・コントロール・コーディネーションといったガバナンスの諸形態を排除してしまうことになっていると指摘する。

④ Bevir and Rhodes（2003）はガバナンスを、新たな新自由主義型言語ゲームとしてみる。そしてこの言語ゲームは、様々な政治的文化的コンテキストにおける様々な解釈と様々な制度化を道案内してくれることになる。しかしこのポスト基礎付け主義的（post-foundationalist）[7]見解の孕む問題として、当見解がガバナンスに制約を加えられないところにあるとみる。したがって、2人のガバナンス概念は何でもありとなったり、逆に何でもないとなったりしてしまうと批判する。

以上を踏まえて Torfing はこの四者のガバナンス概念を、一方で非常に狭義に定義するものか、他方で終わりがないほどの数多くの文脈に基礎がおかれた諸解釈のために、そのガバナンスの定義をオープンなままにしておくものかであると総括する。結局、彼はこうした両者の陥穽を回避しつつ、ガバナンスを、集合的な行為を通じて社会と経済をステアリングするプロセスとして定義することになる。さらにガバメントと公共政策形成については、ガバナンスが一方で各種レベルの諸ガバメントによって提供される正式で、かつ法的なステアリングに関連づけられつつ、他方でガバメントを次の形態で補完するものとなっているとみている。その実例としては、準市場・公民パートナーシップ・ガバナンスネットワーク（シンクタンクを始め、戦略的提携・公的なボード・コミッティー・コミッション・コラボ型アリーナ・プランニング工房）を挙げている。これを踏まえて彼は、それを相互作用型ガバナンス（interactive governance）として理解し、多様なインタレストをもつ大多数の社会的政治的な諸アクターが、ある範囲のアイデア・ルール・リソースを動員・交換・展開する諸手段を使って、共通の諸目的を定式化・促進化・達成化をやり遂げるために相互作用を行う、そうした複雑なプロセスとして定義するのである。ちなみに彼は次に述べる三つの含意が、この相互作用型ガバナンスにはあると考えている。

(4) 相互作用型ガバナンス

　第一に、相互作用型ガバナンスはひと組の多少とも正式な諸制度よりも、むしろ複雑なプロセスに注意を向けさせるものである。第二に当該のプロセスは、多様な諸インタレストの存在のなかで共通の諸目的の明確化と追求の方向へ、集団的な願望によって向わせられているものである。第三に公的ガバナンスの効率的で正統的なメカニズムとしてのプロセスは、共通の諸目的が国家・経済・市民社会からの大多数のアクターの相互作用を通じて定式化と達成化がなされるという意味からいえば、脱中心的である。

　以上から Torfing は、準市場、公民パートナーシップ、ガバナンス・ネットワークの状況を欧州のローカル・リージョン・ナショナル・EU の各レベルでみた後に、準市場・公民パートナーシップに比べて理論化のほとんど進んでいないガバナンス・ネットワークについての定義を検討し、留意点と理論的検討に言及するのである。まず準市場・公民パートナーシップは英国において NPM 改革の影響から広がっているのに対して、ガバナンス・ネットワークはコーポラティズムの伝統の続く北欧・西欧・オーストリアで発展している。また南欧のいくつかの地域では犯罪組織との結びつきのあるネットワークがみられ、中欧・東欧では市民社会の相対的な弱さと多元的民主主義の経験の欠如によって、ガバナンス・ネットワークの形成が困難なものとなっている。さらに社会的諸勢力のコーポラティスト的包摂が未発達な国、政労使の三者同盟的関係が後退してきている国、政策形成のためのステイクホルダーによる正式の諸機関が衰退している国、そして立法の欧州化に関する疑念が惹起されている国においては、それらの側面がガバナンス・ネットワークを形成する背景事情となっている。

　次に Torfing はガバナンス・ネットワークの定義について、論者の間で合意が形成されており、次の五つを共通項目として考えている。①公共および（あるいは）民間のセクターから相互依存しつつ、作動状況では自律しているアクターの、相対的にみて安定した水平的な接合状態のこと。②そこではどのアクターも継続的な交渉を通じて、互に相互作用を行うものであること。

③それらは規則的・規範的・経験認識的で、そして創造的なフレームワークのなかで起こっていること。④ヒエラルキーの影の部分で自己規制の促進を行っていること。そして⑤公共の価値をはじめ、ビジョン・プラン・スタンダード・レギュレーションそして具体的な諸決定という幅広い範囲の意味づけのなかで、公共目的の産出活動に貢献すること。

またこれに対する留意事項として、次の三点を考えている。第一にガバナンス・ネットワークの相互作用型諸形態の広がりは、論者（Rhodes 1994, 2007）が指摘している「国家の空洞化」に結果しているとは考えていないことである。ガバナンスの相互作用型諸形態の成長は公共政策形成における国家の特権的なポジションを喪失させてきているかもしれないけれども、国家の諸権力の数多くは現存しており、様々なレベルでガバナンス・ネットワークをメタガバニングする責務を担うために、新たな諸能力を開発してきているからである。

第二は、ガバナンス・ネットワークが最近の広がりと研究者からの注目にも係わらず、決して新しい現象ではないことである。数多くの国と政策アリーナにおいて、社会的なパートナーとのコーポラティズム的包摂には長期にわたる伝統が存在する。また事実問題として、公共と民間の諸アクターの間の相互作用は、現代ガバメントの主要な特色となっており、自由民主主義の本質的な特徴となっている。しかし何が新しいのかといえば、政治理論家たちと中心的な意思決定者たちがガバナンス・ネットワークを、公共ガバナンスの効率的で正統的なメカニズムとしてますますみるようになっている点である。

第三は、ガバナンス・ネットワークが万能薬ではないことである。たしかにガバナンス・ネットワークは公共官僚制の果たしている公共の職務（public tasks）に関係して提供するものがほとんどないけれども、大変な数に上るいわゆる厄介な問題への対処については相対的な力強さがある。しかしながらその厄介な問題は不定形な性格をもち、その解決のための特別な知識が必要とされ、かつ数多くの関連するステイクホルダーが様々なレベルに存在していることから、その間でまさつが発生する危険性がある。以上の点でガバナ

ンス・ネットワークにも固有の弱点があり、そのために高いリスクがある。

⑸ マルチ理論アプローチによるガバナンスの把握

最後に Torfing は相互依存型ガバナンスとガバナンス・ネットワークに対して理論的に貢献する議論として、新制度主義的潮流に属する相互依存理論・ガバナビリティ理論・統合化理論・ガバメンタリティ理論を紹介する（**表4-2**）（詳しい検討は堀 2011a で行っている）。まず、それに先立って、彼はそもそも、なぜ新制度主義が貢献できるのかと自問し、次のように自答するのである。

ガバナンス・ネットワークは、本来、あらゆるアクターによって共有され、かつ正統的なオーソリティによって強制される正式の規則・規範・手続を通じて規制されている、十分に統合されている行為の諸システムに関する厳格な意味での諸制度として定義されるものではない。しかし、①あるネットワークが形成される場合に、どのような方法で正統的な諸決定がガバナンス・ネットワークのなかで行われているのかを、誰にでも納得できるように、予め決定する諸規則などは存在しない。そのなかで、②時間の経過とともに、ネットワーク化された諸アリーナにおける社会的政治的な相互作用は、習慣・周期的に生じる諸パターン・共通の理解の徐々の堆積を通じて、正式・非正式の規則・規範・認識枠組へと安定化が図られていくことになる。そこで、③ガバナンス・ネットワークは一方で制度化が継続的に進む諸プロセスに従属

表 4-2 4つの異なるガバナンス・ネットワーク理論の概観

	算術	文化
紛争	相互依存理論 Rhodes 1997ab ; Kickert, Klijn and ; Koppenjan 1997 Jessop 1998, 2002	ガバメンタリティ理論 Foucault 1991 ; Dean 1999 ; Rose and Miller 1992
調整	ガバナビリティ理論 Mayntz 1991, 1993 ; Scharpf 1993, 1994, 1997 ; Kooiman 1993	統合化理論 March and Olsen 1995 ; Powell and DiMaggio 1983, 1991 ; Scott 1995

出典）Sørensen and Torfing 2007: 17, TableI.

するものであるけれども、他方でゲームの諸ルールを強制することができる主権的権力が存在しないなかで、ガバナンス・ネットワークの形態と機能化に関して周期的に起こる論争と再交渉化が、制度的な枠組の両義性と公開性を確保しつつ、かつ脱制度化の諸プロセスを刺激するものとなる。結局、④新制度主義は制度の観念を拡張することで、旧来の立憲的制度主義では扱えないガバナンス・ネットワークの部分的で、偶発的で、そしてダイナミックな制度化と脱制度化を捉えようとするのである。

さて Torfing は、この四つの理論が、ガバナンス・ネットワークにいかなる貢献をするのかについて、このように考えている。まず相互依存理論はガバナンス・ネットワークを、相互依存しながら闘争を繰り広げるアクター間の利益調整のための組織間の媒介物として定義する。そしてガバナンス・ネットワークは、当該ネットワークのアクターが内部の権力闘争(「紛争」)を通じた様々な利益追求のなかで、自己利益化する集団的アクターの戦略的な「算術」の結果として形成されるとの見方をするのである。

次にガバナビリティ理論はガバナンス・ネットワークを、様々な交渉ゲーム(「算術」)のなかで相互作用を行う、自律した諸アクター間の水平的な「調整」として定義する。ガバナンス・ネットワークはリソースの交換や保持と相互信頼の発展から期待されるところの利得によって団結を保ち、インセンティブ型構造の積極的な創出によって集合行為問題の克服と紛争緩和に貢献するのである。

また統合化理論はガバナンス・ネットワークを、相互作用の制度化されたフィールドとして考えるものである。この相互作用とは、適切な行為として制度化されたロジックから構成され、かつ顕在化している規則・規範・認知力によって規範的に統合化された状態として、関連づけられかつ影響を受けている諸アクターをまとめ上げること(「調整」)を指すものである。そのために紛争は起こるかもしれないけれども、団結の構築と民主主義的な諸アイデンティティの形成を通じた「文化」的な教化に貢献するのである。

最後に、ガバメンタリティ理論はガバナンス・ネットワークを、ネットワーク化される諸アリーナにおいて相互作用を及ぼし続ける諸アクターの自由な

行為を形成し動員するために、内省的な促進化と規制化をより進める国家によって行われる試みとして、(Torfing の理解としては) 暗示的に定義されるものである。具体的にはガバナンス・ネットワークは、「より小さな国家とより大きな市場」という基本目標の実現を目指そうとした新自由主義の失敗(機能不全)への政治的な応答として解釈されていることから、それとの関係で社会的アクターは自らを従属化しようとするノーマル(標準)化権力の戦略(「文化」)に抵抗することになり、その結果、「紛争」の蔓延化が出現することになる。

(6) 今後の研究方向

以上でガバナンス・ネットワークに関する理論の説明を終わり、ここからは今後の研究テーマについて、Torfing の説明をみておきたい。彼は、現在、第一世代の研究者の取り上げたテーマを越えて、第二世代は新たなテーマに展開してきているとの見方を提示する。要するに第一世代はガバナンス・ネットワークの形成理由、ガバナンス・ネットワークと国家・市場との相違点、そしてガバナンス・ネットワークの効率的なガバナンスへの貢献策について、主な研究課題としてその成果を上げてきた。しかし次の7項目は、第二世代が新たに研究していくべき課題ではないかという。

①個々の市民と組織化された市民による、民主主義的参加の促進・向上を進める方向における、ガバナンス・ネットワークの役割に関係するもの。

②政策ネットワークの統合化、および当該の参加者間での相互作用の形成における言説(ディスコース)と構想(ストーリー・ライン)の役割に関するもの。

③ネットワーク化された政策アリーナにおけるソフト・ルールの展開に関するもの(法的には非拘束的な勧告を始めガイドライン・規範・標準そして合意という諸手段を用いて、行動規制を試みるもの)。

④ガバナンス・ネットワークのパフォーマンスとインパクトの評価・アセスメントの方法に関するもの。

⑤公共政策におけるコラボレーティブ・イノベーションに対するガバナンス・ネットワークの貢献に関するもの。

⑥ネットワーク・ガバナンスにおける政治と権力の役割に関係するもの。すなわち権力は、様々な公共と民間のアクターの間での交渉型相互作用において、目に見えるものでは決してない。それゆえにガバナンスと権力の間の本来的に備わっているリンクを把握するために「ガバナンスのなかの権力」を分析するだけでなく、「ガバナンスの権力」「ガバナンスに対する権力」そして「ガバナンスとしての権力」も分析しなければならないのである。

⑦ガバナンス・ネットワークのメタガバナンスに関係するもの。すなわち一方でガバナンス・ネットワークは自然発生的には出現しないものであって、公共オーソリティ[8]によって推進化・主導化・企図化されるものでありながら、他方でメタガバナンスは官僚主義的なルール・メーキングと絶対的な指揮監督の点で伝統的な国家主義的ガバメント・スタイルに復古することなしに、相互作用型ガバナンスの自己規制的な諸プロセスの推進・管理・指揮に関する熟議的試みを行なうことも含むのである。

⑺ 結論

以上のことから、Torfing の結論は、①欧州のガバナンス論争では、社会と経済のステアリング・プロセスの点からみて、ガバナンスに着目する視点に肯定的な定義に好意を示すような良い議論がなされているけれども、ガバナンスの定義に関して著しい混乱と不一致が相変わらず存在しているとみる。そして彼の展開したガバメント・ネットワークという特別の相互作用型ガバナンスの定義に関していえば、さらなる合意が必要であるとする。また②最近の 10 年間におけるガバナンス・ネットワークに関する欧州での研究は非常に多くの興味深い新たな課題を生んできており、第二世代の研究アジェンダを構成してきているとも考えている。いずれにしろ、③欧州でのガバナンス論争は全体として、ガバナンスの定義と類型化について共通理解を目指して現在進行中であり、ここで取り上げたガバナンス・ネットワーク研究は明確な概念と理論に裏づけられた新たな政治科学のパラダイムへと、そして急速に拡張している研究アジェンダへと発展してきているとする。

4. Bevir and Rhodes（反基礎づけ的解釈理論）の場合

　ここで取り上げる Bevir and Rhodes（2010a）の概要はこうである。2人は国家の変容分析をめぐる最近の研究に焦点を当てつつ、ガバナンス・ネットワークに関する先行研究である英国ガバナンス学派の研究（「第一の波」と呼ぶ）と、それに続くメタガバナンス研究（「第二の波」）を検討した結果、いずれもモダニスト的・経験主義的なストーリー（それに加えて国家の規制・統制に賛成してトップダウンを唱えている）であるとして全面的に批判し、2人がここ10年以上にわたって研究している解釈理論アプローチとそれに依拠した脱中心化型ガバナンス（decentred governance,「第三の波」）を対置して、前二者に対して「破綻（death）」（Bevir and Rhodes 2010a: 98）を宣告するのである。それでは、さっそく論述の順序に従ってみていくことにする。

(1) 「第一の波」: 英国ガバナンス学派

　はじめにガバナンスの「第一の波」を進める、英国ガバナンス学派を取り上げる。同学派は長年のウエストミンスターモデルに挑戦する考え方として、政策ネットワークの考え方等から出発する。そもそもこのウエストミンスターモデルの現状理解では、ガバメント（中央省庁等）と専門職集団・労組・ビッグビジネスを含む諸集団の間で、前者から後者へは資金提供と立法支援が行われ、その反対にガバメントや国民等へのサービス提供が行われている。

　これに対してマーガレット・サッチャー首相の保守党政府（1979-90年）は、公共サービスを市場で提供したり、既存のネットワークにバイパスを設けて専門職集団の特権を縮小したり、政策ネットワークを厳格な財政コントロールとマネジメント・コントロールの下においたりして、政策ネットワークのパワー削減を試みるのであった。しかしこのような企業型マネジメントと市場化型諸改革は、①公共サービスの提供システムの断片化、②ネットワークの増殖、③既存ネットワークによる他セクターの編入とそれによる会員数の増大という、意図しない諸結果を招くこととなった。またガバメントもこの改革によって直接的なコントロールを間接的なそれに変更したために、政策ネットワークの行う公共サービスへ財政支援を引き続き行いながらも、自ら

がすでにネットワークの支柱として必要不可欠な存在とはいえなくなってしまったのである。

　したがって英国ガバナンス学派はネットワーク・ガバナンスを、空洞国家・コアエグゼクティブ（核となる執行部）・過剰に成長したネットワークによって特徴づけられる、差異化された政体（Bevir 2009: 71-74 も参照）に類似したものから構成されているものとしてみている。また市場とネットワークによるヒエラルキーからガバナンスへのシフトについては、現代国家の機能的差異化ないしは公共セクターの市場化という厳然たる非人格的な諸力およびモダニゼーションのロジックに依拠しながら説明する。そしてガバナンスを、自己組織的・インターオーガニゼーショナルなネットワークとして、またネットワークの社会的役割ないしは機能によって定義される、複雑なセットから成る諸制度と制度的諸リンケージとして取り扱うものである。

　それと同時に英国ガバナンス学派は、集権化も伴った断片化ストーリーを語るのである。その背景には部分化されたエグゼクティブが省庁と機関の間で水平的調整と、省庁と省庁・組織ネットワークの間での垂直的調整の改善が別々に追求されることがあるからである。またこうした中央部でのコントロールの追求は、その意図せざる結果としてコアエグゼクティブを、ますますディプロマシー（外交交渉）に依拠させ、彼らのアビリティを衰弱化させることになっているのである。

　いずれにしても英国ガバナンス学派は、英国国家が上からは例えば EU などの国際的な相互依存関係によって、下からは例えば市場化とネットワークによって、横からはエージェンシー化によって空洞化してきているとみている。そしてその内部もコアエグゼクティブが一方で大物たち・政策ネットワーク・断続的で選択的な調整によって特徴づけられており、他方で市場化の意図しない結果によって、①サービス提供の断片化、②ネットワークの繁茂化、③ネットワークの構成員の多様化が進展することで、さらに一層空洞化してきているとみている。

(2) 「第二の波」: メタガバナンス

「第二の波」の論者たちは、「第一の波」の論者たちが議論する国家の空洞化論に焦点を当てる（例 Peters and Pierre 2000）。そして彼らの主張は国家が空洞化されてはおらず、市場とネットワークのようなガバニングを行う諸構造のミックスしたものを規制したり、コントロールの間接的な諸手段を展開したりすることで、統治のための国家キャパシティを重ねて論じるのである。換言すれば国家は市民社会を統治する諸アクター（ボランタリーグループ・民間セクターのグループ・コアエグゼクティブから分離された政府エージェンシーとその諸階層）を統治することで、ガバナンスのガバナンス（メタガバナンス）を行うのである。

ところで国家は、官僚制の内部で働く諸手段だけでは、こうした国家からある程度の自律性を有する、市民社会を統治する諸アクターを統治することはできないのである。そこで国家はガバナンスに関わる諸アクターの操縦（steer）を試みようとして、次のような方策を講じることになる（例 Jessop 2000: 23-24, 2007b）。

①国家はその他の諸アクターに対してゲームのルールをセットし、諸アクターに当該ルールの内部でゲームを行わせるのである。その結果、諸アクターは「ヒエラルキーの影」で活動することになる。

②国家はストーリー・テリングを利用して、その他の諸アクターの操縦を試みるのである。国家はダイアローグ（会話）を組織し、関係する諸アクターの間で意味づけ・信条・アイデンティティをそれぞれ促進し、諸アクターに対して影響を及ぼすことになる。

③国家は資金と権威のようなリソースの配分を通じて操縦することができる。国家は境界までその活動範囲を広げる役割を果たし、あるネットワークを構成するアクターのバランスを変更し、紛争が生じた時に上訴先の裁判所として立ち振る舞い、ガバニング構造を再び調和し、ネットワーク・ガバナンスの機能不全には介入することになる。

ここで Bevir と Rhodes は、このようなメタガバナンス論に関して、Sørensen と Torfing の行う先の分類（**表4-2**）の紹介（Sørensen and Torfing 2007:

170-80）と検討を簡単に行うのである。そして2人の結論はこうである。まず彼らの分類論は通常のものではない。そして統合化理論とガバメンタリティ理論ではそれらの考え方のいくつかがメタガバナンスに関係するけれども、その主唱者自身がメタガバナンスについてまったく語ってはいないし、統合化理論がこれまでなじみのない諸理論と区別されていない[9]。しかしそうであるとはいえ、こうした諸理論の分類は、国家の介入やコントロールの程度と形態の差異を明確化することに役立つものと考えている。

(3) 二つの波に共通する立場とその批判

BevirとRhodesは、前述までの第一・第二の波のガバナンス論には、次のような共通の立場とそれが孕む問題性が存在するとの指摘を行う。

①国家が民間セクターとボランタリー・セクターで構成されるネットワークのなかでますます断片化し、国家と市民社会（民間・ボランタリーの両セクターから成る）の境界線が曖昧なものとなっているとの理解にみられるように、モダニスト的・経験主義的な記述になっている。

②メタガバナンス分析には一方でメタガバナンスに自己規制のための権力を与えて非国家的アクターを認識し、他方で国家に、非国家的アクターの自己規制へのマクロ的コントロールを行う意味空間を作ってやることで、国家と非国家的アクターを区別することとなっている。換言すれば後者は国家に、メタガバナンスに政策的にアドバイスする機会を作ることであり、国家のガバニングを再発見するものとなっている。これは、国家空洞化論との対比でいえばまさしく国家回復論である。そのために二つの波は国家のアドバイス提供を心配して、その提供が行われたネットワークを直接・間接にマネージする方策を検討することになる（例 Sørensen and Torfing 2007: chapter10-12）。

③二つの波はいずれも、具象化された構造観に依拠している。この点について「第一の波」の論者は自らはっきりとモダニスト的・経験主義者の立場からその被具象化構造観を示しているのに対して、「第二の波」の論者は表面上具象化の責任に警戒しながらも、批判的実在論に依拠して国家を物体・構造・社会的形態であると認識し、モダニスト的・経験主義者に近

い類似した立場に立っていると考える（例 Jessop 2007a）。これに対して Bevir と Rhodes はそうした被具象化構造観をとらず、構造をプラクティスとして、また人々の行為の意図しない結果として、そして実体ではなくてメタファーとして、それぞれ考えている。

④最後に二つの波はいずれも、ガバナンスに対する包括的な評価を提供することを目指しており、ネットワークとメタガバナンスがどのような様相をもち、なぜそのようになったのかについて、一般的な評価の提供を目的としている。これに対して Bevir と Rhodes はそうした包括的な評価の探求の背景に自然科学への当該論者自身の没頭を指摘し、そのことが人文科学にとっては非生産的な姿勢であると考える。そもそも人間のプラクティスは個々人の偶然的な活動から生じることから、社会的論理あるいは法律のような規則正しさによって統治されえないものである。そしてガバナンスを説明する場合には、関連する個々人の偶然的な活動への参照（社会的論理ないしは法律のような規則正しさへのそれでなくて）によって説明が試みられるべきであり、競合し合う伝統とジレンマで特徴づけられる信条を具象化する、偶然的な諸行為を明らかにするナラティブの活用で、プラクティスを説明すべきであると主張する。

(4) 「第三の波」: 変容国家の脱中心化

Bevir と Rhodes は、彼らの考える脱中心化理論（decentred theory）とそれを支える解釈理論の概要について、次のように考える。まず変容する国家の脱中心化とは、あらゆる種類のルールのプラクティスに関わって、個々人の行動を活気づける偶然的な意味づけを行うものとして、国家の諸制度を究明することである。

これに対して「第一の波」は、政策ネットワークの客観的特徴および政治市場での寡占に関わる争点に焦点を当てるものである。そしてその際に権力への依存性、政策のアウトカムに対するネットワーク規模の関連性、中心部によるネットワーク操縦のストラテジーを強調する。「第二の波」は、市場とネットワーク構造のガバニングからゲームのルール変更のようなコント

ロール手段の展開、そしてストーリー・テリングおよびリソース配分の変更までが混合された状態のままになっていることに対して焦点を当てるものである。これらに対して、脱中心化アプローチの特徴は、このような包括的で具象化された見解と対照的に、アクションにおける意味づけを創造する個々人のアビリティを通じて、ルールの諸パターンからの社会的構築に焦点を当てるものである。

　また国家理解の変更に大きく貢献する脱中心化理論は、別種の解釈理論が必要となる。なぜならば同理論は、個々人によって諸制度・諸政策を含むルールの諸パターンが創造・維持・修正が行われるやり方の検討を促すからである。その結果、この理論は個々人の行為が、現代化（モダニゼーション）の社会的規範ないしは社会的論理によって固定（定着）化するものではなくて、反対に、個々人が伝統を背景に対抗しつつジレンマに応答するために、そこで選択される信条から生じるものであることを明らかにすることになる。

　次に Bevir と Rhodes は解釈理論の立場から、唱道している脱中心化理論に基づくガバナンスの考え方をまとめている（Bevir and Rhodes 2003, 2006, 2010b）。それによれば脱中心化理論は変容国家の研究のために、信条・プラクティス・伝統・ジレンマの重要性を強調しつつ、制度からアクションへの意味づけへと、社会的論理からナラティブへとの、この二つの転換を進めるものである。いま少しく詳しくみればこうなる。①いかなる既存のルールのパターンも、固有の欠点を有する。②こうした欠点について様々な見方がありうるけれども、それらは単なる経験から与えられるものではなくて、むしろ伝統によって吹き込まれた経験についての解釈から構築される。③人々によるガバナンスの欠点の理解が彼らの既存の信条と対立する場合には、そのジレンマは人々に信条と伝統を再考するように働きかける。換言すれば伝統に抗しつつジレンマと対決することから政治的な競争（contest）が生じ、ガバナンス改革へと導かれることになる。④これにより改革されたルールのパターンは新たなジレンマを生み出しながら、意味づけと政策アジェンダに関するさらなる競争へと私たちを導いていく。⑤これらの競争はどのように行われるべきかを規定する、法律と規範によって統治される。⑥ルールのパター

ンと、ルール改革についての競争との間で分析的な区別は可能でも時間的な意味からの区別は困難であるから、先の統治は競争中でも継続し、ほとんどの競争がローカルでの統治のプラクティスにおいて部分的に生じる。⑦ここで脱中心化理論はこのようなガバナンスの特質説明のためにふさわしい、ナラティブを使った方法を求めることになる。その理由はナラティブが、自らを生み出す信条や要望に、人々のアクションを関連させることによって働くことになるからである。⑧したがって、どのようなルールのパターン説明においても、アクター中心ないしはボトムアップのアプローチが採用されなければならないことになる。⑨「第一の波」ではガバナンスの多様性を現代化・制度的規範等に還元したり、偶然的なルール・パターンを作り出している多様なアクターの生み出すカオス的実情を従順化したりし、また「第二の波」では国家のコントロール能力を再発見して、この誤りの度合いを強めたりしているけれども、そのなかにあって「第三の波」はガバナンスが対立する諸信条と競争する伝統としてボトムアップからどのように台頭するのか、そして多様なジレンマが多様なプラクティスをどのように発現させるのかを提示するために、この変容国家を脱中心化するのである。

　ところで「第三の波」の進める脱中心化理論は、ガバナンスの定義と、国家研究における新たな方向性において大きな貢献と示唆があるとする。

　ガバナンスの定義については、ネットワークとメタガバナンスの本質的属性と社会的論理の解明に関する先行する波の行う試みに対して、「第三の波」はウィトゲンシュタイン（1975, 1976）に倣って、そうした包括化や一般化を求める研究態度を拒否し、その定義として「家族的類似性（family resemblences）」（ウィトゲンシュタイン 1976: 70）[10]を提示する。なぜならば「第三の波」はアクターが自らのアクションとプラクティスに対する自らの解釈への焦点化によってガバナンスのシフト・パターンを説明し、アクターの信条変更からプラクティスの恒常的見直しを行うことによって国家と市民社会の境界変更の多様な方法を解明することから、そこではそもそも各事例に共通する特徴を明らかにする必要性はなく、抽象的カテゴリーとしてプラクティスの本質的特徴を研究しても役に立つことはないとみるからである。

結論的には、脱中心化理論からみたガバナンスの特徴を、「家族的類似性」の観点から次の諸点にまとめている。①国家それ自体および市民社会に対する一枚岩的国家の考え方は常に神話であり、そこには多様な見解があることを示唆すること（その点で「第一の波」は最小限国家を目指すニューライトを再発見するものを示唆するものであり、「第二の波」のネットワークについての再発見は、国家介入によって弱体化させられた自発主義的絆の代替物を見つけ出す試みである）、②日常のプラクティスは信条とアクションが伝統によって吹き込まれ、かつストーリーに表現されている、ある文脈に位置づく行為者（situated agents）から生じていることを示唆すること（英国公務員の例 Bevir and Rhodes 2006: chapter 7）（その点で制度主義者はアクターを、所与の制度セッティングのなかで合理的なものと考えている（Bevir and Rhodes 2010b: 74））、③英国においてニューライトとニューレーバーの諸改革がヒエラルキーからマーケットへ、そしてネットワークへと変動してきているけれども、そこには数多くの多様な諸形態が生じていることを示唆する（英国での警察と医師の例 Bevir and Rhodes 2006: chapter 8-9）。④中央国家がごくわずかしか直接に手を下す（hand-on）役割を果たさなくなっているなかで、国家の行う操縦・調整・規制に多様な形態があることを示唆する。その典型例は英国の連携型政府である。

　「第三の波」の進める新たな国家研究の方向性とは、無国家理論（stateless theory）の提案である。これは人々の信条とプラクティスから独立したものとして理解される、所与に存在する因果関係の構造として国家を理解する考え方（Jessop 2005a: 42）を拒否する立場[11]からのもので、前述した包括的評価とそれに関連した考え方に反対する立場からの当然の帰結である。また変容国家の研究にはフォーマルな諸理論を構築することではなくて、ストーリーを話す人々の行う意味づけを分析するナラティブ研究が求められるのである。そして人々の知識とプラクティスに関する具体的な事例、すなわち英国政府のエリートが信頼を寄せるウエストミンスターモデルの「ルール」、街頭レベルの官僚の上級幹部への「抵抗」などを逐一検討することになる。

(5) 結論

　BevirとRhodesからみれば、第一・第二の波の論者はいずれもモダニスト的・経験主義的なストーリー・テラーであり、前者については現代ガバナンスが単一の評価ないしは理論も存在せず、存在するのはいくつかの伝統の異なる構成物（the differing constructions）だけであり、後者についてはメタガバナンスに「中央政府」の役割を規定することになるロジカルで構造的なプロセスを求め、国家の規制とコントロールというトップダウン型ナラティブに賛成論を唱える議論とみなすことになるので、両者いずれにも異議を唱える。

　そして「第三の波」は、無国家国家（the stateless state）の到来を宣言する。これは国家が様々な諸信条と諸伝統によって、多様な行為やプラクティスから発生していると論じたり、国家（ルールのパターン）が伝統に根を下ろした行為者の信条によって活気づけられる、多様な行為や政治闘争の偶発的な産物であると論じたりするものである。

5. BevirとRhodesの決別宣言

　以上で、代表的な三者の回顧と展望をめぐる議論の紹介をひとまず終えたので、ここでは三者の議論を検討してみたいと考えている。はじめに、三者の議論からわかることは、冒頭での引用の繰り返しになるけれども、確かに「諸学派を巻き込みながら、重要な研究アリーナに成長して」いっていることが、改めて確認されることである。

　また前章の議論で明らかになったPetersの国家中心アプローチとRhodesの反基礎付け主義アプローチの間での相違が、今日ではBevirとRhodesによって学問方法論と政治理論の「学派」対立にまで拡大（成長）してきている。そして本章で、すでに触れたように、従来の考え方に破綻宣告までも公言するに至っている。そこで残された紙幅を、この展開をもたらした背景理解に充てたいと考えている[12]。

　BevirとRhodesは、とりわけ1980年代以降に欧米で強まってきているポストモダニズムと反基礎付け主義に与みしている。2人は、その背景にある欧米政治思想史をどのように理解しているのかを、彼らの説明からみておき

たい（Gunnell 1993: 273〔中谷訳 2001: 421〕も参照）。

2人の描く大まかなスケッチはこうである。それは19世紀の理想主義の台頭から、20世紀（第一次世界大戦以降）のモダニストの立場―経験主義（empiricism）・実証主義（positivism）―の優位へ、そして20世紀後半（1960年代以降）にそれに対抗して登場した、そして2人も参加しているラジカル歴史主義と反基礎付け主義に至るのである（Bevir and Rhodes 2010b: 1）。もう少し具体的に述べれば前者にあっては、理想主義では「国家が文化的・倫理的結び付きによって結ばれた人々の共通善」（Bevir and Rhodes 2010b: 1）を表し、モダニストの立場―経験主義・実証主義―では「国家を、正式・非正式の制度と行動の一組になったもの」（Bevir and Rhodes 2010b: 3）とし、そして「非歴史的な構造と類型、相関関係、メカニズムに訴求することでこれらの諸制度」（Bevir and Rhodes 2010b: 3）が説明されている。そしてモダニストの立場にあっては、次の三つの政治理論の系譜を辿ることになる。

まず20世紀前半期においては、とりわけ今日では旧制度主義（old institutionalism）と呼ばれる、非歴史的な説明方法と、憲法や国家を拡張して理解したり、比較や帰納法を使ったりする研究が行われたとする（Bevir and Rhodes 2010b: 4-7）。

次に1950年代以降、こうした旧制度主義に取って代わって、行動論（Behaviouralism）が登場した。同理論は、「広範囲にみて実証主義的で、倫理的には中立的で、政治的プラクティス以上に経験科学」（Bevir and Rhodes 2010b: 8）を指向した。また行動論者の国家批判の特徴は、「観察できる現象に基づく一般理論で、行動論者の実証主義的概念から正確に引き出されるもの」（Bevir and Rhodes 2010b: 10）との立場から、行動論革命と呼ばれたこの運動のリーダーのD. Eastonから、国家が経験的には知り得るものではないために政治科学では重要ではないと論じられたとの紹介を行う（Bevir and Rhodes 2010b: 10）。

最後に1980年代以降現在まで、こうした行動論を批判し、政治理論を支配している新制度主義を詳述する（Bevir and Rhodes 2010b: chapter 2）。ちなみにネオマルクス主義[13]は、この新制度主義へのライバルとして自己規定し

ているとみている（Bevir and Rhodes 2010b: 40（注1））。またこの新制度主義の台頭の前には、国家の復権論（Skocpol 1985等）がウェーバーに依拠しながら登場した（Bevir and Rhodes 2010b: 30）。ここでBevirとRhodesが新制度主義に対して注意を促す点は、①新制度主義には様々なものがあり、そこには共有されている一つのパラダイムなど決して存在しないこと、②「新しい」との主張のなかには、制度論の伝統と行動論からの継続性が存在し、なによりもモダニストの立場—経験主義・実証主義—に結びついていることである（Bevir and Rhodes 2010b: 26）。

さてBevirとRhodesは、こうした流れのなかで主流派に位置するモダニストの立場—経験主義・実証主義—あるいは米国と英国では決して優勢にはならなかったもののライバルを自任するネオマルクス主義（Bevir and Rhodes 2010b: 11, 22（注3））のいずれをも支持せず、これらに対抗する別の考え方に注目する。それは実証主義的歴史観に挑む歴史的理解の考え方（ラジカル歴史主義、Dilthey: 1833-1911、Collingwood: 1889-1943）と、社会科学の解釈的な性格を強調する哲学的な考え方（解釈主義とそれに基づく反基礎付け主義、Wittgenstein: 1889-1951、Dray: 1921-2009、Winch: 1926-1997、Taylor: 1931-）である。

そこでの2人の立場は、政治科学者が相変わらずモダニストの立場—経験主義・実証主義—およびネオマルクス主義に依拠したままでは、「国家」「制度」「構造」の各用語によって決定主義（determinism）・物象化（reincation）・基礎付け主義（foundationalism）に魅せられた状態にとどまることになり、それらをどのように説明すべきかという問い自体を忘却しかねないことを危惧するのである（Bevir and Rhodes 2010b: 71）。そしてそのようにならないためにも、2人は脱中心化理論を提示して、政治科学者に人間的行為主体として社会生活を分析し、かつ歴史主義的用語として信条と行動を説明することを促している（Bevir and Rhodes 2010b）。また脱中心化理論によって、非人格的な力、規範あるいは法が政治における様式（パターン）ないしは規則性を規定するという考え方に挑戦するのである（Bevir and Rhodes 2010b）。同様に、文脈上にある行為主体（situated agency）・プラクティス・パワーから成る新たな集合的概念（new aggregate concepts）、およびナラティブ・伝統・ジレンマから成

る歴史主義的説明（historicist explanations）を使った解釈主義アプローチを提示することによって、説明のロジックの明確化に努めるのである（Bevir and Rhodes 2010b: 71, 73-79）。

最後になったが、BevirとRhodesは、Torfingも自分たちと同じく反基礎付け主義の立場であると考えている。しかし表4-3にみるとおり、今のところ、彼がErnesto Laclau派のポストマルクス主義（Townshend 2003）[14]で、自分たちの社会的ヒューマニズムとは相容れない立場であると考えている。

以上のとおり、BevirとRhodesの決別宣言の背景には、二人のモダニスト的な立場への全面批判、すなわち反基礎付け主義の哲学的立場からの理論展開があり、そのなかでも社会的ヒューマニズムの見解を押し出していることがわかるのである。

表4-3 反基礎付け主義の種類

	ガバメンタリティ	ポストマルクス主義	社会的ヒューマニズム
歴史的背景 (i) 思想家 (ii) キー概念	(i) Louis Althusser (ii) 社会的コントロール	(i) Antonio Gramsci (ii) ヘゲモニー	(i) Raymond Williams and E.P. Thompson (ii) ラジカルな伝統
反基礎付け主義的背景 (i) 理論 (ii) キー・アイデア	(i) 系譜学 (ii) 権力／知識	(i) ポスト構造主義 (ii) 記号論的コード（semiotic code）：シニフィアン間の諸関係	(i) カルチュラル・スタディーズ (ii) 文化的プラクティスに適合化する行為主体
主要なトピックス	公共政策を通じた主体形成の方法としてのテクニカルなディスコース	集団的アイデンティティ：特にジェンダー・人種・セックシャリティに関わる人々	ガバナンス、イデオロギーと抵抗の強調を伴って
代表例	(i) Foucault（1977） (ii) Barry, Osborne, and Rose（1996）	(i) Laclau and Mouffe（1985） (ii) Smith（1994）	(i) Hall（1983） (ii) Bevir and Trentmann（2007）

出典）Bevir and Rhodes 2010b: 47, Table 3.1.

6. まとめにかえて

代表的な三つの見解を概観し終えたところで、ガバナンス論をめぐる研究アリーナの今後の姿を考えるならば、哲学的立場を異にする諸学派が自らの得意とするアプローチでガバナンス理論を発展させていくべく、そのための

研究成果を蓄積させていくなかで、研究アリーナがより多彩なものとなることが期待される。その際には日本におけるガバナンス研究のあり方も、哲学的基礎にしっかりと裏付けられた社会科学論に依拠することが求められている。そこで終章ではBevirとRhodesの決別宣言に積極的に応える意味から、批判的実在論の立場からではあるが、本書なりにガバナンス理論の構築に着手してみたい。

注

1 　この間の日本における政治学・行政学分野の主なガバナンス研究は、日本行政学会（2004）・今村（2009）・大山（2010, 2011）・岩崎（2011）・新川（2011）・猪口（2012）・山本（2014）・日本政治学会（2015）石田ほか（2016）・東京大学社会科学研究所ほか（2016）であろう。それぞれには海外の研究には見られない特徴がある。例えば今村都南雄では蠟山『行政学総論』（1928）にガバナンスの行政学の嚆矢としての位置づけ付与、大山耕輔ではガバナンスの成熟度指標や評価情報の開発、岩崎正洋・新川達郎では公共性と民主主義に関わる多彩な論点、山本啓では「公・私・共によるコーポレート・ガバナンス」についての縦横無尽な展開の試みがある。

2 　オランダ学派の特徴は、Peters and Pierre（2005: 12, 36-40）によれば、KooimanやW.J.M.Kickertの著作に代表される、社会ネットワークの役割を非常に重視するものであり、それに比べると国家の位置づけは多くの社会セクターのなかの一つにすぎないものであり、多分に現実のオランダ政治を反映したものである。

3 　新制度主義の分類については、例えばPeters（2005）〔土屋訳2007: 38-39〕によれば、次の六つ、すなわち①規範的制度論、②合理的選択制度論、③歴史的制度論、④経験的制度論、⑤国際制度論、⑥社会的制度論に分けられている。そしてSørensen and Torfing（2003）のネットワーク・ガバナンスの研究は、⑥のなかに位置づけられている。

4 　三者の検討範囲は標題から明らかなとおり、一方のKlijnとTorfingの検討は地理的範囲を欧州に限定しているのに対して、他方のBevirとRhodesのそれにはそうした限定がないことである。したがって、こうした相違のあるなかで、三者をいっしょに論じることについてであるが、後述から明らかなとおり、BevirとRhodesの記述は先の2人の検討結果を踏まえて書かれていることから、いっしょに検討しても構わないと考えている。ただし、それよりも留意しておくべきことは、そもそもこの三者の回顧が、当然のことながら世界のガバナンス研究の全体をカバーするものではない点である（その一例として、メキシコでの研究書をあげておく。Luis F. Aguilar Villanueva, *Governanza y Gestión Públia*,

〔*Governance and Public Management*〕, Fondo de Cultura Económica, 2006）。ところで、この三者は現在 UC Berkeley 教授であるがオックスフォード大出身の Bevir を含めて、いずれも欧州の大学関係者ばかりである。米国の関係者がいない理由は 1990 年代に「ただひとつの論争的な立場のガバナンス〔NPM に近いもの〕」を提唱する Reinventing government movement の誤った道案内によって、ガバナンス研究への参入が遅れてしまったからだとの指摘があり、注目されていい（Bowornwathana 2010: s65）。

5 Torfing の第二世代研究論の議論は、すでに Sørensen との共編著（2007）*Theories of Democratic Network Governance* で展開されており、これへの書評が第一世代のガバナンス論者として名指しされた Kooiman（2008）によって書かれている（堀 2011a 参照）。それによれば 2 人が第二世代の研究を、第一世代の研究から区別される点の一つとして、ダイナミクス・機能不全（失敗）・メタガバナンス・ネットワークガバナンスの民主的観点としていることについては異議を差し挟んではいない。しかし 2 人が第一世代の理論研究の成果について、「……ほとんど十分に確立された諸理論・諸アプローチ〔第一世代のそれのこと〕が斬新なそれら〔第二世代の諸理論・諸アプローチ〕以上に、より上手に表されていることは、驚くことではない」（Sørensen and Torfing 2007: 302）と指摘している点をこのまま引用（Kooiman 2008: 861）して、第二世代への期待は難しく、第三世代まで待たなければならないものなのかとして懸念を表している。ちなみに日本では、木暮（2009）が 2 人の第二世代論の特徴を、「ガバナンス・ネットワークの特徴そのものにあるのではなく、新しい研究課題にある」（木暮 2009: 24）と指摘している。

6 「ガバナンス白書」に関する日本での研究には、安江（2007: 第 5 章第 4 節）・明田（2009）がある。

7 初出当時においてポスト基礎付け主義的（post-joundationalist）等の訳語については、デンジン＆リンカン（2006）を参考にした。

8 堀（2011a: 1206, 1212, 1239）にいくつかの記述があるけれども、それが何なのかまで具体的に述べてはいない。

9 ここで指摘されている点に関しては、Sørensen and Torfing（2007: 17）では、次のような認識と理解を示している。重要な箇所なので、少々長くなるけれども紹介しておきたい。「我々は当該の表のなかで参照されている理論家のうちで何人かがガバナンス・ネットワークの理論家として自らをみなすことさえしていないかもしれないということを強調しておきたいのである。ガバナンス・ネットワークが、相互依存理論とガバナビリティ理論に関係する理論家たちの著作の中心に明確に存在する一方で、統合理論とガバメンタリティ理論に関係する理論家らは『相対的に安定的で、自己組織的ネットワーク』（March and Olsen 1995: 70）、『関係する諸アクターを対象とする組織フィールド』（Powell and DiMaggio 1983: 148）、そして『ルールがエージェンシーを通じて成し遂げられる、そのエージェンシーの多種多様な形態の構築』（Dean 1999: 209）と、まっ

たく曖昧に、かつ何気なく言及するのである。しかしながら、我々はこれらの諸理論がすべて、ネットワーク・ガバナンスの複雑性の把握に重要な貢献を行ってきていると考えている。」

10　ウィトゲンシュタインのいう「家族的類似性」とは、家族の間には「体つき、顔の特徴、眼の色、歩きかた、気質」（ウィトゲンシュタイン 1976: 70）などがそれぞれ「重なり合い、交差し合っている」（ウィトゲンシュタイン 1976: 70）だけであって、家族には共通した特徴があるわけではないことを意味する。

11　管見では、ジェソップ批判として、この箇所を指摘するものを知らない。ただし日本のマルクス主義学派のなかで、有井行夫が資本論の実証主義的理解を批判している。彼は「マルクスは事実から出発しない。存在（本質的矛盾としての疎外された労働）から出発する」（有井 2010: 90）として、「観察者の立場〔実証主義者〕は、国家（共同体）とはなにか、を問題にするのに、国家を<u>前提して</u>答えている」（有井 2010: 111、下線は引用者）。この批判は、Bevir と Rhodes による批判と重なるように思われるけれども、次の注（11）で述べる事情から、この程度の指摘に留めておきたい。

12　実はここで紹介した Bevir と Rhodes の論考が、2011 年 1 月に刊行された Bevir, ed.,*The SAGE Handbook of Governance* のなかで、"*The Stateless State*" として題名が変更されて再録されることがわかった。また同書には、「第二の波」を代表する論者として批判されたジェソップの "*Metagovernance*" も所収されている。ジェソップには 2 人への反論が要請されていたようなので、どのような内容のものが書かれるのかが大変興味深いところであった。実際のところ、ジェソップの当該論考では Bevir and Rhodes（2010b）が参考文献に入っていたけれども、反論部分はみあたらない。したがってジェソップからの反論を、後日の論考まで待つことにしたい。なおこの続きは、終章の注 3 で説明する。

13, 14　Bevir and Rhodes（2010b）では、ネオマルクス主義とポストマルクス主義の区別が定かではないようなので、ここでの記述は原文のままにしてある。

第III部

事例研究からのガバナンス研究

第5章　大学界のガバナンス研究

1.「中央政府の『官』独占批判」論の陥穽

　本章は、2008年度日本行政学会の「分科会C: 脱審議会の政治行政」に提出した報告論文「被占領期における中央教育行政のあり方をめぐって: ガバナンス論の源流を求めて」が元になっている。これは中央政府のガバメント再建策を検討するものではないかとして、一部の読者には、これまで進めてきた論述の基調に反する印象を与えてしまうことになるかもしれないけれども、ガバナンス研究に課せられたテーマが決して内容的に新しいものではなく、これまでも時々において論じられてきたこと（表5-2参照）を念頭においておく必要があると考えて、事例研究のひとつとして取り上げるものである。もちろん、今日、「2001年体制」（新藤2001: 181）と呼ばれる「新たな行政体制」（新藤2001: 181）を分析するにあたっても、ガバナンス研究がその根本的な解明に大きく貢献する議論ではないかとも考えている。

　この「2001年体制」の枠組みであるが、周知のとおり橋本龍太郎内閣の提出した中央省庁等改革基本法（法律17本の一括法、1998年成立）および省庁改革施行関連法（約1,300法律の一括法、1999年成立）によって出来上がっている（新藤2001: 181-82）。また、こうした行政体制整備関連法の内容と方向付けは、首相直属の機関である行政改革会議（会長 橋本首相）での審議をもとにして公表された「行政改革会議・最終答申」（1997年12月3日）（行政改革会議事務局OB会1998）に基づいたものである。

　冒頭、「脱審議会の政治行政」を論じようとする際に、この「行政改革会議・最終答申」の文言を使いながら説明すると、次のとおりになる。なお同答申を利用する理由は、これによって現代日本の政治行政の現状理解や改革理念

そして改革案の基本枠組みが、公に定義されていると考えているからである。したがってその意味から、検討対象とする意義があると考えている。

第一に「審議会の政治行政」の定義は、「最終答申」が批判する「戦後型行政」と考えられる。具体的には、次の4点がその内容とされている(行政改革会議事務局 OB 会 1998: 37)。

・企画部門の硬直性(個別事業の利害や制約への被拘束)
・非効率な実施部門(利用者の利便の軽視)
・不透明で閉鎖的な政策決定過程と、政策評価やフィードバック機能の不在
・各省庁の縦割りおよび分担管理による調整機能の不全性

第二に「脱・審議会の政治行政」の理念をどのように考えればいいのか。この点についても同答申が示す、次の「基本理念」をさしあたり考えておきたい。これが一般的な言葉の意味であれば、なにも異論を差し挟む必要はないのである。

「自律的な個人を基礎としつつ、より自由かつ公正な社会の形成にふさわしい21世紀型行政システムへと転換すること」(行政改革会議事務局 OB 会 1998: 37)

第三にこの「基本理念」を前提にした上で示される「〔国側の〕根本的反省」として、「国民の統治客体意識、行政への依存体質を背景に、行政が国民生活の様々な分野に過剰に介入していなかったか」(行政改革会議事務局 OB 会 1998: 37)が指摘される。また同時に「改革にあたっての前提的認識」については、「『公共性の空間』は、決して中央の『官』の独占物ではない」(行政改革会議事務局 OB 会 1998: 37)ことが据えられるとされる。

第四にそれでは、21世紀型行政システムの「特性」とそれを生み出す「仕組み」をどのように考えているのか(行政改革会議事務局 OB 会 1998: 37-38)。その点については、次の4点を打ち出している。すなわち①総合性・戦略性の確保とそれを可能にする価値選択と政策立案、②機動性の重視とそれを可能にする意思決定の迅速化、③透明性の確保とそれを可能にする政策の評価と転換・自由競争に向けた環境整備、④効率性・簡素性の追求とそれを担保するシステムづくりである。また以上の課題認識から、官邸・内閣機能の強化、

立案と実施の機能分離、大括りの省庁再編、政策評価の向上、独立行政法人制度の創設等、「常に時代の要請に機動的かつ弾力的に応え得る、柔軟な行政組織」(行政改革会議事務局 OB 会 1998: 38)への再編が不可欠としている。以上、いずれも国側の、中央機構と機能に関する改革方向である。

あわせて外部との関係に関する、次の3つの改革方向が「大前提」にあると示唆する（行政改革会議事務局 OB 会 1998: 34)。それは①徹底的な規制の撤廃と緩和、②民間に委ねるべきは委ねること、③地方自治体への国の関与の軽減である。

さてここで検討されるべきは、第一に国民の側にあるとされた「統治客体意識」「依存体質」と、それを誘因にした「過剰介入」の構造がどのようにして生まれたのかを、その歴史的背景や意味を明らかにすることである。次にその点で先の外部関係の改革方向は、当然のことながら、その歴史的背景や意味をしっかりと踏まえた上で内在的に提出されなければならないことになる。さらにその点検に際しては、行政改革会議の強調する「公共性の空間」における「官」独占への批判論が、きちんと踏まえられているのかどうかが十分に検討される必要がある。

それではこの「最終答申」は、これらの点からみると、どのような評価がなされるべきなのか。ここでは「改革方向」として示されている、前述の3方向のみを取り上げて考えてみることにしたい。そうすると「改革方向」は、一見すると「統治客体意識」「依存体質」⇄「過剰介入」の構図を改革の対象にしているようにみえる。しかしながらこの手法は、「過剰介入」のうちの「過剰」部分のみを取り上げて改めようとするものではないか。なぜならば先ほどの「根本的反省」は国側のそれであり、国民の側の反省が明らかにされていないからである。その上でさらに「統治主体意識」（傍点は引用者）や「自立意識」（同上）の確立に向けた位置づけが重要になっていると言葉ではいいながらも、どういう訳か国民・民間・地方自治体を「(国による)規制撤廃・緩和の客体」（同上）や「官からの委託先」（同上）「(国側の) 関与の客体」（同上）に一方的に位置付けてしまっているのである。したがって、このような「改革方向」は、答申が自ら批判する国民等の「統治客体意識」

「依存体質」を根本から改めるものではなく、「過剰」部分の改善策ではないかと疑われてもしかたがないものである。

ところで「中央の『官』の独占」批判自体は、同答申ではどうなっているのか。「過剰」部分を見直すことで、果たしてこの批判は十分にその目的を達成されるのか。

本章からみると、「改革方向」自体、やはり「中央の『官』の独占」論をどこかで前提にしたものではないかという気がしてならない。なぜならば「改革方向」を支える基本的な「改革」構想論が、そこには欠落しているからである。このことは、すでに第1章と第2章で触れた「政治的空間の閉塞性」（新藤 1993: 63）に関わる問題といえよう。したがって、やはり現在の政治行政の構造に根本的な変化をもたらすような「民」の参画論なり、「官」「民」による「公共性の空間」共有論なりが、どうしても「改革」構想論として登場してこなければならないのではないか。そのように考えると、これまでのガバメント研究からの改革論に加えて、新たにガバナンス研究からの構想論が、理論的には大切な課題になるのではないかと考えている。同時にこの課題は日本行政学にとっても、新天地を開拓する課題でもあるとも考えられる。

2. ガバメント研究からの改革論の限界

はじめに「脱審議会の政治行政」を考える際に、「『公共性の空間』は、決して中央の『官』の独占物ではない」との前提的認識に立ちたいと考える。また認識レベルだけではなくて、事実のレベルにおいてもそうであり、そうした空間は「官」の支配によって歪められているのではないかと考えている。このことを著者なりに言い換えると、民主主義の核心である民衆統制（ポピュラー・コントロール）による「公共性の空間」の拡充問題ではないかと考える。これは本書の基調となっている年来の研究課題になっている事柄でもある（本書 pp.43-44）。

ところで、そうした課題を前提にした場合には、従来どおりの独占的で閉鎖的な権力的・垂直関係を特徴とするガバメント研究からの改革論によって多様な見解を生み出すことには、自ずと限界があるのではないか。なぜなら

ばガバメントそれ自体の制約から逃れられていないからである。したがってここでは非独占・開放的な非権力的・水平関係を特徴とするガバナンス研究に議論の立脚点を移動させて、「脱審議会の政治行政」を考えてみることにしたい。

なお大学界のガバナンス研究について、ここでの一応の理解を示しておきたい（詳しくは堀 2008a 参照のこと）。まず、大学ガバナンスの存在空間はふたつに分けられる。ひとつは各大学の管理運営や教学運営を指す場合である（大学単位ガバナンス）。この空間は日本の大学法制下にあることから、周知のとおり常に議論の対象となってきている。またそれを外部的に規律する仕組みとして、文部省設置法を機軸とする大学法制があることも知られているわけである（新藤 2001: 41）。そうであるけれども、本来的にいえば、それを一部分とするもうひとつの大学ガバナンスの広い存在空間がある。それは私立大学の教育研究活動や社会的役割、そしてそれを支える財務活動等の順調な発展を保障するための（非）制度的環境（教育内容の質保証・情報開示・相互援助のメカニズム等）の秩序化までも指す場合である（以下、大学集合ガバナンスと呼ぶ）。

3. なぜガバナンス研究に注目し、その源流を求めるのか

これまでの関心は、次のような研究過程（堀 2001a-2008a）から生まれたものである。

まず英語圏における行政学理論の文献をフォローするなかで、日本においてガバナンス論を支える有力なネットワーク理論が位置する研究領域、すなわち「弱い執行部／ボトムアップ」＋「権力バランス型」の象限が未開拓になっているのではないかと気がついたことである。すでにこのことは、これまでの諸章（序章や第1章・第2章）で説明していることなので、ここでは繰り返さない。

いまひとつは近年のガバナンス研究の動向のなかで注目されることは、従来のガバナンス研究の総括として、第二世代へのバージョンアップとして、研究上の戦略課題を探し始めている動向である。そのなかでデンマークのE.Sørensen と J.Torfing の両教授の仕事（Sørensen and Torfing 2007）が注目され

るのではないかと思われる（詳しくは堀2011a参照のこと）。なぜならば彼らは「民主的ガバナンス・ネットワーク論」をその研究課題に位置づけ、次の4点（そのなかに民主主義問題も含める）（Sørensen and Torfing 2007: 14）を、具体的な課題として設定しているからである。

(1) ガバナンス・ネットワークの形成・機能・展開の説明方法について。
(2) 「ガバナンス・ネットワーク」失敗の原因および成功の条件について。
(3) （メタガバナンスを通じて行われる）自己規制型ガバナンス・ネットワークに対する公共機関の規制方法について。
(4) ガバナンス・ネットワーク自体に内在している、民主主義に関する問題と可能性について。

以上のことから、行政学の未開拓分野での理論研究を進めつつ、あわせて現在、ガバナンス研究の成果が数多く生み出されているなかで、とりわけ日本における歴史的経験とよびうる国政レベルでの統治構造に関わる事例がないのかを実際に調べることで、こうした2人の研究課題を具体的に共有できないのかを試みたい。

そこでまず、そうした研究課題にふさわしく、かつその源流に位置するような事例、すなわち民主主義の制度化問題が、実際に政策立案者によって正面から議論された事例は、果たして日本にあるのかを考えてみよう。管見によれば被占領期における教育改革、とりわけ中央教育行政機構のあり方をめぐる議論が該当するのではないかと考えている[1]。

本章では、明治憲法体制下における中央政府による教育支配に対して、新憲法体制下における教育の非軍事化とともに教育の民主化を支える「多元的な合議制機関（大学基準協会にみられる総会制も含む）と事務局（「文部省」に当たる機関）の組合せ」による「中央教育行政機構」（図5-1参照）を構想するものではないかと思われる、連合国軍総司令部・特別参謀部・民間情報教育局（Civil Information and Education Section、CI&E）の作成した「大学法試案要綱」に限って検討してみたい（堀2008a参照のこと）。

4. CI&Eと文部省「大学法試案要綱」

　ここでの検討に入る前に、予め触れてある戦後改革と、これから述べる「大学法試案要綱」が議論されたこの時期（1948年）以降の間にある、政治的背景の大きな断絶について確認しておきたい。それは周知のとおりに前者では反ファシズムと民主化の政策推進が基調であったのに対して、後者では米国の占領政策の転換によって、いわゆる「逆コース」政策が始動されていたことである。具体的には1948年7月の政令201号施行から始まり、49年4月団体等規正令施行と、同年から50年にかけての、次に触れるCI&E顧問ウォルター・C・イールズ（Walter C. Eells）による「赤色教授追放キャンペーン」（「イールズ旋風」）が精力的に行われ、50年6月朝鮮戦争の勃発へと進んでいく一連の反動的政治過程である。

　さて大学法試案要綱（いわゆるイールズ案）は1948年7月にCI&Eによって作成され、10月に文部省から訳文が公表され、大学関係者からはいわゆる「対案闘争」が、そして学生運動からは阻止運動が繰り広げられた（寺﨑1970: 329-34；小原1954: 75-79）。このために「占領下わが国の教育立法が大体CI&Eの指示通り成立している中で大学法は唯一の例外」（小原1954: 73）の事案として、その成立が阻止されたものである（1949年5月に文部省は国会上程中止を発表する）。

　すでに寺﨑昌男からは、もし大学法試案要綱が立法化されていれば教授会自治が破壊されてしまい、「占領権力による統制を防ぐことはできなかったであろう」（寺﨑1970: 334）との判断が示されている。それと同時に「この過程で、事実としては、戦前の教授会自治の思想と制度とが、新制大学にそのまま継承されることとなった」（寺﨑1970: 333）ために、「大学の自治の担い手」（寺﨑1970: 334）問題と「大学はどのような機構を通じて社会的責任を果たしていくのか」（寺﨑1970: 334）という問題が「手つかずのままに残った」（寺﨑1970: 334）との冷静な評価も合わせて示されている。ちなみにこの評価は、実は寺﨑のような後日の研究者にしか辿りつけなかった学術的な評価ではない。彼が参考にした、後述する上原專祿のような、ごくわずかな者だけが、その当時の大多数の者のなかで孤立した形で獲得していた見解であった

ことに留意を払わなければならない。

それでは、さっそく大学法試案要綱のもつ意義を検討していきたい。そこでまず文部省から公表された同要綱[2]を検討しておきたい。同法案の内容は、表 5-1 のとおりである。内容上からみると国立大学と中央管理機構・財政で構成されているけれども、管理機構上からみると大きく国立大学と中央管理機構（中央審議会・文部省）とに分けることができる。したがって要綱の名前から速断して、大学法、とくに国立大学のみを対象とするものではないことに特に注意が必要である。

表 5-1　大学法試案要綱の構成と内容

【国立大学】
国立大学の目的（第一条の一〜四）、配置方針（第二条）、学部等の組織（第三条）、設置の認可（第四条、中央に設けられる<u>大学設置委員会</u>の推薦方式）、職員の職種と身分（第五条）、大学の管理委員会の設置と委員と権限等（第七条）、学長（第八条）、教授会（第九条）、学位（第十条、<u>大学基準協会の基準の適用</u>）
【中央管理機構】
中央審議会の設置と委員選出等・権限（第六条） 　文部省（第十二条、註ノ七）
【財政】
中央審議会と文部省（第十一条の一、五、七）、国庫（同の二）、他政府機関の審議会の推薦（同の四）、都道府県会（同の六）

注）下線を付した、大学設置委員会（文部省設置法（1949 年 5 月成立）で大学設置審議会（第 24 条）として発足する）と大学基準協会（1947 年 7 月にすでに発足済み）も、その外延部に予定されている。なお大崎（1988）の所収する資料 II（pp.251-67）に基づき作成した。

なぜこの点を強調するかといえば、当時の文部省関係者はその点を明示的に説明していないからである。たとえば「文部時報」（1948 年 12 月号）に掲載された「私立学校法案と大学法案の構想」（内藤誉三郎・学校教育局庶務課長）でみておきたい。

まず「試案であって決して確定したものではない」（内藤 1948: 3）と断りながら、冒頭で「大学行政に関する法案の理念は教育行政改革の一般的原理に基き、地方分権による大学自治の確立と直接國民に責任を負う体制の整備」（内藤 1948: 3）であるとしている。この理解は先の表でいえば、3 つの内容のうちの中心の柱に位置する「国立大学」のあり方についてだけを述べている

ように読めてしまう。そしてここで関心のある「中央管理機構」については文部省では大学法試案要綱の内容をきちんと紹介してしまうと、中央審議会に自らの地位を奪われてしまうことを意識した記述内容になっているのではないかと考えられる。

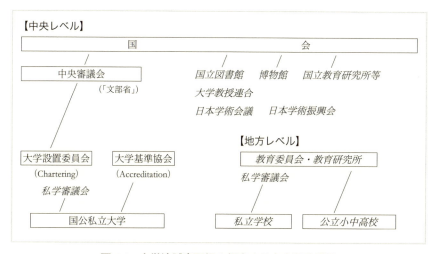

図 5-1 大学法試案要綱の想定する中央行政機構

注）同試案は表 5-1 で示される中央教育機構だけが記述されている。したがって筆者がその他の中央機関をはじめ、地方部分を加筆した（イタリック部分）。なお中央と地方の教育機構は、独立した関係である点に留意する必要がある。

その理由のひとつは彼の記述では中央審議会の権限が「国立公立の大学につき一般的事項」（内藤 1948: 4）を対象とするものに限定されてしまっていながら、後述の 7 項目（(a)項〜(g)項）がそのなかに記述されているからである。後の教育刷新委員会（首相直属機関、以下教刷委と略）での議論でも明らかなとおりに、条文では私立大学も含めた「(a)全国大学教育ニ関スル一般方針ニツキ勧告スル」権限となっているにも関わらず、そのようには決してそこには書かないのである。したがってこのような記述になってしまうと、いくら内藤の記事に中央審議会への私学委員の選出が正確に記述されていても文部省が相変わらず「全国大学教育」について権限を持ち続けていることを暗示していることになるし、国立大学からしてみれば当事者でもない私学の学長が

なぜ自分たちの管轄事項への審議に加わるのかということになってしまうのである。

いまひとつは先に触れているとおり文部省の権限が第12条と註ノ七できちんと述べられているかかわらず、「こんどの大学行政の改革はこのような〔文部省による監督行政〕弊害を根本的に除去して大学の自主性を尊重するとともに、國立大学についても<u>文部省の権限を縮少して</u>公私立の大学に準じて監督行政にとどめようとするもの」（内藤 1948: 4、下線は引用者）としか述べないことから、これまた文部省が相変わらず従来どおりのポジションにあることを示すものとなっている。

次に、ここで関心のある中央審議会の構成についてみてみよう。まず委員数は15名である。そして「A 国立、公立大学長ノ選挙ニ依ルモノ 三名」と「B 私立大学学長ノ選挙ニ依ルモノ 三名」（海後・寺崎 1969: 652）の同数が注目される。次に構成員は当事者の国立大学代表者と並んで、公立・私学の代表者、そして衆参の文教委員会からの任命者（各1名）と文部大臣の任命者（7名，ただし国会承認が必要）となっている。この構成のアイデアは「註ノ四 米国公立大学管理委員会構成」（大崎 1988: 263-64、資料Ⅱ）から明らかなとおり、米国での公立大学の管理方式が元になっている。そこには「アーカンサス〔アーカンソー〕大学」から「ワイオミング大学」までの17州の管理委員会の委員の選出形態上の構成比（公選者・被任命者・職権上からの被任命者の3分類）が示されていた。

さてこの審議会の性格については、国会の影響力の下に設置された当事者・大学関係者と所管官庁の間での最高の協議・決定機関と考えることができそうである。またそうした性格を前提にしているからこそ、「権限」（第六条）として盛り込まれた審議・決定事項は、次の7項目である。すなわち(a)一般方針、(b)法律改正、(c)調査事項への助言、(d)国際交流、(e)大学の設置廃止の勧告、(f)国立大学授業料等の最高限度額の勧告、(g)国立大学施設改善への経費配分の勧告、である。

したがって大学法試案要綱のもつ意義は、第一に大学法としては私学の代表者が初めて大学の当事者として、国公立大のそれと肩を並べて認知された

ことであり、第二に中央教育機構の問題としては、いわゆる大学行政が同審議会の下に直接に置かれ、(1949年当初の同省設置法でいう指導助言機関として)文部省の行う一般的な文教行政とは明確に区別された領域設定がなされていることである。その点は森田孝（文部大臣官房総務課長）による文部省設置法の解説文のなかの、次の箇所で確かめられる。「大学については、大学行政法〔大学法のこと〕が制定される予定になっている。〔中略〕この法律によって文部大臣の大学行政権の大部分が各大学の管理機関に移譲せられることは明らかである」（森田 1949: 12-13）。さらにいえば私立大学代表者に対して、ここで初めて大学の設置廃止（(e)項）から国立大学関係の予算事項（(f)項,(g)項）についてまで自分たちの意見を反映できることとなったのである。裏返せばこのことは公教育のなかで果たす私立大学の役割論について、従来からの格差的な取り扱いや財政問題を含めた私学問題として、根本から審議できる環境が整うこととなり、きわめて画期的な事態が生まれる制度的前提が創出されることになると考えられる。換言すれば、日本における大学集合ガバナンスおよびガバナンス型中央教育行政機構の誕生の契機になるのではないかと考えられる。

ところで大学法試案要綱をめぐっては、その当時、教刷委ではこの要綱自体をどのように理解するのかについて審議されたけれども、上記の意義が理解されないままに終わっている。具体的には、これを審議したのは第十特別委員会であり、第 11 回（1948 年 3 月 26 日）を皮切りに、12 回、16 ～ 19 回（1948 年 11 月 12 日）にかけて審議された。

まず当該大学法の位置付けについての理解ではすでに成立をみていた学校教育法との関係はどうかが議論され、CI&E の示唆から「特別法」（第 16 回議事録（10 月 22 日）、係官の発言、日本近代教育史料研究会 1998: 281）ということで理解することになった。ところが両者の間では内容の重複が認められることから、結局のところ「大学経営法とか管理法とかという意味」（日本近代教育史料研究会 1998: 281, 南原委員長の発言）で落ち着いた。

次に私学の記述については、一方で私学に対する中央での管理方式がはっきりとした見通しのないなか（日本近代教育史料研究会 1998: 283, 剣木学校教育局

次長の発言）で、他方で国立大学を中央で管理する「中央審議会」の委員の
なかに「私立大学学長の選挙によるものが官公立と同じ数だけ書いてあ」（日
本近代教育史料研究会 1998: 282, 関口委員の発言）ることに対して、鳥養委員（京
大総長）から「この原案の中央審議会というものの性格が私立をどう扱って
いるか」「はっきりしない」（日本近代教育史料研究会 1998: 282）とか「官公立通
じて三名で〔私学と〕同数というのはちょっとおかしい」（日本近代教育史料
研究会 1998a: 282）との異論があった。これに対して他の委員からは、「中央
審議会」の役割を規定する大学法試案要綱について、次のような理解が示め
された。つまり関口・安藤・矢野の各委員からは「中央審議会」の役割が大
学教育全般の審議であることと、そこに挙げられている権限である先の(a)一
般方針についても「官公私立を問わずという意味にも解釈できる」（日本近
代教育史料研究会 1998: 282, 安藤委員の発言）と考えられること、そして当然に
官立ばかりか公立や私立に対しても「勧告」（日本近代教育史料研究会 1998a: 283,
矢野委員の発言）が想定されていると考えられているとするのである。

いずれにしても以上の議論に対する評価としては、前述してある寺﨑の
評価、すなわち戦前からの（帝国大学における）教授会自治の考え方の継承と、
大学の社会的責任のあり方の制度設計がまだ手づかずのままになっているこ
とが確認できそうである。

以上、大学法試案要綱に関して、ここで種々の一次資料の検討を踏まえ、
改めて前述してある同法案の意義づけが確かめられたと考えられる。

5. 大学改革構想へのガバナンス研究の適用

大学法試案要綱で示された大学集合ガバナンス構想はそれが嚆矢となって、
次にみるとおりその後も繰り返し、大学改革論として登場してくるのである。
ここではいくつかの改革案を、冒頭で述べていた大学のガバナンス論とガバ
メント論の系譜で分類して、その点を確認しておきたい。なお管見によれば
大学法試案要綱のみが、いまのところ大学集合ガバナンスだけでなく、ガバ
ナンス型中央教育行政機構の構想までも有する点に留意しておきたい。なお、
ここでは**表 5-2** の掲記による紹介だけにとどめたい。

表 5-2　大学ガバナンス / ガバメント論の諸相と私学法制の諸説（分類表）

	大学集合レベル	【参考】大学単位レベル （私立学校法をめぐる解釈論からみて）
ガバナンス論の系譜	CI&E「大学法試案要綱」（1948年） 「東京大学改革準備調査会報告書」（1969年） OECD 教育調査団（1972年） 岩尾『「国立私学」構想』（1974年）	理事会・評議委員会の水平関係的理解（教刷委「①文書」、1946年）、理事（会）・評議員会・権限分有論、理事（会）・評議員会・水平関係説
ガバメント論の系譜	永井『「大学公社」案』（1962年） （*大学集合レベルに隣接する議論として、たとえば宗像「文部省改革論」（1958年）がある）	主体・機動的体制論、最終的意思決定機関説、理事長執行役論、評議員会の同意（＝議決）機関化説、理事会＝最高意思決定機関説、理事会トップマネジメント論、「ユニバーシティ・ガバナンス論」

注）上記の諸見解はガバナンス論とガバメント論のいずれの系譜に属するのかが明瞭なものばかりであるけれども、それ以外の見解にはどちらかに区別できないものもある。またたとえ上記の見解にあっても、実際上では、たとえば国の政策的な意向をはじめ、理事会と評議員会の間での権限配分や力関係（そこには教授会等も関係してくる）の影響によって、隣の系譜に移動する場合も考えられる。
出典）堀（2008a: 275）を元に加筆がしてある。

6. まとめにかえて

　最後に、冒頭のところで触れていた上原専禄の考える、大学の社会的責任のあり方に関する制度化について、ここで紹介しておきたい（上原1949）。実は彼は大学基準協会の大学行政委員会委員長として、先ほどの大学法試案要綱がまだまとめられていない時期、すなわち1948年2月から4月にかけて、当時「大学自治法」と呼ばれていた構想づくりに取り組んでいた。

　そしてその核心は、こういうものであった（上原1949: 98）。すなわち①大学が「最高の教育機関」であり、学術の進歩に責任を負うべき本来的な役割があること、そうだとすれば②大学の行政管理は一般の行政機関ではなくて「特殊な機関」であり、「大学全体の相互協力」と「国民の協力」によって自治的に運営されなければならないものである。

　この見解は当時にあっては、文部省の「支配」再構築の動きや教授会自治の排他性、冷戦イデオロギーの浸透という政治環境のなかでは、いずれの勢力からも支持が得られる見込みのないものであり、孤立せざるを得ないものであった。したがって本章で取り上げた大学法試案要綱についても、当然のことながら、公表された時期にはすでにその担い手を欠いていたということ

ができる。実際にも、同要綱どおりの具体化は何もなされなかったことがその証左である。

結局のところ中央教育行政機構の構築は、つぎのようになったのではないかと思われる。つまり CI&E は占領政策を文部省の協力を得ながら実施するなかで、文部省による教育支配の実力を知るところとなり、その結果は一方で CI&E は文部省との「抱き合う」（海後 1971: 193）関係になり、他方で文部省もその後ろ盾を得ながら「中央統轄」（海後 1971: 193）を復活させていったのであろう。

最後に、ガバナンス研究の立場から、地方自治体レベルの現状についても一言触れておきたいことがある。それは日本行政学会の有力な会員が、すでに 10 年以上も前から教育委員会廃止論（伊藤 2002, 2006a, 2006b, 2007；新藤 1997, 2002, 2005）を主張されていることについてである（中嶋 2014, 坪井・渡部 2015 参照）。

本章は地方教育委員会について直接の検討対象とはしていないけれども、さしあたり何かいえないかを考えてみた。まず伊藤正次にあっては、3 つのガバナンスモデル（教育委員会活性化モデル・地域総合行政モデル・市場選択モデル）で整理を行っている。いずれも有意義なモデルであると思われるけれども、本章からみればいずれもガバメント研究の系譜に含まれる見解であろう。ここでいう「ガバナンス」概念でのモデル構築は、どうなっているのかという点が気になる[3]。

また新藤宗幸は、①戦後改革初期から「教育行政の自治」命題の追求が放棄されていたこと（新藤 2002: 277）[4]、②教育委員会による民衆統制の虚構性、③首長のもとへの教育行政の重要性を強く主張している。こうした主張は鋭い現状批判の力を有していると考えられる。しかしそうはいうものの、この間、戦後改革期の教育改革論を読んできた者からすれば、やはり①の見解からは本報告で取り上げた「大学法試案要綱」がなぜ作成されたのかという背景説明ができなくなる恐れが生じてしまう。また今後の制度設計論においても、戦後改革期の意義を再訪する際に、どうしても生産的な議論を妨げてしまう恐れがあるように思われる。ちなみに、この立場は誤りでなければ、か

つての新藤（1982）の主張でもあった。

　いずれにしても本章の立場からすると、両者の見解が教育委員会の戦後改革における貴重な経験（そして中野区教育委員準公選制度に続く）を持っているなかで、なぜガバメントのなかに再吸収させる議論をされるのかが気にかかるのである。この点ではガバナンス研究の系譜での、教育委員会の活性化に資する議論の構築作業が急がれている。その意味からいえば、坪井由実が紹介される「共同統治（シェアード・ガバナンス）モデル」（坪井 2006: 11）が参考になるであろう。（2014 年 6 月に、地方教育行政の組織及び運営に関する法律の一部を改正する法律が成立した。これにより、首長による新教育長の直接任免制や、総合教育会議の新設と施策大綱の策定による首長の具体的関与の拡大が図られたこと等から、教育委員会の行政委員会としての独立性は全く形骸化に歯止めがかけられなくなってしまったといえる。）

注

1　同様の例としては、シャウプ勧告のなかに盛り込まれていた（地方税審議会と地方自治庁を解散してその代わりに設置する）地方財政委員会構想がある。これは 5 名の委員で、内訳は知事会会長，市長会会長，町村長会会長の任命者各 1 名づつと内閣総理大臣の任命者 2 名から成っている（国会承認を要するが）（大蔵省主税局 1949（吉岡・兼村・江川 1984: 204-205））。これは、地方自治体の代表者が同委員会を通じて、「下からの積上げ方式」等による平衡交付金制度を運営する形をとっていた（江川 1984 参照）。

2　海後・寺﨑（1969）では「翻訳・抄」（pp.651-657）が所収されている。ただしこの資料はいくつもの「略」が施されていたり、7 つの「註」記もすべて省略されていたりする点で注意が必要である。なお全文は大崎（1988）では資料 II（pp.251-267）として掲載されている。また英文の文書は教刷委の委員であった鳥養利三郎の保管していた「OUTLINE OF PROPOSED LAW GOVERNING UNIVERSITIES（15 July 1948）」（全 9 頁）（『鳥養利三郎関係資料』（京都大学・大学文書館所蔵、日本近代教育史料研究会（1998）には未収録）で確認できる。

3　ちなみに伊藤正次は、その労作『日本型行政委員会制度の形成: 組織と制度の行政史』（東京大学出版会 2003）において、「戦前来の『官僚主義的行政』を打破し、行政機構と政策体系の『民主化』を推し進めるための主体として、合議制という組織形態が注目を浴びた」（p.40）との脈絡で、「第 2 に、『民主化』政策を法令化する際に、その立法・審議は、しばしば各省組織の外部に設置さ

れた合議制組織に委ねられた」なかに、「1946年8月に設置された教育刷新委員会は、六・三制や教育委員会制度の導入等を審議し、戦後教育制度の根幹を形作る重要な役割を担ったが、この審議機関は、1946年1月に総司令部からの覚書に基づいて設置された『日本教育家の委員会』が発展したものであった（自治大学校 1968: 35）」（pp.41-42）との記述を行っている。そしてさしあたり本章からだけの判断になるが、同書は戦後民主化期に導入された独立行政委員会というガバナンス構想が国内支配層によって頓挫させられ、ガバメントのなかに「日本型行政委員会制度」として組み込まれていく過程を説明するものと考えている。

4 新藤（2002）は当該個所の叙述にあたって、荻原（1996）の「第二章 文部行政の戦後的特質」の「第二節 戦後文部行政の機構的特質」に依拠されて論述している。当該個所は、もともと荻原（1986）で公表されていたものである。そして参照された資料は広範囲にわたり、国立教育研究所に所蔵されている「辻田力文書」や「田中耕太郎文書」にも目配りされているけれども、高橋寛人によれば「新資料の発掘はほとんどみられない」（高橋 1996: 45）とされるものである。そして1997年に刊行が始まった、同研究所の所蔵する教育刷新委員会議事録（日本近代教育史料研究会編 1998）自体にまでは、その検討が直接に及んでいないようである（荻原 1996: 49 注9, 荻原 1996: 96 注4を参照）。

第6章　スポーツ界のガバナンス研究

1. 活況を呈する欧州でのガバナンス研究

　冒頭において、スポーツにおけるガバナンス研究の3つの注目すべき動向について、予め述べておきたいことがある。第一に、Jean Camy（Université Claude Bernard Lyon 1）たちのEU加盟国での大規模な調査研究から析出された、4つの欧州スポーツ・モード（形態）の指摘である（VOCASPORT Research Group 2004: 53; Henry 2009も参照）。

　それは、第1に当局が積極的な役割を果たしている「官僚的形態」、第2に高度な自律性を保持するボランタリーなスポーツ運動の支配的存在に特徴づけられる「ミッショナリー〔献身的な〕形態」、第3に「起業家的形態」で、スポーツへの社会的経済的需要から生まれるシステムへの規制によって特徴づけられるものである。そして、いずれにしても第2のボランタリーなスポーツ運動もそのシステムに適応せざるを得なくなっているということである。

　最後の形態は、オランダ一国のみが該当するとみられている「社会的形態」である。このタイプは、「多種多様なシステムのなかで、社会的なパートナーの存在が持つ影響力（the presence）によって特徴づけられるものである。このタイプのシステムでは、一人のプレイヤーによって一元的に支配されるのではなく、その代わりに公共プレイヤー・ボランタリーのプレイヤーそして営業的プレイヤーの間で行われる共生／協同活動（cohabitation/collaboration）の下に置かれる。〔当報告書のテーマに関わっていえば〕当該システムの『ガバナンス』を提供するために集められる被雇用者と雇用者の代表者同士は、たとえリアルな緊張が生じようとも、スポーツがもたらす『共通の利益』（"common good"）に主として関心を持っている」（VOCASPORT Research Group

2004: 53) との評価がなされている。したがって、この「社会的形態」こそ、ここで追究すべきガバナンス研究の対象となるものである。

　第二に、スポーツ研究においても批判的実在論に基づく論考の存在である (Geeraert et al. 2013a)。それによれば、経験的データの分析によって国際的規模でスポーツ活動を展開する団体（Sporting Governing Bodies）の調査結果を公表している。そこでは、①会員団体への資金提供への基準の欠如と手続きの不透明さ、②競技者による運営参加制度はあるものの、正式の意思決定権が付与されていないこと、③執行機関メンバーが限定的任期制となっておらず、権限集中化の危険性を孕んでいること、を明らかにしている。

　第三にガバナンス論争（本書第4章）に参加するスポーツ政策研究者の存在である（Grix 2010）。彼によれば、基礎付け主義に基づき、Bevirたちの「脱中心アプローチ」の修正版を考案し、英国のCounty Sport Partnershipsを研究している。いずれにしろ、スポーツ界のガバナンス研究は活況を呈しているといえる。

2. スポーツ界のガバナンス研究の現状

　ここではHindley（2007）を参照しながら、国内外のスポーツ界と学界でのガバナンス研究、およびマネジメントやコーポレート・ガバナンスのようなガバナンスの類語の使用例を紹介するなかで、国内外の相違はどうか、また本書で論述している、これまでのガバナンス研究との異同はどうかについて明らかになった点を述べてみたい。

(1) 国際オリンピック委員会

　まず取り上げるのは国際オリンピック委員会（IOC）であり、そこで使われはじめた「グッドガバナンス」というガバナンス論である。この言葉は、JOCの公式ホームページ（http://www.joc.or.jp/olympism/charter/　閲覧日2013年10月20日）にあるオリンピック憲章のうちでいえば、2011年7月8日から有効の憲章で初めて登場した（IOC 2011）。なおこの箇所は、2013年9月9日から有効の現行憲章でも変更はみられないものである。「前文」に続く「オ

リンピズムの基本的諸原則」の第5項は、こう述べる。

「スポーツが社会の枠組みのなかで生起していることを認識しつつ、オリンピック運動のなかのスポーツ団体は〔スポーツの諸規則を自由に設けたり監督したりすることを含む〕自律性（autonomy）の権利と義務を有するものとするが、当該団体の構造とガバナンス〔JOC訳: 構成と統治〕を確定したり、いかなる外部からの影響からも自由に選挙を行う権利、およびグッドガバナンス〔JOC訳: 良好な統治〕の諸原則の適用を保証する〔IOCに対する〕応答責任（responsibility）〔JOC訳: 責任〕を享受するものとする。」

ここでグッドガバナンスが取り上げられた背景には、すでに2009年に開催されたIOC第13回総会（コペンハーゲン）での第41番目の勧告（IOC 2009）で取り上げられた「オリンピック運動およびスポーツ運動のグッドガバナンスについての基本的で一般的な諸原則」（IOC 2008）の確認があったからである。同原則は、7つの柱とそれに含まれる「テーマ」と「考慮事項」の記述からなっている。ちなみに7つの柱とは、「1. ビジョン、ミッション、ストラテジー」「2. 構造、規制、民主主義的プロセス」「3. 最高レベルの専門的能力（competence）、誠実性、倫理基準」「4. アカウンタビリティ、透明性、統制」「5. 団結と発展」「6. アスリートの関与、参加、ケア」「7. 自律性を保持しながらの諸政府との協和的関係」である。

なおこの「4」には、コーポレート・ガバナンスの諸要素が盛り込まれている。少し紹介すれば、「4.3 透明性とコミュニケーション: 財務情報の開示等」「4.4 財政事項－該当する法律・規則・手続き・基準: 国際的な公認基準の適用、独立した監査、報酬情報の記載と明快な報酬ルールの実施等」「4.5 内部統制システム: 財政統制、法令遵守等」である。いずれにせよ、ここで確認すべきは、IOCの使う「グッドガバナンス」概念には、コーポレート・ガバナンスの内容が内包されていることである。

さらに、IOCで使う「マネジメント」の内容についてみておこう。ここで検討するのは、オリンピック・ソリダリティ（IOCの途上国支援プログラムの実施団体）で作成したスポーツ・アドミニストレーター養成コース用の基本テキスト（Sport Administration Manual 2010）である（IOC and Sport Solidarity 2010）。

本書は4つのパートから成っており、「3. マネジメント」として、次の4つのテーマが取り上げられている。

　第1テーマはマネジメント・スキルであり、意思疎通・リーダーシップ・問題解決・意思決定・時間管理・会議運営・対立の監督である。第2テーマは環境マネジメントであり、スポーツ団体の活動管理、パートナーシップでの労働、スポーツ団体のガバナンス、スポーツ団体の主要な役割、定款と組織、健康と安全、防護である。なお、このスポーツ団体のガバナンスで述べられている内容はボード（役員会）の役割とリーダーシップ等であり、環境マネジメントの一環として取り上げられる、この用例にも注意が必要である。第3テーマは資源マネジメントであり、戦略的計画、人々の管理、スタッフとボランティアの訓練ニードのアセスメント、資金、情報技術、パフォーマンス・マネジメントと評価である。最後のテーマは諸活動に対するマネジメントであり、プロジェクト・マネジメント、助成と資金援助、リスク・マネジメント、ツアーの計画、イベントの組織、設備の管理である。

(2)　欧州委員会

　次に紹介したいのは、ユーロ 2020 戦略を推進する欧州委員会（the Commission of the European Communities）である。現在、欧州委員会が取りまとめた「EU におけるスポーツのグッドガバナンスに関する諸原則」(2014年) は、加盟国代表によって European Union Work Plan for Sport（2014-2017）決議文書（2014.5.21）によって、後述の「成果物2」文書が他の4つの専門家グループのそれと共に「付録1」文書として盛り込まれることで確定することになった。なお同 work plan に基づき、Expert Group "Good Governance" が設置されて活動している。そこでは、「民主主義・人権・労働権に関係する指導的諸原則：特に、プレッジ・ボードによる可能なフォローが行われる主要なスポーツイベントの受賞手続きの脈絡において（2015年後半期）」(Guiding principles relating to democracy, human rights and labour right, in particular in the context of the awarding procedure of major sport events, possibly followed by a pledge board (2nd half of 2015)) が準備されているということである（2015年9月5日現在）。なおプ

レッジ・ボードとは、主要なスポーツ団体がグッドガバナンス原則なりジェンダー・イコール目標なりの、あるイシューへの公的コミットを行う際の手段となる組織のことである（Annex I 参照）。

この「成果物 2」文書とは、先の Expert Group "Good Governance" がまとめた「成果物 2: スポーツのグッドガバナンスに関する諸原則（Deliverable 2 Principles of good governance in sport）」[1]（**表 6-1**）のことで、最終決定する閣僚会議の前段階で開催される加盟国関係者等の調整機関（Council Working Party）

表 6-1　EU におけるスポーツのグッドガバナンスに関する諸原則

1. スポーツ団体の目的と目標の確定
   a 役割・機能・目標，b ゴールと原則，c ビジョンと戦略的計画，d 合意獲得戦略，e モニタリングと監督
2. 倫理コード
   a 倫理コードの進化，b コードの内容と実施に関する基本的規則
3. ステイクホルダーの識別と役割
   a ステイクホルダーの関与，b ステイクホルダーの代表者の最低基準，c ステイクホルダーの関与，d ステイクホルダーの役割の定式化
4. デモクラシーと最低基準
   a 明確な組織枠組み，b 意思決定機関の明確化，c 手続き規則の明確化，d メンバーとステイクホルダーの役割と権利，e 意思決定の諸機関への選任の最低限の民主的諸原則
5. （派遣）代表者と諸委員会
   a メンバーとステイクホルダーへの職務の委任，b 技術的および（または）専門的委員会の任命，c 委員会の構成
6. マネジメント
   a ボード（役員会）の要件
7. 司法・懲戒の手続き
   a 適切な司法・懲戒の手続きの必要性，b 別個の司法・懲戒の手続きの必要性，c 裁判者（adjudicator）の公平性，d 裁定者のスキルと専門知識，e 公正な裁判，f 適切な再審枠組み
8. 包括性と若者参加
   a スポーツ団体の包括性，b 包括戦略の採用と執行，c 若者グループの参加
9. 法令（定款）・規則・規定
   a 法令（定款）・規則・規定の入手可能性，b 法令（定款）・規則・規定の改訂への専門家への相談
10. アカウンタビリティと透明性
    a アカウンタビリティ（チェック＆バランス）の確立，b パフォーマンス指標，c 内部統制措置，d 財務情報，e ファンドの配分，f リスク・マネジメント，g 機密性．内外とのコミュニケーション，h スタッフとボランティアの専門性の向上

出典）Expert Group "Good Governance"（2013）, pp.5-15.

（2013年10月10日）に送付されたものである。ちなみにそこでは、Good Governance の定義はこのようになっている。

「グッドガバナンスの枠組みとカルチャーとは、スポーツ団体が政策を立案し、政策の戦略的諸目標を達成し、利害関係者と関わりを持ち、パフォーマンスをモニターし、リスクの評価と管理を行い、効果的で持続可能な釣り合いの取れたスポーツの政策と規制の提供を含む諸活動と進捗状況に関して利害関係者の人たちに報告することである」(Expert Group "Good Governance" 2013: 5)

(3) UNESCO

最後にとりあげるのは UNESCO（国際連合教育科学文化機関）である。2013年5月末にベルリンで開催された第5回体育スポーツ担当大臣等国際会議（"MINEPS V"）で採択されたベルリン宣言では、冒頭で19項目の合意項目が示され、付属文書として3つの使命（commission）から成る「特別の誓約と勧告」(Special Commitments and Recommendations) がまとめられている (UNESCO 2013)。ここで目を引く点は、「スポーツガバナンス」という用語が用いられていることである。ただしスポーツ界のガバナンスという一般的な意味であって、特別の含意が込められてはいないようである[2]。

さて「特別の誓約と勧告」は、まず「使命1: あらゆる人々のための基本的権利としてのスポーツへのアクセス」のなかで閣僚からすべてのステイクホルダーへ求めている項目（1.19～2.9）のうち、「1.20 包摂の基準を選び取るため、およびあらゆるレベルにおいてスポーツへの参加の平等な機会を確保するためにスポーツガバナンスを見直すこと」、「1.21 市民社会の諸団体と研究者に、包摂の政策とスポーツガバナンスの手続きと実践の間のシナジー効果についてのシステマティックな分析を提供することに従事させること」である。また「使命3: スポーツの誠実性を保持すること」のうち、「3.3 スポーツ団体の自律性が、スポーツの誠実性およびグッドガバナンスの一般原則と国際基準の遵守に対する自らの第一義的責任と緊密に結びつけられていることを強調すること」、閣僚の誓約として「3.20 the Sport Movement によって

行われる予防策とグッドガバナンスの措置を促進したり支持したりすること」である。

(4) 文部科学省

さて、ここからは国内に目を転じたい。まず文部科学省をとりあげ、「スポーツ立国戦略」（2010年8月26日）を検討したい。そこには「5つの重点戦略の目標と主な施策」が述べてあって、4番目に「スポーツ界における透明性や公平・公正性の向上」を掲げている。そして、その目標として「スポーツ団体のガバナンスを強化」（文部科学省 2010: 16）するとしているが、そのガバナンスとは「団体の組織運営体制」（文部科学省 2010: 16）のことであって、特段この言葉を使う意味はないように思われる（文部科学省 2010: 16）。ちなみにスポーツ基本法（2011年）の前文には、「スポーツに係る多様な主体の連携と協働」との文言があり、同法を所管する文部科学省の考える「主体の在り方」を示している。しかしこの文言からだけではガバメント論のままなのか、あるいはガバナンス論までも含意するのかまでは判然としない。

次に取り上げるのは、文部科学省「スポーツ政策調査研究（ガバナンスに関する調査研究）調査研究成果報告書」（2012年3月30日）である。この調査研究は、先述の「スポーツ界における透明性や公平・公正性の向上」の目標に係わって、「スポーツを所管する行政機関が『スポーツ団体のガバナンスの強化』のために何らかの規制・仕組みを確実に講じている国」（文部科学省 2012: i）を取り上げて、そこにおける各スポーツ競技の頂点団体（National Governing Body）の認定スキームと、その際の「団体のガバナンス強化がどのように図られているか」（文部科学省 2012: i）を明らかにするものであるという。そこで、そのなかを読んでみると、この「ガバナンス」は、先の「団体の組織運営体制」と同義であって、特段の意味はないと考えていい。それよりも気になることは、取り上げられている5カ国（米国、英国、豪州、カナダ、インド）について、先述した国外のスポーツ界が関心を寄せるグッドガバナンスの状況がどうなっているのかについて、どういう訳か該当情報は乏しい点である。いずれにしろこの段階に至ると、先には判然としていなかった、文部科学省の理解

するスポーツ基本法前文に述べている「スポーツに係る多様な主体の連携と協働」という考え方は、結局のところガバメント論の展開のひとつであって、ガバナンス研究のそれではないと判断できそうである。

(5) 日本スポーツ仲裁機構

最後に取り上げるのは、日本スポーツ仲裁機構（JSAA）が公刊している「ガバナンスガイドブック：トラブルのないスポーツ団体運営のために」（2011年）である。そこでは「『ガバナンス』とは、スポーツ団体が、この社会的責任を果たすための有効な方法」（日本スポーツ仲裁機構 2011: 5）と定義されている。ただし、なぜその内容にふさわしい概念が、ガバナンスなのかという理由づけは説明されていない。その点は 2003 年の設立当初から機構長である道垣内正人[3]の論考（2008）をみると、次の文章から、使われている「ガバナンス」は「コーポレート・ガバナンス」の文脈で理解されているものかもしれない。また、そのように理解したスポーツ関係者も少なからずいたかもしれない。

「私企業の運営に対してガバナンスの強化が求められている昨今の情勢を考えれば、国民の関心が高く、かつ、国民の税金が投下されているスポーツ界に対しては、より一層、ガバナンスの確立が求められて当然であろう。」（道垣内 2008: 88）

さて、当「ガイドブック」の記述は、次の 4 分野である。第一の「意思決定」では情報共有、意思決定、業務執行の監督、情報公開が項目としてあがっている。次の「運営」では役員会運営、経費使用等のスポーツ団体の運営ルール、選手登録基準、代表選手等の選考基準、処分の基準である。また「財務」では公正な会計原則、公認会計士など外部有識者チェック、ホームページなどでの公開である。最後の「不祥事・紛争」では外部有識者、処分の実施、情報開示、紛争解決手続きの整備、紛争解決の第三者機関の利用である。ちなみに、この内容は、先述のオリンピック・ソリダリティの基本テキストのなかの「3. マネジメント」で取り上げるテーマと重なるものである。

以上についてまとめておけば、国外ではスポーツ競技者と団体等の不正・腐敗行為を防止するために、1990 年代に IMF と世界銀行が使い始めたグッ

ドガバナンスを、2000年国連ミレニアムサミットにおいて採択された「国連ミレニアム宣言」(「第5章人権・民主主義・グッドガバナンス」)を経て、スポーツ分野に相応しく内容を豊富化しつつ、国際的な価値基準にまで高めようとしている。それに対して、国内での議論は監督官庁サイドからみた「スポーツ団体のガバナンスの強化」「団体の組織運営体制」であり、これでは到底ガバナンス論といえる内容ではない。またコーポレート・ガバナンスという用語が影響しているのかしれないけれども、まとめられた「ガバナンスガイドブック」もその内容から考えれば、やはり「マネジメント・ガイドブック」のタイトルで取り上げればいい内容であるといえよう。

3. スポーツのグッドガバナンス研究に向けて

(1) ガバナンス研究の特徴

ガバナンス研究を踏まえて国内外のスポーツ界のガバナンス研究を検討してみると、次の特徴が指摘できるだろう。

第1に、「狭義のガバナンス」と「広義のガバナンス」の関係性、すなわち集合関係でみた場合に「コーポレート・ガバナンス[4]＜マネジメント＜狭義のガバナンス＜広義のガバナンス（グッドガバナンス＜スポーツガバナンス）」の関係性は、果たして明確になっているかどうかである。これについては、グッドガバナンスを推進する国外のスポーツ関係諸機関等の文献では明確になっているように思われるけれども、国内のそれではそうではないようである。たとえばJens Almの研究成果（Alm 2013: 11）からみると、明らかに「広義のガバナンス（グッドガバナンス＜スポーツガバナンス）」におけるスポーツガバナンスの概念には、国外のスポーツ界が使うグッドガバナンス（規範概念）を内包しているといえる。

第2に、国外では規範概念のひとつであるグッドガバナンス論の目覚ましいグローバルな発展があるのに対して、国内でのガバナンス研究では、議論の対象に監督官庁を当初から含めないことから、どうしてもガバナンスの議論が「コーポレート・ガバナンス」と「マネジメント」の研究対象が重なり

合うところの、スポーツ団体の内部問題に限定されてしまっているのではないかと思われる（例 文部科学省 2012, 2013）。

こうした国内側の特徴は、それを背後から支えるスポーツ研究の諸学問にも同様に表れている、たとえばスポーツ経営学の武藤泰明は、「④ガバナンス」（武藤 2013: 15-16）と「第 1 章 II ステイクホルダーとガバナンス」（武藤 2013: 36-87）から判断すれば、ステイクホルダー論からみたスポーツ団体論を検討していることはよくわかる。しかしながら武藤が、ガバナンスを「意思決定よりやや抽象度の高い問題」（武藤 2013: 15）だとみなす積極的な意味を看取できない。したがって、当該議論は本章が検討しているガバナンス「論」の内容とは相違するように思われる。同じステイクホルダー論からは、スポーツ経営学の山下秋二の「スポーツ・ガバナンス」（山下 2006）がある。

また日本スポーツ法学会（2011）では、そのシンポジューム（「スポーツ団体の自立・自律とガバナンスをめぐる法的諸問題」）の諸論考、すなわち奥島論文で取り上げる「スポーツ団体のガバナンス」「高野連のガバナンス」「大相撲のガバナンス」、菅原論文の「日本体育協会のガバナンス」、中村論文の「学生野球団体のガバナンス」、伊東論文の「スポーツ団体のガバナンス」「コンプライアンス・ガバナンスの強化」から判断すれば、先の「コーポレート・ガバナンス＜マネジメント」の範囲で議論できることであろう。ちなみに行政学の中村祐司（2006、2011）の政策ネットワーク論やスポーツ社会学の山下高行（2009）のスポーツレジューム論の方が、本章のガバナンス論とその内容で重なるところが多いと思われる。

ここで改めて、「狭義のガバナンス」と「広義のガバナンス」を踏まえて考えると、本章のスポーツ経営学領域への学問的貢献はこういうことになろう。一方でスポーツ経営学の議論は「コーポレート・ガバナンス＜マネジメント」のミクロレベルであり、他方で日本スポーツ仲裁機構の設立はメゾレベルでのメタガバナンスであり、また文部科学省は「団体のガバナンスの強化」というマネジメント強化策をミクロレベルで行っているということになる。

したがって、いずれにしろ、まだ手が付けられていないマクロレベルのガ

バナンスにおいて、監督官庁（文部科学省・厚生労働省等）を含めたスポーツ関係諸機関等でのガバナンス・ネットワークと、その中心になる複数のメタガバナーを早急に構想するべきではないか。またそうした母体なくして国際機関の掲げるグッドガバナンスの国内への政策波及も、その確実な実現見通しも持つことができないのではないかと思われる。

⑵ メタガバナーの構想へ

　メタガバナーを構想するにあたって、国内で大いに参考にすべき事例がある。それはそもそも弁護士法（1949年）が最高裁判所の規則（憲法77条）に依らずに、弁護士自身の起案による議員立法として制定されていること、またそれに基づいて設立された日本弁護士連合会（日弁連）と各弁護士会が自らの手で法曹ガバナンスを確立していることである（花村ほか1951；大野1970）。具体的には日弁連では、同法8条（名簿登録）、31条・45条（指導・連絡・監督）、56条2項・60条（懲戒）を根拠にした「弁護士自治」が行われ、最高裁判所や法務省と対等な関係のもとで司法制度改革を実施しているのである。ちなみに日弁連自体は、この「弁護士自治」を「弁護士資格の審査や弁護士の懲戒を弁護士階層の自律にまかせ、またそれ以外の弁護士の職務活動や規律を、裁判所、検察庁または行政官庁の監督に服せしめない原則」（兼子・竹下1999: 372；日本弁護士会連合会調査室2007: 314参考）として理解し、「ほぼ完全な自治権を有するに至ったともいわれる」（日本弁護士会連合会調査室2007: 314）との自己評価を下している[5]。

　ただし日弁連の元副会長の一人は過去には1977年の「弁護人抜き法案」の法制審議会への諮問・審議入り、翌年の法案提出が記憶に残っており、今日でも、一人の弁護士の不祥事がいつ何時弁護士会全体の信用失墜を招いて「弁護士自治」までも動揺させかねいとの認識を持ち、さらにサッチャー政権以降の新自由主義政策の下での弁護士自治の廃止（2007年法律サービス法）[6]にも関心を向けている（金子2014）。したがって、こうした点は、今後のメタガバナーの構想においても留意しておきたい事柄である。

　さてスポーツ界のメタガバナー候補には、日本オリンピック委員会が最

有力であろう。本来であれば、新設されたスポーツ庁(2015年10月1日発足)のあり方にも大きく関わってくるはずだったことだろう。しかし文部科学省の調査研究の成果(文部科学省 2013)は、各国でのグッドガバナンスの取り組みとマクロレベルでのスポーツのガバナンス・ネットワークの現状までも、積極的にフォローするものではまったくなかった。このため、「スポーツ庁設置、五輪の国主導強まる? 強化費一元化で」(朝日新聞 2014年9月18日)という懸念が新聞記事となって表れるところとなっている。

一般社団法人日本野球機構(NPB)についても、複数のメタガバナーのひとつとして想定されていいと思われる。同団体は、「統一球問題における有識者による第三者調査・検証委員会」の調査報告書がやっと非公開部分を付した形で公表(2013年10月25日)しているが、それを検討材料にしてメタガバナーのあり方をもう少し検討しておきたい。

本章での注目点は、機構と野球組織の二重構造と、その陰に隠れて温存されている野球組織のオーナー会議の専断(一般社団法人の社員でないオーナー(企業)による「最高意思決定機関」(p.74)と化するとの p.74 注 75 の指摘)の事態(＝明白な定款違反)である。これは、明らかにスポンサー企業のコンプライアンスに反するスポーツ団体への不当な支配である。これに対して的確に批判するこの報告書であるけれども、「NPB のように、各球団、リーグから発展していった組織においては、中央集権的でない連邦制のような仕組みを取ること自体が直ちに不合理、不適切であるとはいえない」(p.76 注 77)といって、まったく「中央集権的でない連邦制のような」構造に由来しない欠陥であるところの「二重構造」の存在を是認してしまっている。いずれにせよ、この報告書は NPB のメタガバナー化構想が具体化される際には、スポンサー企業が実に厄介な存在になってくることを教えてくれている。

最後に、今後のスポーツ界のガバナンス研究は、本書の立場からみて個別の団体内のガバナンスだけに留まらず、国内外のスポーツ界全体に関わるガバナンスの課題として出現していること(Chappelet 2012 参照)をどれだけ視野に入れることができ、かつまたスポーツ・ガバナンスの課題が実は各国の雇用政策や職業教育・健康政策にも直接に関係している大変広範囲な意味

空間を有していること（VOCASPORT Research Group 2004；Blank and Burau 2014）をどれだけ認識することができ、もってガバナンス研究のエネルギーに充てることができるのかどうかにかかっているといえよう。

注

1　専門家グループによる当該原則の確定作業と並行して、欧州委員会（the Commission of the European Communities）の助成事業（the Preparatory Actions in Sport）によるグッドガバナンスの調査研究が行われている。最近、その成果として刊行された文献が、Jens Alm（ed.）*Action for Good Governance in International Sports Organisations,Final Report*, Play the Game and Danish Institute for Sports Studies, April 2013 である。これは、グッドガバナンスに関する欧州の各種団体の取組みに関する研究者の諸論文を所収している。また、最後に掲載された Jean-Loup Chappelet と Michaël Mrkonjic、Existing Governance principles in Sport: a review of published literature は、国際政府機関（Council of Europe、European Union）、国際非政府組織（Transparency International、Play the game、One WorldTrust）、多国籍コンサルタント企業（Pricewaterhouse Coopers）、研究者（9 名）、国際的・欧州地域のスポーツ団体（European Olympic Committee 等）、各国の全国的スポーツ団体（南ア, 英国, オランダ, 米国オリンピック委員会, NZ, Wales, Sport and Recreation Alliance UK, Sport England, 豪州）におけるグッドガバナンスの取組みを紹介しており、大変に有益である。

2　「スポーツガバナンス」という言葉は、手元にある経営学者の文献（Thoma and Chalip 1996）の書名となっていることからもわかるとおり、最近の言葉ではない。またその当時の内容は、（政府の行うガバメントではなくて）スポーツ界の諸活動（事業）・団体の組織化やマネジメント等であって、この言葉に特別の含意はない。しかし Hoye and Cuskelly（2007）になると、スポーツ経営学での体系化（good governance の指摘も含む, p.5）が進められ、Hoye（2014）ではスポーツ政策とガバナンスの関係やインパクト等といったスポーツガバナンスにおける基本的な論点が取り上げられるに至っている。そして政治学者の Bruyninckx（2012）では当初、スポーツ団体内での私的な自己管理を内容としていたものが、今日スポーツ界における急激な営利化・グローバル化・多様な公的領域との深化する関係性そして犯罪と醜聞の横行に対して、公共政策上の取組み一般を表す言葉へと成長させている（Bruyninckx 2012: 112-114）。ちなみに、その典型例は欧州サッカー界である（Geeraert, A. et al. 2013b）。

3　道垣内正人は、1984 年のスポーツ仲裁裁判所（CAS）の発足（小田・神谷 2007）を嚆矢とし、1999 年に発足した世界アンチドーピング機構の動きを直接の契機とした JSAA の発足（2003 年）を、当初「『法の支配』の確立」（道垣内 2003: 2）の文脈で理解していた。

4 コーポレート・ガバナンスの現状と課題に関しては、三田評論「特集　日本企業のガバナンス」(2012)の座談会と特集記事が、また企業の社会的責任論の最近の動向（ISO2600）については宮森（2013）が参考になる。そして前者に対する本章での注目点は、司会の菊澤研宗の指摘する、「コーポレート・ガバナンスでよく議論されるのはやはり制度論ですが、今日皆さんのご意見をお聞かせいただいて制度には限界があり、制度とは別の側面もまた重視する必要があること」（慶応義塾2012: 27-28）だとして、ドラッカーのいう「インテグリティ（高潔さ〔本書では誠実性と訳している言葉〕）」の必要性を指摘して座談会をまとめていることである（慶応義塾2012: 28）。ちなみに本文ではほとんど触れられなかったが、当然、この「インテグリティ」問題は倫理性の確保問題として、スポーツ界ではグッドガバナンスとセットで取り組まれていることを指摘だけしておきたい。例示としては、IOC 倫理コミッション・ウエッブ（http://www.olympic.org/ethics-commission）が掲示する各種文書、および問題が山積するFIFAでの取り組みを紹介する Schenk（2011）がある。以上に加えて、最近スチュワードシップ・コード（2014.02）の策定およびコーポレートガバナンス・コード（2015.06）の実施も始まっている（東京証券取引所『東証上場会社 コーポレート・ガバナンス白書2015』参照）。

5 ちなみに西村高宏は、このような日弁連の「弁護士自治」を参考にして、日本医師会が 2004 年に「医師の職業倫理指針」を策定し、その後に会員の倫理・資質向上委員会による「『医師の職業倫理指針』徹底の具体的方策について」がまとめられるに際して、次の三つの提案、すなわち「(1)懲戒規定をもつ公的身分団体（強制加入）による医師の組織化、(2)メンバー間の相互監督義務に対応した医師の職業倫理規定の作成、(3)医師の職業倫理教育の制度化」（西村2006: 11）、を行っていることに注目しておきたい。なお「医師の職業倫理指針」は 2008 年には、早くも改訂されている。その序文には、「倫理は社会的ルールといえるが、基本的には個人的、内省的、非強制的なものであり、各個人が自覚を持ってルールを認識しそれを遵守することが最も大切であることは言うまでもなく、この倫理指針がそのお役に立てば幸甚である」との当該文書の位置づけに留意を促している。

6 吉川精一によれば、弁護士自治の廃止の背景には、①当地での伝統的弁護士制度に内在してきた不合理性、②増大する苦情とロー・ソサイエティへの不信、③「消費者」主権の高まり、④シティーファームの産業化とファーム勤務の弁護士増大（2006年での被雇用のソリシターは49.1％〔39.616名〕で、企業や官庁に雇用されているインハウスのソリシター 22.9％〔23.968名〕である〔吉川 2011: 193〕）および職務の「既製商品化」などがあるという（吉川 2011: 第Ⅱ編）。なお日本組織内弁護士協会の調べによれば、政府と地方自治体以外の法人内弁護士数は 2001 年 9 月の 66 名から 2015 年 6 月の 1442 名（4.0％）にまで増大し、多い弁護士会順にみると東京第一の7.9％（362名）、東京第二の7.2％（350名）、東京の6.4％（481名）である（「企業内弁護士数の推移（2001

年〜 2015 年）」http://jila.jp/pdf/transition.pdf 閲覧日 2015 年 12 月 30 日）。

終章　ガバナンス研究の展望
──マルクスのアソシエーション論への包摂──

　前述のとおり、従来の官僚制度や市場制度の利用に代わって、オルタナティブとしてのガバナンス論が大いに注目され、議論が活発化してきている。そもそもガバナンス研究が耳目を集める契機は Rosenau and Czempiel（1992）や Rhodes（1997a）による、「From Government to Governance」の文脈のなかでの「ガバメント無きガバナンス（Governance without Government）」の問題提起であった。そして、そのことに鑑みれば、従来、この点がもっと検討されてもよかったはずである。しかしガバナンス研究は「ガバメント無きガバナンス」論が理論的にしっかりと深められないままに実態分析へと傾斜しすぎてしまい、研究の中心が同じこの文脈のなかの「ガバメント・ガバナンス並立（Governance and Government）」論に移動してきている[1]（堀 2011 a）。

　さて本章の目的は、Bevir と Rhodes が反基礎付け主義に基づいて切り開いた「第三の波」論の研究（本書第 4 章）を踏まえつつ、Jessop（2012）の指摘に沿って改めて基礎付け主義─実在論の立場（図序 3）から、「ガバメント無きガバナンス」論の再構築に向けて、批判的実在論[2]に基づく理論構築作業の一端を紹介することである[3]。具体的には「ガバメント無きガバナンス」論は、①マルクスが探究してきたアソシエーション論のなかに包摂されうる議論なのか、②もしもそうであるとすれば、「ガバメント無きガバナンス」論は一体いかなる具体的可能性がある議論なのかについて、マルクスの古典に即して検討することである[4]。

　なおここで実在論のなかでも、古典的なそれに位置するマルクスの議論（Nielsen 2007）に注目する理由はこうである。第一に、現在の基本的な経済システムは資本主義的生産様式（存在）である。そして当該システムの動機

と目的は、「資本のできるだけ大きな自己増殖」(『資本論』MEW23a: 350, 大月全集第23巻第1分冊434頁。以下, わずらわしいので原典頁のみとする)、「できるだけ大きい剰余価値生産」(MEW23a: 350)、「資本家による労働力のできるだけ大きな搾取」(MEW23a: 350) にある。またこうした生産過程では資本家は「観念的には資本家の計画として、実際には資本家の権威として」(MEW23a: 351) 労働者に相対し、「彼ら〔賃金労働者〕の行為を自分〔資本家〕の目的に従わせようとする〔賃金労働者にとっては〕他人の意思の力〔Macht・権力〕」(MEW23a: 351) が働いている。したがって資本主義的生産様式の表現する政治の世界では、資本家と賃金労働者の間で権力行使とそれへの抵抗が繰り広げられることになり、さらに進んで賃金労働者が自らの行動を自らの目的に従わせたいと考え、そのために資本家の所有を基礎に成り立つ生産様式自体の獲得をめざす運動を起こすことになる。またそこでの政治学は、この存在を具象化する新しい政治的諸形態の探究にむけて、「ガバメント無きガバナンス」論を豊富化することが要請されることになる[5]。

1. ガバナンスの概念構成

まずガバナンス概念の意味空間の所在については、序章で説明してあるとおり、Kettl が提示する米国の政治的伝統から整理した行政学的考え方の枠組み、すなわち＜権力バランス型＞と＜弱い執行部／ボトムアップ＞の範囲 (Kettl によれば Network theory がここに該当する) に位置づけられるものである (図序4)。

次にガバナンス概念の内容についても、序章を繰り返すならば、非・国家 (政府) や非・行政機関が国家 (政府)・行政機関と対等な関係の有無に係りなくガバナンス自体で公共サービスや規制活動等を担い、両者の関係性はその有無に係りなく、ガバナンス自体として非独占・開放的なノン・ヒエラルキー的・水平関係と特徴づけることができるものである。そして、ここで「自治」概念との関連性を考慮に入れてみると、「自治」概念が団体組織の「自律性」と「自己統治」の二つの要素の結合体として理解 (西尾勝 1990a) されることから、ガバナンス概念もガバメント概念と同様に「自治」概念として理解す

ることができる。そのうえでガバナンスとガバメントの両概念の区別は、前者の場合には非独占・開放的なノン・ヒエラルキー的・水平関係から、後者の場合には独占的で閉鎖的なヒエラルキー的・垂直関係から、それぞれを認識できる[6]。

2. マルクスのアソシエーション論の内容

　大谷禎之介著『マルクスのアソシエーション論』（2011年）を利用して、ガバナンス概念の意味空間（非独占・開放的なノン・ヒエラルキー的・水平関係）に適合するような、マルクスの記述があるかどうかを確かめてみたい。すでにこの著作では、マルクスが新たな社会システムを、資本主義社会自体の分析から把握するとして、君主制に民主制を対置した1843年の『ヘーゲル国法論批判』から1875年の『ゴータ綱領批判』までの該当箇所を網羅的に抜書きしてくれている（大谷 2011: 62-71）。そういうことなので、さっそくその作業にとりかかろう。

A 『共産党宣言』（1847年）

　「発展が進むなかで階級差異が消滅し、アソーシエイトした諸個人の手に全生産が集中されたとき、公権力は政治的性格を失う。（中略）階級と階級対立とを伴った旧来のブルジョワ社会に代わって、各自の自由な発展が万人の自由な発展にとっての条件であるようなアソシエーションが現れる。」（大谷 2011: 62, MEW 4: 482）（以下、訳文は大谷 (2011) 〔ただし挿入されている原語は省略した〕からとする。なお傍点は、イタリック体の原文にのみ付すことにする）。

B 『資本論』第3部第1稿（1865年執筆[7]）

　「自由はこの領域のなかではただ次のことにありうるだけである。すなわち、社会的になった人間、アソーシエイトした生産者たちが、盲目的な力によって制御されるように自分たちと自然とのこの物質代謝によって制御されることをやめて、この物質代謝を合理的に規制し、自分たちの共同的制御のもとに置くということ、つまり、力の最小の消費によって、自分たちの人間

性に最もふさわしく最も適合した諸条件のもとでこの物質代謝を行なうということである。しかし、これはやはりまだ必然性の領域である。この領域のかなたで自己目的として認められる人間の力の発展が、真の自由の領域が始まるのである……。」（大谷 2011: 68，MEW 25: 828）

C 『暫定一般評議会代議員への指示。種々の問題』（1866 年）

「(a) われわれは協同組合運動が、階級敵対に基礎を置く現在の社会を一変させる諸力の一つであることを認める。この運動の大きなメリットは、窮乏を生み出している現在の、資本への労働の従属という専制的システムを、自由で平等な生産者のアソシエーションという、共和的で福祉をもたらすシステムと置き換えることができるということを、実地に証明する点にある。／〔改行〕(b) しかしながら、協同組合制度が、個々の賃金奴隷の個人的な努力によってつくりだせる程度の零細な形態に限られるかぎり、それは資本主義を一変させることはけっしてできないであろう。社会的生産を自由で協同組合的な労働の一つの巨大で調和のあるシステムに転化するためには、全般的な社会的諸変化、社会の全般的諸条件の諸変化が必要である。この変化は、社会の組織された諸力、すなわち国家権力を、資本家と地主の手から生産者たち自身の手に移すことによらないでは、けっして実現することができない。」（大谷 2011: 68，MEW 16: 195-196）

D 『資本論』第1部フランス語版（1872-1875 年）

「資本主義的生産様式に適合する資本主義的取得は、従って資本主義的私的所有も、独立した個人的労働の必然的帰結にほかならないこの私的所有の第一の否定である。しかし、資本主義的生産はそれ自身、自然の変態を支配する宿命によって、自己自身の否定を生みだす。これは否定の否定である。この否定の否定は、労働者の私的所有を再建するのではなく、資本主義的時代の獲得物にもとづく、労働者の個人的所有を再建するのである。」（大谷 2011: 69，MEW 23: 791）

E 『フランスにおける内乱』(1871年)

「彼らは叫ぶ。コミューンは、あらゆる文明の基礎である所有を廃止しようとしている、と！いかにも、諸君、コミューンは、多数者の労働を少数者の富と化する、あの階級所有を廃止しようとした。それは収奪者の収奪を目標とした。それは、いまはもっぱら労働を奴隷化し搾取する手段となっている生産手段、すなわち土地と資本とを、自由でアソーシエイトした労働のたんなる用具に変えることによって、個人的所有を真実にしようと望んだ。——いや、それは共産主義だ、「ありえない」共産主義だ！だが、支配階級のなかでも現在のシステムが維持できないと悟るだけの聡明さの持ち主——そしてそういう人はたくさんいる——は、協同組合的生産の、押し付けがましい声高な使徒になっているのではないか。もし協同組合的生産が偽物や罠にとどまるべきでないとすれば、もしそれが資本主義的システムにとって代わるべきものとすれば、もしアソーシエイトした協同組合的諸組織が一つの計画にもとづいて全国の生産を調整し、こうしてそれを自己の制御のもとにおき、資本主義的生産の宿命である普段の無政府状態と周期的痙攣とを終わらせるべきものとすれば、——諸君、それこそ共産主義、「ありうる」共産主義でなくてなんだろうか。」（大谷 2011: 70-71，MEW 17: 342-343）

F 『土地の国有化について』(1872年)

「私は反対に次のように言う、未来は、土地は全国民的にしか所有されえない、という結論をくだすであろう、と。かりにアソーシエイトした農業労働者の手に土地を渡すとすれば、それは、生産者のうちのただ一つの階級だけに社会を引き渡すことになるであろう。／土地の国有化は、労働と資本との関係に完全な変化を引き起こし、そして結局は、工業であろうと農業であろうと、資本主義的な生産形態を廃止するであろう。そうなれば、もろもろの階級的区別と諸権利とは、それらを生み出した経済的土台とともに消滅し、社会は自由な生産者たちの一つのアソシエーションに変えられるであろう。……他人の労働で暮らしていくようなことは、過去の事柄となるであろう。もはや、社会そのものと区別された政府も国家も存在しないであろう！

農業、鉱業、製造業、要するにすべての生産部門が、しだいに最も適切な仕方で組織されていくであろう。生産手段の国民的集中は、共同的で合理的な計画にもとづいて社会的な務めを果たす、自由で平等な生産者たちの諸アソシエーションからなる一社会の国民的土台となるであろう。これが、19世紀の偉大な経済的運動がめざしている目標である。」（大谷 2011: 71, MEW 18: 62）

以上から、まず、マルクスの描いた（F「社会そのものと区別された政府も国家も存在しない」）新たな社会システムの全体像とはこういうことになるであろう。A「各自の自由な発展が万人の自由な発展にとっての条件であるようなアソシエーション」であり、C「自由で平等な生産者のアソシエーションという、共和的で福祉をもたらすシステム」であり、E「アソーシエイトした協同組合的諸組織が一つの計画にもとづいて全国の生産を調整し、こうしてそれを自己の制御のもとにおき、資本主義的生産の宿命である普段の無政府状態と周期的痙攣とを終わらせる」、F「生産手段の国民的集中は、共同的で合理的な計画にもとづいて社会的な務めを果たす、自由で平等な生産者たちの諸アソシエーションからなる一社会の国民的土台」（注意: 諸アソシエーションから一つの社会が成立し、同様に他でも別の社会が成立しているとの想定がある）であることがわかる[8]。

また、以上の叙述から、前述してあるガバナンス概念の意味空間を形づくっている＜権力バランス型＞と＜弱い執行部／ボトムアップ＞の範囲にあって、(ア)非独占、(イ)開放的なノン・ヒエラルキー的, (ウ)水平関係に適合する箇所を抽出すれば、**表終-1**のようになるだろう（α 自律性と β 自己統治も指摘しておく）。なおそこに含まれている他の要素は、「その他」に分類しておく。

表終-1　マルクスの記述とガバナンスの概念枠組みの関連性

(ア)　非独占
　A「各自の自由な発展が万人の自由な発展にとっての条件」
　C「自由で平等な生産者のアソシエーション」（α 自律性，β 自己統治）
　E「アソーシエイトした協同組合的諸組織による一つの計画にもとづく全国的生産調整と自己制御」（α 自律性，β 自己統治）
(イ)　開放的なノン・ヒエラルキー的
　A「非政治的公権力」（α 自律性）
　C「自由で平等な生産者のアソシエーション」（α 自律性，β 自己統治）
　E「アソーシエイトした協同組合的諸組織による一つの計画にもとづく全国的生産調整と自己制御」（α 自律性，β 自己統治）
(ウ)　水平関係
　C「自由で平等な生産者のアソシエーション」（α 自律性，β 自己統治）
　E「アソーシエイトした協同組合的諸組織による一つの計画にもとづく全国的生産調整と自己制御」（α 自律性，β 自己統治）
(エ)　その他
　B「自分たちと自然との物質代謝の合理的規制」（α 自律性）
　D「労働者の個人的所有を再建」（α 自律性）

　以上から、マルクスのアソシエーション論に基づく新たな社会システムは、(ア)〜(ウ)およびα 自律性とβ 自己統治の両要素から成るガバナンス概念の意味空間を包摂するものと考えられる。ただし、「(エ)その他」にも、2つの要素を含んでいる。この理由は、大谷によれば、新たな社会システムは「経済的側面だけでなく、経済的側面によって規定され、制約された法的、政治的等々の側面を含」（大谷2011: 326）む存在だから、(エ)の要素もそこに含まれているのである。

　次に、いわゆる「収奪者〔へ〕の収奪」が開始されて資本主義社会からこの新たな社会システムへの移行には、長期間にわたる過渡期が予想されている（「時間を要する漸進的な仕事」MEW 17: 546）が、そこでは国家は存在することになる（「プロレタリアートの革命的独裁［Diktatur］」MEW19: 28）。なぜならば、大谷によれば、この過渡期においては、「支配階級である資本家階級の抵抗を挫き、復活を阻止するために、国家は不可欠」（大谷2011: 137）な存在となるためである。なおこの過渡期において、「残存する資本家階級、小資本家

階級が消滅するに従って国家の階級抑圧機能はしだいに意味を失っていく」（大谷 2011: 137）ものと考えられている。

それでは、この新たな社会システムがこの過渡期を終わりにし、そのシステムがスタートを開始する第一段階では、国家は不要になっているのか。大谷によれば、もちろん労働者階級を含むすべての階級が消滅していることから、国家の存在を実質的には必要としない。しかしそれにも関わらず、第一段階ではまた過渡期における存在理由から生れた「さまざまな社会的意識とそれにもとづく諸個人の行動」（大谷 2011: 137）は消えていないことから、「すべての個人の意思の代表というイデオロギー的外観をもった国家」（大谷 2011: 137）は存在し続けるだろうと考えている（大谷 2011: 137）。

以上の検討から、本章のひとつめの課題である、「ガバメント無きガバナンス」論は、まずマルクスのアソシエーション論[9]のなかに包摂できるのかと問えば、大谷がいうとおり、マルクスのアソシエーションが「人々が互いに、主体的、能動的、意識的に結びつくという行為によって、人々のそのような相互間の関わり（Verhalten）によって形成されたもの」（大谷 2011: 325）であること[10]から、「ガバメント無きガバナンス」論が探究する新しい社会の自己統治像（後述）を包摂するものとみていいと考える。なお、ここで大谷の指摘する「過渡期国家」論において、管見ではまだ、アソシエーション論がどのように関連するのかについてのこの著作（大谷 2011）での言及を見出せていない。また、ガバナンス論との関連性についても一言すれば、「ガバナンス・ガバメント並立」論の段階から「ガバメント無きガバナンス」論のそれが、一応想定されるけれども、今後の研究課題である。

ちなみに大谷は、マルクスのアソシエーション論の射程に関して、次のように述べている。

G 「資本主義社会が生みおとす新社会であるアソシエーションについても、同じこと（「経済的側面だけでなく，経済的側面によって規定され，制約された法的,政治的等々の側面を含まれる」[p.326] こと）が言える。（中略）資本主義社会の社会システムとその生産様式との関係と、アソシエーションとその生産様式と

の関係との間の関連には、両者に共通する基本的な側面だけでなく、大きく異なるもろもろの側面があると考えられるが、ここではこの点には立ち入らない」（大谷 2011: 326-327）。

　また大谷は、マルクスが「全生産を意識的・計画的に制御する仕方について、具体的にはほとんどなにも語らなかった」（大谷 2011: 333）ことに関連して、次のように指摘している。

　H　「そこ〔マルクス「フランス労働者党の綱領前文」MEW 19, S.238〕では、『フランスの社会主義的労働者』は、『プロレタリアートの革命的行動』から生じる『集団的な取得』によって、生産手段の所有の『集団的形態』を実現させるために、『経済の部面ではすべての生産手段を集団に返還させることを努力目標』にすると述べられている。ここで言う『集団』は『国家』でもなければ『社会』でもなく、労働する諸個人の『集団』である。ここでの『努力目標』がこのような抽象的一般的なものにとどめられているのは、『集団』が具体的にどのようになるのか、またそれへの『生産手段への返還』の具体的な仕方様式、すなわち所有の法的変更（収奪）の具体的な形態がどのようなものになるのか、ということは、それぞれの国のそのときどきの諸階級の配置や力関係の状況に応じてさまざまでありうるのであって、あらかじめ具体的に確定しておけるようなものではないからである。」（大谷 2011: 408）。

　以上から、Gに関して一言すれば、大谷がこのような一般論しかのべられない背景には、そもそも社会主義運動の歴史的経験と理論的蓄積が教条主義の制約のなかで豊富化されず、また従来のガバメント論研究が、関係する経済学と社会思想史・法学・社会運動論での研究成果に比べて圧倒的に乏しい内容しかないことも、大きな原因の一つであるように思われる。また、Hでいうとおり、「それぞれの国のそのときどきの諸階級の配置や力関係の状況に応じてさまざまでありうる」との指摘はもっともであり、マルクス死後百数十年以上にわたる社会主義運動の歴史的経験と理論的蓄積を研究するな

かで、「ガバメント無きガバナンス」論の具体的可能性の存在を探究することになるであろう。

ところで、大谷は H のように述べつつ、実際に「パリ・コミューンが行った、あるいは行おうとした具体的な諸方策について彼〔マルクス〕が示した見解を立ち入って検討し、その内容をさらに深めることが重要」（大谷 2011: 408）であるとの示唆を与えてくれている。そこで、マルクス著『フランスの内乱』[11] に即して、本章のふたつめの課題である、「ガバメント無きガバナンス」論は一体いかなる具体的可能性がある議論なのかについて、次に検討する。

3. マルクス『フランスの内乱』（1871 年）におけるコミューン理解

まず『フランスの内乱: 国際労働者協会総評議会の呼びかけ』[12] を所収する『マルクス＝エンゲルス全集第 17 巻』の編集者「序文」では、「パリ・コミューンまでは、歴史上にプロレタリア国家を創設しようとした実例がなかったので、コミューン以前に書かれたマルクスとエンゲルスの著作には、プロレタリアートは革命によって粉砕された国家機構をなにとおきかえるのかという問題にたいする解答がまだふくまれていなかった。」（MEW 17, S.XVI）と指摘されていた[13]。この点は、ルフェーヴル（1967〔1965〕: 33）も同様の見解である。なお本章で検討するのは『フランスの内乱』の記述までであって、それが史実に合致しているのかどうかまでではない[14]。

それでは、『フランスの内乱』で注目した記述を次に示したい。なお以下の記述にあたっては〔 〕のなかは引用者による補足文であり、原語の指示は MEGA I-22 からのものである。また【 】のなかは引用者の補足説明である。

I 「コミューンは、市の各区での普通選挙によって選出された市会議員〔the municipal councillors〕で構成されていた。彼らは、〔選挙人にたいして〕責任を負い、即座に解任することができた。コミューン議員の大多数は、当然に、労働者か、労働者階級の公認の代表者かであった。コミューンは、仕事をする機関であって、議論だけの機関ではなく、〔もちろん後述の代議

員による議論の後では〕執行と立法も同時に行う機関であった[15]。警察は、これまでのように中央政府の手先〔agent〕ではなくなり、その政治的属性をただちに剥ぎとられて、責任を負う、いつでも解任できるコミューンの吏員に変えられた。〔中央の〕行政府の他のあらゆる部門の吏員も同様【コミューンの吏員】であった【この背景には、後述（Jの下線の箇所）のとおり中央政府にはわずかな機能しか残らず、あらゆる部門の機能がコミューンへ移譲されることになることがあるからである】。コミューンの議員をはじめとして、公務〔the public service〕は労働者なみの賃金で果さなければならなかった。国家の高官たちの既得権や交際費は、高官たちそのものといっしょに姿を消した。公職〔Public functions〕は、中央政府の手先たち〔tools〕の私有財産ではなくなった。市政〔the municipal administration〕ばかりでなく、これまで国家が行使していた発議権のすべて〔the whole initiative〕が、コミューンの手中におかれた。」（MEW 17: 339，下線は引用者）。

　以上、I からは、マルクスの理解はこうである。①コミューンの評議会が、都市部では区ごとに、普通選挙によって選ばれた議員で構成されていること、②コミューンの機関としての性格は、議論を行う議会というそれだけではなく、執行と立法までも同時に行う性格のものであること、③警察は中央政府の抑圧機関からコミューンの吏員（選挙人の任命・解職制）が担う自前の機関であること（中央政府の行政機関も同様）、④コミューンの議員や吏員の賃金は労働者並みとなること、である。最後にガバナンス論との関係で注目されることは、⑤発議権[16] が中央政府からコミューンに移譲されるという点である。これは、従来までの「一つの政体＝一つの国家（中央政府）の発議権」からなる垂直的な編成が、「一つの政体＝複数のコミューンの発議権」へと、コミューンという政府単位によって水平的に再編されることを意味している。したがって、「一つの政体＝複数のコミューンの発議権」の全体像は、各コミューン（＝α自律性とβ自己統治の要素）から構成されるメタガバナンス（堀 2011a）として、(ア)非独占、(イ)開放的なノン・ヒエラルキー的、(ウ)水平関係として十分に描かれることになるであろう[17]。

　ちなみに西尾勝は、かつて自治体を地方政府とみる観念を打ち立て、そ

の上で国（単数）と地方（複数）の間における政府間関係（intergovernmental relations）論を提起したことがある。その場合、まず政府とは「立法・司法・行政の三権の総体」（西尾勝 1990b: 396）であることから、「国政参加」構想では「内閣各省の計画・立法・予算過程」（西尾勝 1990b: 396）および「国会の立法過程」（西尾勝 1990b: 396）への「直接に参加する方策が構想されてしかるべき」（西尾勝 1990b: 396）と考えている。次に「政府間関係」とは「対等な政府間の協力的な相互依存関係」（西尾勝 1990b: 396）であり、これには「国民の意思がコミュニティ・レベルから統合され、これが基礎自治体を経て順次上昇していく調整型ないしは自治型のルート」（西尾勝 1990b: 398）の確立と、「統制に替えての調整」と「通達に替えての協議・交渉」による各政府の「自律性」の保障とが求められる（西尾勝 1990b: 398）。最後に、この政府間関係論は、「自治体がみずからを革新するとともに、国をも含めた国民社会の政治構造の全体についてその再編構想を提起するための概念」（西尾勝 1990b: 401）であるとされる。以上から、本章のガバナンス論は、この政府間関係論と発想に類似したところがあるけれども、決定的に違う点は、政府間関係論では＜国（単数）のガバメントと地方（複数）のガバメントの間の関係性＞であるのに対して、ガバナンス論では＜地方（複数）のガバナンスおよび地方（複数）の間のメタガバナンス＞であるところであろう。

J 「パリ・コミューンは、当然に、フランスのすべての大工業中心地にとって、手本〔a model〕とならなければならなかった。いったんパリと二流の各中心地とにコミューンの統治〔the communal regime〕がうちたてられたなら、古い中央政府は、地方でもまた、生産者の自治〔the selfgovernment of producers〕に席を譲らなければならなかったであろう。コミューンが仕上げる余裕をもたなかった全国的組織の大まかな見取図には、最も小さな田舎の部落にいたるまでコミューンがその政治形態とならなければならないこと、また農村地区では常備軍を服役期間のきわめて短い国民民兵とおきかえなければならないことが、はっきり述べられている。各地区のもろもろの農村コミューンは、〔その地区: 大月全集での訳者挿入語の〕中心都市〔the central town〕におかれる代表者会議〔an assembly of delegates〕をつうじてその共同事務〔common affairs〕を処理することになっており、そしてこれらの地区会議がついでパリの全国代議員会〔National Delegation〕に代表〔deputies〕を送ることになっていた。代議員はすべて、いつでも解任することができ、またその選挙人〔his (delegate) constituents〕の命令的委任〔*mandat imperatif*〕（正式指令）に拘束されることになっていた。<u>その場合でもなお中央政府には少数の、だが重要な機能が残るであろうが、それらの機能は、故意に誤りつたえられたように、廃止されるのではなく、コミューン【中央政府ではない！】の吏員たち、従って厳格に責任を負う吏員たちの手で果たされるはずであった。</u>国民の統一〔the unity of the nation〕は破壊されるのではなく、反対に、コミューン制度〔the Communal constitution〕によって組織されるはずであった。みずから国民の統一の具現、しかも国民そのものから独立し国民そのものに優越する具現であると主張しながら、その実、国民の身体に寄生する贅肉にすぎなかった、あの国家権力〔the State power〕を破壊することによって、この統一が実現となるはずであった。古い政府権力〔the old governmental power〕の純然たる抑圧的な諸機関は切りとられなければならなかったが、他方、その正当な諸機能〔its (the old governmental power) legitimate functions〕は、社会そのものに優越する地位を簒奪した権力からもぎとって、社会の責任を負う吏員たち〔the responsible agents of society〕に返還されるはずであった。」（MEW 17: 339-340, MEGA I-22: 140-141, 下線は引用者）

　以上、Jからは、マルクスの構想はこのように考えられる。①コミューン・レジームは、地方レベルには地区コミューンに代表者会議が設けられ、その下で共同事務が執り行われ、次に中央レベルには、それらの代表者会議から命令的委任[18]の関係で選ばれた代議員からなる全国代議員会がパリに置かれる。② 中央政府にはコミューンの吏員によって行われる、「少数の、だが重要な機能」（ただし具体的な内容について明示されていないが）が残ることになる。③国民・国(ネイション)の統一はコミューン制度によって生産者の自治を基礎に組織され、

これまでの古い政府権力においては一方の「純然たる抑圧的な諸機関」が破壊され、他方の「正当な諸機能」が社会の側の責任を負う職員たちに返還される[19]。ちなみに、このような記述そのままの理解の仕方については、「コミューンを中央集権制に反対する地方分権主義的傾向の現われのように見る見解をマルクスはとくに批判している」（村田 1970: 239）と考える、村田陽一から疑義が出されるであろう[20]。

なぜならば村田は「代議員の拘束委任制について、一言注意しておきたい」（村田 1970: 239）とし、「地方的、特殊的利益を全国的な利益に優先させる拘束委任制は、たしかに代議制とも、中央集権制とも矛盾する制度」（村田 1970: 239）であるけれども、マルクスは「下からの創意を重んじるその傾向の一標識としてこの制度にふれている」（村田 1970: 240）だけで、「拘束委任制そのものについて可否の意見を述べているのではない」（村田 1970: 240）からだとしている。またエンゲルスからも、自身のドイツ語第3版への序文（1891）で、今回、コミューンでは①普通選挙による公務員の任命解職制と②労働者並みの公務員の賃金制が導入されているので、それ以上に③拘束委任制を講じなくても、コミューンは「国家と国家機関とが社会の従僕から社会の主人に転化する」（村田 1970: 25）ような事態を回避できると述べていることに、村田が意を強くしているからである。

本章は、この見解に対して、テキスト全体を正確に読む作業をしていないのではないかと考える。たとえば、村田はエンゲルスが拘束委任制を不要なものと考えたことに簡単に同調してマルクスの言説を修正しているけれども、それでは前述のⅠでいう「コミューンへの発議権の移譲」に関しては、どのように説明するのであろうか。

ところで、すでに明らかなとおり、②のコミューンの吏員によって担われる中央政府の「少数の、だが重要な機能」【留意すべきは、この中央政府は国家権力の不在のなか、機能としてその役割を果たしているのであるが】と、③の社会の側の責任を負う職員たちが担う「〔旧政府権力の〕正当な諸機能」とは、それぞれ具体的にはいかなる内容なのか、そして両者の関係は同じ事柄を念頭においているのかどうかまでは不明のままである。ちなみに

こうした点については、マルクスがコミューンの吏員の担う意義として、「つねに現実の監督のもとに執行されるはず」(『フランスの内乱［第2草稿］』MEW 17: 596, MEGA I-22: 105-106) だと考えていることから、具体的には検討されることになるのではないと思われる[21]。

最後に大藪龍介と石井伸男は、このJの箇所のなかの「各地区のもろもろの農村コミューンは、(中略) パリの全国代議員会〔National Delegation〕に代表〔deputies〕を送ることになっていた。代議員はすべて、(中略) 命令的委任〔mandat imperatif〕(正式指令) に拘束されることになっていた。」という文章 (その場合, deputies の訳語は代表者ではなく派遣委員とする: 大藪［1998: 376］)、およびマルクスとエンゲルスの『ドイツ・イデオロギー』(1845-1846) の「代表制は、近代市民社会のまったく特有な一産物であ」(大月全集第3巻: 606［追補］) ることを手がかりにして、代表制民主主義に取って代わる直接民主主義の新たな制度としての「派遣制」構想 (大藪の場合には「派遣制国家」構想への拡張論までも含む) がマルクスにはあると指摘している (大藪1998；石井2003)。しかし本章でこれまで検討してきたマルクスのアソシエーション論および『フランスの内乱』のその他の箇所も含めて考えてみるならば、指摘されている「派遣制」構想はマルクスの構想からいえばその一部であり、したがってマルクスの構想の全体像が「派遣制」構想だけで表現されるものではないのではないかと思われる[22]。

K 「まったく新しい歴史上の創造物が、それにいくらか似ているようにみえる古い社会生活の諸形態、ときにはすでに滅んでさえいる諸形態の写しと思いちがいされることは、その通常の運命である。こういうわけで、近代的国家権力を打ち砕くこの新しいコミューンは、当の近代的国家権力にはじめ先行し、のちにはその基盤となった中世のコミューンの再現だと、思いちがいされた。大国民の統一は、はじめは政治的強力によってつくりだされたとはいえ、いまでは社会的生産の有力な一要因〔a powerful coefficient (共同作因) of social production〕となっているのであるが、コミューン制度は、この大国民〔great nations〕の統一を、モンテスキューやジロンド党員の夢

想したような小国家の連邦に分解しようとする試みのように、思いちがいされた。国家権力に対するコミューンの対立は、過度の中央集権に反対する昔の闘争の誇張された形態のように思いちがいされた。（中略）コミューン制度は、社会に寄食してその〔社会の〕自由の運動を妨げている国家寄生物のためにこれまで吸いとられていたすべての力を、社会の身体に返還したことであろう。」(MEW 17: 340-341, MEGA I-22: 141)。

以上、Kからは、マルクスは、近代的国家権力を打ち砕くこの新しいコミューン制度が、「中世のコミューンの再現」「小国家の連邦」「『過度の中央集権に反対する』対立物」のいずれの性格を持つものでなく、国家が寄食してきた、社会のもつすべての力を、元の社会の身体（the social body）に戻させる役割を果たすものと考えている。また、以前には大諸国民・諸国の統一は、政治的強力（political force）によって外在的に生み出されたが、この新しいコミューン制度によって近代的国家権力が打ち砕かれた後では社会的生産の強力な共同作因として内在的なものとなっていると考えている。

L 「事実は、コミューン制度は、農村の生産者をその地区の中心都市の知的な指導のもとにおき、都市の労働者というかたちで、彼ら〔農村の生産者〕の利益の本来の受託者を彼ら〔同上〕に確保してやったのである。コミューンの存在それ自体が、当然のこととして、地方自治体の自由ということをふくんでいたが、しかし、いまや廃止された国家権力にたいする抑制物としてのそれ〔地方自治体の自由〕ではもはやなかった。」(MEW17: 341, MEGA I-22: 141)。

以上、Lからは、マルクスは、コミューン制度が①（具体的方法までは述べていないが）農村の生産者の利益が、その利益の本来的な受託者である都市の労働者であるようにするために農村の生産者（の生産）を確保し、また②かつては国家権力にたいする抑制物としての「地方自治体の自由」を含んでいたと考えている。換言すれば、今や、コミューン制度は、国家の権力に代

わる存在になっているのである。したがってここに、マルクスにおいて、こうした存在のコミューン制度が「ガバメント無きガバナンス」論のひとつの具体的可能性を構想するものではないかと考える根拠がある。

　M 「コミューンは、二つの最大の支出源——常備軍と官吏制度——を破壊することによって、ブルジョワ諸革命のあの合言葉、安あがりの政府(cheap government) を実現した。(中略) コミューンは共和制に、真に民主主義的な諸制度の基礎をあたえた。しかし、安あがりの政府も、『真の共和制』も、コミューンの終局の目標ではなかった。それらは、コミューンのたんなる随伴現象にすぎなかった。コミューンがさまざまな解釈をうけたこと、またさまざまな利害集団がコミューンを自分の都合のよいように解釈したことは、従来のすべての政府形態が断然抑圧的なものであったのにたいして、コミューンはあくまで発展性のある〔expansive〕政治形態であったことを示している。コミューンのほんとうの秘密はこうであった。それは、本質的に労働者階級の政府であり、横領者階級にたいする生産者階級の闘争の所産であり、労働の経済的解放をなしとげるための、ついに発見された政治形態であった。」(MEW 17: 341-342, MEGA I-22: 142)。

　以上 M からは、マルクスはコミューン制度を、「本質的に労働者階級の政府」だと考え、「労働の経済的解放」の目的で、「ついに発見された政治形態」だと評価していたことがわかる。ここまでのところで、マルクスの理解するコミューン論は、「ガバメント無きガバナンス」論としてのガバナンス論の、彼なりの具体化として理解していいのではないか。すなわちマルクスにとって、単位ごとのコミューンでは「生産者の自己統治」(後述)が営まれており、同時に地域ごとには諸コミューンのメタガバナンスが展開されており、さらには中央レベルでは命令委任下の代議員から成る全国代議員会およびコミューンの吏員によって「少数のだが重要な機能」を担っている中央政府が存在しており、単位コミューンを起点とする全国レベルでの、一体性が保障される制度構想が試みられていることを、イメージの世界として実感

することができそうである（注28も参照）。もちろんそこには全国代議員会および中央政府は存在するけれども、それらは社会の外にそびえ立つ「近代的国家権力」の性格を有しておらず、当該社会のなかに内在する共同作因のそれとして考えられている[23]。

最後に、これまでの検討から、大谷の先に触れてある示唆、すなわち「パリ・コミューンが行った、あるいは行おうとした具体的な諸方策について彼〔マルクス〕が示した見解を立ち入って検討し、その内容をさらに深めることが重要」（大谷2011: 408）であることの意味内容に関して、本章では今回、『フランスの内乱』（1871）の再読から、そこには確かに「ガバメント無きガバナンス」論を具体化した制度構想が認められるものと考える[24]。

4. マルクスの「自己統治（self-government）」論

最後に、本章で使うガバナンス概念は、冒頭で述べてあるように団体組織の自律性（autonomy, autonomie）の要素とともに、自己統治（selfgovernment）のそれも含むものと考えている。そこで、マルクスの『フランスの内乱』でのself-governmentの使われている箇所を確認し、その意味する内容を明確にしておきたい[25]。ちなみに自律性としてのautonomyの使用例は、そこには見られない（参考: 編集者の注解237［NEW 17: 709］でのみ自治〔autonomie〕が使われている）。

J （前掲）「生産者の自治〔the self-government of producers〕」

N 「コミューン／イギリスの愉快な三文記者が、ここにあるものはわれわれがふつう自治〔selfgovernment〕ということばで理解しているものとは違う、というすばらしい発見をした。もちろん、違う。それは、（中略）市参事会員や、（中略）教区会員や、（中略）救貧委員による都市の自治行政ではない〔the selfadministration of the towns〕。それは、広大な耕地と重い財布とからっぽの頭との持ち主による農村の自治行政ではない〔the selfadministration of the counties〕。それは、「無給の大人物」（注解409）の

司法上の非行〔the judicial abomination〕ではない。それは、寡頭支配者のクラブと『タイムス』の閲覧とを手段としての国の政治的自治〔political selfgovernment of the country〕ではない。それは、自分のために自分で行動する人民〔the people acting for itself by itself〕である。」(『フランスの内乱[第1草稿]』MEW 17: 520-521，MEGA I-22: 39)。

O 「第二帝政というかたちをとったあの国家権力の最後の表現は、支配階級の誇りにとっては屈辱的であり、彼らの議会の自治の願望〔parliamentary pretentions 要求・虚偽の申し立て[sic, pretensions、独語 Ansprüche 要求] of selfgovernment〕を吹き散らしはしたが、それでさえ、彼らの階級支配の最後の可能な形態にすぎなかった。」(『フランスの内乱[第1草稿]』MEW 17: 542, MEGA I-22: 56)。

P 「最も単純に理解されたコミューンは、古い政府機構を、その本拠、すなわちパリその他のフランスの大都市においてまず破壊したあとで、それを真の自治〔real selfgovernment〕とおきかえることを意味していた。労働者階級の社会的拠点であるパリと各大都市では、この〔真の〕自治は労働者階級の政府であった。」(『フランスの内乱[第2草稿]』MEW 17: 595, MEGA I-22: 105)。

以上から、マルクスは、自己統治（self-government）を、まず生産者の自己統治（J，N，P）と支配階級のそれ（O）とに分けて考えている。そして前者では、Jのとおり最終稿では「生産者の自己統治〔the selfgovernment of producers〕」を使っていたが、それ以前の草稿段階ではNのとおり詳しく説明している。そこでの主張は、前述する「われわれがふつう自治〔selfgovernment〕ということばで理解しているもの」「都市の自治行政〔the selfadministration of the towns〕」「農村の自治行政〔the selfadministration of the counties〕」「司法上の非行〔the judicial abomination〕」「国の政治的自治〔political selfgovernment of the country〕」ではなくて、「自分のために自分

で行動する人民〔the people acting for itself by itself〕」のことであると考えている。そして P ではそのことを、「真の自治〔real selfgovernment〕」と呼ぶのである。

また後者では、O で、マルクスは、支配階級による「議会の自治の願望」の自己統治、すなわち支配階級の議会形態としてのそれを指摘するのである。

以上、こうした用例の検討から留意すべきは、the self-government が、上記のとおり、用例のなかで「自治」と訳されることで一般的に理解される、いわゆる「地方自治」（牛山 2013 も参照）とは大きく異なっており、それはパリ・コミューン以降の新しいシステムにおける、民主政原理を具体化するものとしての「自己統治」として理解すべき必要性が生じていることである。そしてマルクスの「自己統治（self-government）」論は、「生産者の自己統治」に基づく新たな社会像の探究にあたって、その具体的可能性をガバナンス論として構想するものとなっている[26]。

5. おわりに

以上の検討から、マルクスのアソシエーション論で明らかにされている「自由で平等な生産者のアソシエーション」とは、今回『フランスの内乱』の再読から当時マルクスが観察したパリ・コミューンを元に構想した「真の自己統治」が、「ガバメント無きガバナンス」論であるところのガバナンス論に他なかったのではないかということである。そして、その基本的構想[27] は、繰り返すならば、次の 3 点が書かれているのではないかということである。

ア）従来までの「一つの政体＝一つの国家・中央政府の発議権」からなる垂直的編成は、「一つの政体＝複数のコミューンの発議権」を通じて、コミューンという政府単位による水平的再編が行なわれる。換言すれば、「一つの政体＝複数のコミューンの発議権」の全体像は、各コミューン（α 自律性と β 自己統治の要素）から構成されるメタガバナンス[28] として、(ア)非独占、(イ)開放的なノン・ヒエラルキー的、(ウ)水平関係として十分に描かれるものである。

イ）マルクスの制度構想は、① コミューン・レジームが、地方レベルに

は地区コミューンに代表者会議が設けられ、その下で共同事務が執り行われ、次に中央レベルには、それらの代表者会議から命令的委任の関係で選ばれた代議員からなる全国代議員会がパリに置かれる。②中央政府にはコミューンの吏員によって行われる、「少数の、だが重要な機能」（ただし具体的な内容について明示されていないが）が残ることになる。③国民・国統一はコミューン制度によって生産者の自治を基礎に組織され、これまでの古い政府権力においては一方の「純然たる抑圧的な諸機関」が破壊され、他方の「正当な諸機能」が社会の側で責任を負う職員たちに返還されることになる。

ウ）マルクスの理解する新しいコミューン制度は「中世のコミューンの再現」「小国家の連邦」「『過度の中央集権に反対する』対立物」のいずれの性格でなく、国家が寄食してきた、社会のもつすべての力を、元の社会の身体に戻させる役割を果たすものと考えている。また国民・国統一は以前には政治的強力によって外在的に生み出されたものであるけれども、この新しいコミューン制度によって近代的国家権力が打ち砕かれた後では、社会的生産の強力な共同作因として内在的なものとなっている。

要するに、本章の研究成果によって、一方でマルクスのアソシエーション論が図序-4のなかの第4象限に措定されるものであり、他方で『フランスの内乱』の執筆では、その当時の歴史的経験（スイス連邦の実例等[29]）に基づいて新たな社会経済システムのあり方が具体的に記述されており、以上から、マルクスはガバナンス論のひとつとして理解できる制度構想を試みていたと考えるものである。もちろん、こうしたマルクスの具体的記述は（先に引用したＦ（本書のp.162）の最後でいうとおり）19世紀後半段階での人類の社会的・経済的・政治的諸経験の進展に基づく理論的思索[30]であって、今日、21世紀初頭の段階にあっては、第4象限のなかで、「自分のために自分で行動する人民」の自己統治を保障する制度構想を、「（人民・支配という「パラドックス」克服に向けた）永久革命としての民主主義」（丸山眞男）の一環として新たに具体的に探究しなければならないと考える[31]。そして、この方向性は、すでに本章第1章で呼んでいた、日本行政学の将来展望のひとつである「新天地

開拓型行政学」のことであり、本章で具体的に検討したガバナンス型行政学の構築に向けての理論的探究[32, 33]のことである。

注

1　著者も、現状分析レベルの研究として、高等教育分野やスポーツ分野のガバナンス構築に向けた「ガバナンス・ガバメント並立」論での研究（堀 2008a, 本書第 6 章, 2014 b 参照）に取り組んでいるけれども、その過程で「ガバメント無きガバナンス」論からの研究不足を痛感している。

2　批判的実在論に基づく社会科学論に関しては、佐藤（2012）・ダナーマークほか（2015）が詳しい。

3　Jessop（2012）は、管見の限りでは Bevir（2003）への評価にとどまっているのであるが、そのなかで Bevir への反論にあたるところを紹介するとこうなる（なお、この反論に至る経緯は、第 4 章注 11 で述べてある）。Bevir は全体論的機能主義と原子論的合理主義を共に拒否し、それらに替わって「政治生活と社会生活の異なるサイトとスケールにおける、出来事・過程・制度に適合させられたより複雑な分析の出発点としての個人的解釈を選択する」（Jessop 2012）わけであるが、そこでは「ガバナンスについての基礎付けのしっかりしたマクロ・メゾのレベルの分析へ、個人的解釈を超えて進んでいくために必要な諸概念のすべてを提供しているわけではない」（Jessop 2012）のである。とりわけ、彼のアプローチは、「特定の伝統の選択・保持・制度化と、そしてそれらの政策の含意とのなかで内在する諸メカニズムを犠牲にした、解釈のバリエーションに焦点を当てるもの」（Jessop 2012）である。したがって、「物的ファクター（material factors）、特に搾取と支配の特別の形態のもつインパクトが視界から消えていく傾向」（Jessop 2012）がある。Jessop はこのように指摘しながら、この解釈アプローチの意義を認めつつも、「より広範囲の記号論的で制度的な分析のなかで、その〔解釈〕アプローチの統合」（Jessop 2012）が必要だと指摘する。

4　マルクス学派において、ガバナンス研究は、Jessop（2002）のメタガバナンス論と Davies（2011）の「ネットワーク・ガバナンスに替わるヘゲモニー」論で論じられている程度ではないかと思われる。ちなみに代表的な当該論文集である Levi-Faur（2012）では、Karl Marx が 1 箇所で現れるのみでまったく接点がない。また Bevir（2007）では、Marxism（Bevir 2007: 549-553）の項目が設けられているけれども、その記述はマルクス主義の一般的な概説と国家概念をめぐる道具主義説と構造主義説の説明、さらに 1960 年代末からの「マルクス主義・ルネサンス」とよばれた新たな理論探究の動向、そしてマルクス学派のグローバル・ガバナンス研究が述べられている。Bevir（2011）では Post-Marxism 派の研究動向（Bevir 2011: 55-57）が主に取り上げられている。したがっ

て、そこでは本章のような古典研究はみられない。ちなみにハーヴェイ（2012）は、参考文献までの明示はないけれども、「共産主義的仮説を復活させようとする今日の試みはたいてい、国家統制を拒絶し、生産と分配を組織するための基礎として、市場の力と資本蓄積に取って代わる別の形態の集団的な社会的組織を探究している。〔すなわち、そこでは〕垂直的な指令システムではなく、水平的なネットワーク型システム——自立的に組織された自己統治的な生産者と消費者の集合体同士のネットワーク——が、新しい形態の共産主義の中核に座ることが構想されている」（ハーヴェイ 2012: 280）という。

5 ちなみに実証主義と経験主義に基づく政治学では、大嶽（1978）の「権力＝影響力」論がその代表例であろう。これは政治過程分析に用いる基礎概念と概念枠組を考案する際に、そのキー概念に「影響力」を設定するものである。その定義はこうである。「主体Aと主体Bとの間において、相互の期待が一致していないとき、AによってBの行為が、Aの意思に添う方向、もしくはBがAの意思と判断する方向に変化する場合、AがBに影響を与えるといい、この変化の原因として、影響を与える可能性チャンスが存在していたとみなして、これを影響力と呼ぶ」（大嶽1978: 4-5）。具体的には、政治過程における大企業の役割に関する実証研究を進めるにあたって、まずこの「影響力」概念を端緒にしながら、次に一方でそれが「組織」に媒介されることで「（組織）権力」の発生を、他方でそれが制度化されることで「支配」関係を説明し、次のような説明モデルを提示する。それはある政治的リソースを持つ政治組織（A）が、政治権力を有する政治的支配組織に対して、政治的影響力を及ぼし、それを及ぼされた政治的支配組織は別の政治組織（B）に対して政治的支配を及ぼすことになるというものである（大嶽1978: 13）。したがって大嶽（1978）は資本主義生産様式を与件とせず、「主体Aと主体B」の関係性を「影響力」（事実、相関性）で表し、そしてそれに「組織」と「制度化」の契機を与えて「支配」関係の成立としてみる立場である。それに対して本章は、研究対象の与件として資本主義的生産様式を措定し、そこから資本家が自らの目的に従わせようと、賃金労働者にその意思の力（Macht・権力）が発動されていると読み取る立場（存在、規定・因果性）である。

6 藤田（1980: 154-69）の「社会的自治（自主管理）」の説明は、次のとおりヒエラルキー的・垂直関係を構成する官僚制に対する内外ほり崩し論の対抗的な構成部分として位置づけられ、そこでの位置づけからみて「社会的自治」は（それが組み込まれている）ガバメント概念の系譜にあるけれども、「ガバナンス・ガバメント並立」論へ、そして後述の「転化」による「ガバメント無きガバナンス」論への端緒的形態のように考えられるものであろう。まず「『官僚制』をほんとうにほり崩す」（藤田1980: 166）ために、「技術的・経済的・文化的諸条件の成熟」という「一般的な方向」（藤田1980: 166）性を指摘する。また、具体的に「後者〔執行＝行政機関〕の前者〔代表制機関〕からの自立化傾向」（藤田1980: 165）としての「『官僚制』の病理」（藤田1980: 165）に対しては、一

方で「代表制機関によるいわば上からの抑えこみの形態」(藤田 1980: 165，傍点は藤田)と「執行＝行政機関の活動に対する下からの統制・監督の形態」(藤田 1980: 165，傍点は藤田)による「いわば外からの『官僚制』の抑えこみの形態」(藤田 1980: 166)と、他方でたとえば①労働者評議会・地域コミューン評議会、②自発的社会団体の「〔国家機関の機能の〕自治的形態の先取り」(藤田 1980: 167)、③「できるだけ多くの人びとが交替で公共の事項の管理業務を引き受け」(藤田 1980: 169)ることによる「いわば内側からほり崩す方向」(藤田 1980: 166)として「社会的自治」強化・拡大論との両方から、官僚制に対する内外ほり崩し論を打ち出している。もちろん、そこには将来、「自治」のガバメント概念からガバナンス概念のそれへの「転化」、すなわち「ますます多くの人が自発的に共同事項の管理の活動に参加するようになればなるほど、特殊な国家管理機構は次第に社会的自治（自主管理）の組織に転化していく」(藤田 1980: 169)とし、「共産主義的諸関係一般の発展の展望につながる」(藤田 1980: 169)との評価がある。

7　大谷（2011: 68）には、執筆の時期が改めて記されていないようである。その点は佐藤（1971: 822）によれば、1865年1月～12月末にかけて執筆されたとの「推定」がなされている。

8　ちなみに大谷は、こうした新たな社会システムの構成要素を、①自由な諸個人のアソシエーション、②社会的労働と共同的労働、③生産過程の意識的計画的な制御、④社会的生産、⑤社会的所有、⑥個人的所有、⑦協同組合的な社会、にまとめている（大谷 2011，第1章）。

9　ちなみに重田（2013）は、ホッブズを、『リヴァイアサン』（1651年）で、「人と人とが関係を結び、約束を交わす、そのこと自体が生み出す力」（重田 2013: 86）による、政治社会の創出・維持を構想するアソシエーションの政治思想家とみている。

10　そうしたマルクスの理解の背景には、田畑（1998: 11）が指摘するとおり、ルソーの『社会契約論』におけるアソシアシオン論が、マルクスのアソシエーションへの注目の重要な契機となっていることがあげられる。その意味から、ルソーによる社会契約の意義についての、次の有名な主張は再読されるべきであろう。（自らと自らの権利の、共同体への全面的譲渡という理屈で）『各構成員の身体と財産を、共同の力のすべてをあげて守り保護するような、結合の一形式を見出すこと。そうしてそれによって各人が、すべての人々と結びつきながら、しかも自分自身にしか服従せず、以前と同じように自由であること。』これこそ根本的な問題であり、社会契約がそれに解決を与える」（第一編第六章）（ルソー 1954: 29）。そしてまた「この結合行為は、直ちに、各契約者の特殊な自己に代って、一つの精神的で集合的な団体をつくり出す」（第一編第六章）（ルソー 1954: 310）ものとなる。ただし後者の「団体」は、その後の記述内容からみて、いわゆる「政体」と呼ばれるものであり、今回、これが本章注29での議論と、どのように関連しうるものなのかどうかまでは検討できていな

い。また、マルクス自身が、ルソーの全面的譲渡論をどのように評価しているのかについても同様である（この点は、さしあたり長山（1987）や佐藤（2003: 13-14）には該当箇所はない）。ちなみに全面的譲渡論は、アルチュセール（2001）や渡辺（1974，1975，1976）・美馬（1975）・佐藤（2012）を参照した。

　なお福田歓一は『ルソー』（岩波現代文庫 2012 年）のなかで、一方で桑原・前川訳『社会契約論』（岩波文庫 1954）の「第三編第十章 政府の悪弊とその堕落の傾向について」に付されている「注」（pp.121-122）が述べるとおり、ローマでは「人民が単に主権者であったばかりでなく、行政官でもあり、裁判官でもあった」（p.122）が、それは「マルクスが『フランスの内乱』で記述したような、コミューンにおける人民権力のイメージ」（福田 2012: 230）と同じものだと指摘しながら、他方で『社会契約論』では「それ〔人民主権〕を立法権と等置して、執行権を担う政府の概念を別に立てた」（福田 2012: 229）ことから、結局「ルソーには〔先の人民権力のイメージが〕成り立ち得なかった」（福田 2012: 230）と明確に指摘している。ここで指摘すべきは、こうした福田の『フランスの内乱』の理解であり、後述の注 15 で触れる箇所を根拠とするものであれば、それは正しくはないであろう。

11　後藤洋はすでに 30 年余前に新 MEGA を利用して、『フランスの内乱』の背景等（一～三）および内容（四）を詳しく検討され、後藤（1984）にまとめられている。そして後藤（1984）では「マルクスはパリ・コミューンから新しい思想を自覚的にひきだした」（後藤 1984: 78）が、それは「各コミューンの自由と自治を組織的基盤とし、各地方の結合点をその地方の中心都市にもち、全国的な結合点をパリにもつ、民主主義的な制度に立脚する国家形態であり、労働者階級の、制度的、組織的手段にもとづく指導ではなしに、知的な指導によって、人民の自発的な力と創意性をひきだし、結合する、労働者階級の政府という思想」（後藤 1984: 78）であると結論づけている。これに対してさしあたり異論はないけれども、本章が関心をもって追究した研究成果（「5．おわりに」で述べる 3 点）に比べると、その成果が物足りないと思われる。とりわけ注目されていい、マルクスによる「コミューンが実際に発展させることができなかったコミューンの全国的組織に関する構想」（後藤 1984: 76）に関する言及がせっかくなされているにも関わらず、「J」の箇所から要約された 5 点（後藤 1984: 76）の指摘だけで、それ以上には何ら検討もされず、それに対する評価もマルクス自身の評価（「M」でいう「コミューンは共和制に、真に民主主義的な諸制度の基礎をあたえた」）で済まされている。また、後述の注 15 で取り上げる箇所の翻訳・理解についても従来のままで、「コミューン評議会は議会ふうの、つまり例えば議事日程や最良の憲法などについておしゃべりし、いたずらに熟慮をつみ重ねるような機関ではなく、同時に立法し執行する行動的な機関であった」（後藤 1984: 75）とされている。

12　当該呼びかけ文書は、『マルクス＝エンゲルス全集第 17 巻』の編集者注解「一九五」（pp.685-687）と同「三八一」（pp.726-727）によれば、3 月 18 日の革

命勃発後、1871年4月18日の総評議会会議でマルクスから提案され、マルクスに起草の委託がなされたものである。まず4月から5月にかけて第一草稿と第二草稿が書かれ、ここで検討する最終稿は5月30日に総評議会で承認されたものであるが、それはパリ陥落の2日後であった。ちなみにパリ・コミューンの与えた理論的インパクトに関して、柴田（1972: 46-47）は、「ザ・ワールド」紙の記者が書いた、（5月28日パリ陥落後にあった）第一インター創立7周年祝賀会（1871年9月25日）でのマルクスの演説記事に注目し、そのなかで『フランスの内乱』（草稿を含め）には述べられていない、「こうした変革が実現するのに先立って、プロレタリア独裁が必要となるであろう」（MEW 17: S.433）との発言から、ロンドン協議会（9月17日~22日）でのバクーニン派との対立のなかで、マルクスのバクーニンの連合主義批判によって一旦誕生していた「『内乱』の国家論」（柴田1972: 47）が後景に退き、『共産党宣言』以来のプロレタリア独裁論が再登場したとみている。ここで、プロレタリア独裁論は階級国家論から国家死滅論（withering away）へ、またパリ・コミューンは自律国家論（autonomous state）から国家廃止論（abolition）へと、それぞれを媒介してコミュニズムに至るとする理論モデルを示す論者がいるけれども、その彼によればマルクスは両モデルについての明確な定式化まではしなかったと指摘している（Levin 1989: 122-129）。

13　歴史家のフュレは、マルクスの『フランスの内乱』が『フランスにおける階級闘争: 1848年から1850年まで』（1850）と『ルイ・ボナパルトのブリューメル18日』（1852）と共に、「他の作品には見られない緊張感」（フュレ2008: 106）があると指摘している。その理由は、「一八四五年から一八五〇年にかけてフランス革命を論じたときのようにそれらを史的唯物論の抽象的独断によって片づけてしまうにはあまりにその詳細を知りすぎていた」（フュレ2008: 105-106）ことから、マルクスに「現在をどう解釈するかは革命的行為と切り離すことができない」（フュレ2008: 106）ほどの「緊張感」（フュレ2008: 106）を生じさせていたからであるという。

14　本章は例えばSchulkind（1971: 35-36）のいう、マルクスの見解であるとしても、一次資料の厳密な検討に基づかないものは価値がないという立場があることは承知している（注24の田中［1998: 425］も参照）。それはそうであるけれども、本章の一義的な目的が、マルクス自身の理論的思索自体を検討することから、その範囲内で可能な検討をすればいいのではないかと考えている。ちなみに木下半治（1952）の利用にあたっては、こうした史実とマルクスの見解の異同を考慮する必要がある。さもないと村山（1973）のように、一方で『フランスの内乱』を章ごとに要約し、そのなかに本章の注目する箇所である「このような〔コミューンは代議体ではなく、執行権であって同時に立法権を兼ねた、行動体であった〕政体は直接民主制の発露をうながすための必要条件を充たすものとなろう。しかしコミューンの存在は、『ただに市政ばかりでなく、今日まで国家によって行使されてきた全発意権イニシアテイーブが、コミュー

ンの手中におかれた（ママ）（12）」ことによって特徴づけられる」（村山 1973: 58）と述べながら、他方で実際の「コミューン型国家」については、「コミューンは中世にはじまる"都市自治体"の再版として、フランスからあたかも独立した都市国家としての存在とみられることを否定し、同時に帝政的中央集権国家を否定しつつも、単なる地方分権主義を説くのではなく国家の集権的性格をも合わせとりあげている（29）」（村山 1973: 64）として、その注（29）にパリ・コミューン資料文書集のなかの「コミューン選挙の前」（木下〔1952: 211-215〕）をあげて理解しており、両者を一体的に理解してしまっている。

15 下線の訳文は本文どおりに変更した。また当該箇所の原文は、The Commune was to be a working, not a parliamentary, body, executive and legislative at the same time. である。このような訳文での理解は、すでに長谷川正安が指摘していたことである。彼は、「マルクスは、コミューンを『議会のような』おしゃべりの機関ではなく、行動する機関だとのべているが、それは、コミューンが民主的な選挙によってえらばれた代議制の機関だということを否定しているわけではない」（長谷川 1972: 77）とする。また彼は史実としても、「コンミューンを代議制とおさえたうえで、その審議・機能・組織における大衆参加の特色を注目すべき」（長谷川 1972: 78）だとして、「コンミューンを代議制の否定、直接民主制のストレートの表現とみる若干の日本での最近の風潮は、史実を無視している」（長谷川 1972: 78）と批判する（長谷川 1991: 130 も参照）。いずれにしろ、コミューンは政府であるので、「立法・司法・行政の三権の総体」（西尾勝 1990a: 396）として一応考えられるであろう。

ちなみに、これまでの訳文は次のとおりである。山本美編『改造社版マルクス＝エンゲルス全集（第 7 巻ノ三）』（改造社 1929 年）では「コミューンは、議會的團體ではなくて、執行部にして同時に立法部たる行動團體であつた。」（山川均訳 p.237）。山川均訳『フランスの内亂』（彰考書院 1948 年）では「コンミュンは議院的の集團ではなくて、執行部にして同時に立法部たる行動的の集團であつた。」（p.86）。マルクス＝エンゲルス選集刊行会編『第一インタナショナル（第 11 巻下）』（大月書店 1951 年）では、「コミューンは、議会のような團体ではなくて、同時に行政府であり立法府であるひとつの行動体たるべきものであった。」（訳者不明 p.328）である。木下半治訳『フランスの内乱』（岩波文庫 1952 年）では、「コミューンは、代議體(2)ではなく、執行権であって同時に立法権を兼ねた、行動體(2)であった。」（95 頁、(2) a working, not a parliamentary body.）。大内兵衛・細川嘉六監訳『マルクス＝エンゲルス全集（第 17 巻）』（大月書店 1966 年）では、「コミューンは、議会ふうの機関ではなくて、同時に執行し立法する行動的機関でなければならなかった。」（村田陽一訳 p.315）である（同左は柳〔1973: 121-122〕である）。辰巳ほか訳『マルクス・コレクションⅣ フランスの内乱／ゴータ綱領批判／時局論』（筑摩書房 2005）では、「コミューンは、議会的組織ではなく、同時に行政と立法の機能を果たす活動的組織でなければならなかった。」（辰巳伸知訳 p.32）である。

16　最近の発議権に関する研究には、小林（2010a, 2010b）や矢部（2011）がある。ちなみに、前者では「イニシアティブ・レファレンダム自動的非直接連動型」を、「直接民主主義制度における最高形態」であるとし、「間接民主主義を補完しながら、全体として民主主義体制を強固かつ豊穣なものとしていくための制度」であると評価する（小林 2010b: 344）。

17　坂本忠次は、Ⅰの箇所の記述を、マルクスの民主的地方自治論として理解している。つまりコミューンにおいて、①普通選挙によって選ばれる市会議員が選挙人への責任を持たされかつ彼らから解任される箇所から住民自治、②議会ふうの機関でなくて執行・立法する行動機関であり、中央政府の下からコミューンのそれに置かれる警察・吏員の箇所から統治の性格、③公務員の労働者なみの賃金の箇所から民主的能率性、④公職と発議権のコミューンへの移譲の箇所から団体自治権、について指摘して、マルクスから「国家権力をめぐる民主主義的中央集権体制のもとでの民主的地方自治の役割が大きく評価されている」（坂本 1979: 172、傍点は坂本）としている。

18　辻村みよ子はマルクスの念頭にあったと思われる, フランス革命期における命令委任の議論を検討し、「『人民（＝ peuple）主権』立場にたった『命令的委任』の制度」（辻村 1977: 93）の実現にむけ、次の3点を「示唆」（辻村 1977: 93）している。それは、「①人民の主権行使を実施するセクション（選挙区）における完全な自治原則の確立、およびセクション間の平等と均一性の上に成立した全国的自治制度の確立、②セクションにおける主権者集会の常設すなわち恒常的な市民的政治基盤の確立、およびそれを支える市民の政治的成熟──が最低限必要である、ということ」（辻村 1977: 93）である。ただし辻村の当時の議論では、中央政府を含む国レベルのガバニングのあり方までの言及はなかったが、辻村の『フランス革命の憲法理論: 近代憲法とジャコバン主義』（日本評論社, 1989）では、注記（〔14〕, p.371）で井上すゞの指摘する「セクションの自治を基礎とする中央委員会方式」（井上 1972: 152）と杉原泰雄からのそれへの批判（杉原 1978、「(2)『命令的委任案』の想定する国家構造: 井上氏により『命令的委任案』の理解にふれて」pp.54-65）を背景にしつつ、本文では Jean Varlet の『特別の命令的委任に関する草案』（1792）の特徴を「セクション中心主義」（辻村 1989: 367）としておさえ、これを「主権の行使の態様であると同時に、主権行使を現実化するための国家機構そのものに係わ」（辻村 1989: 367、傍点は引用者）るものと理解している。ちなみに結城洋一郎の場合は、命令的委任の法学的・社会学的政治的否定論への反論等について重要な示唆を与えてくれているけれども、「命令的委任の実現可能な現実的形態」（結城 1977: 103）の検討はまだ残されている。最後に、今日的課題としても、宮沢俊義「国民代表の概念」に係わっての長谷部恭男の命令委任に関する検討があることを承知している（長谷部 2013: 97 以降）。

19　コルシュ（1979: 162-164）が、一方でパリ・コミューンのもつ連合主義的反中央集権的性格だとして、当該本文中の②と③を正確に指摘している点に注

目したい。しかし他方で、コルシュが、『フランスの内乱』自体からではなく、第一インター内でのマルクスの他党派に対する「党派的底意」（コルシュ 1979: 163）から、マルクスがこの性格を「否定」（コルシュ 1979: 163）したとみている。そして結局、『フランスの内乱』を、「古典的歴史記録として見るだけでなく、身近な敵への、マルクスの党派的論難書としても考えなくてはならない」（コルシュ 1979: 162、傍点はコルシュ）とまで言い切る。またベルンシュタインは、このＪのなかの「国民の統一は～返還されるはずであった。」とそれに続く一文、および後のＫのなかの「近代的国家権力を打ち砕くこの新しいコミューン（国家権力に対するコミューンの対立、ベルンシュタインの引用文）は社会の身体に返還したことであろう。」とそれに続く一文を示しながら、こう述べる。「同書〔『フランスにおける内乱』〕をひもといて問題の節（すなわち第三節）を読んでみると、われわれは、その政治的内容よりすれば本質的な特徴のすべてにおいて連邦主義――しかも、プルードンのそれ――とこのうえもない類似性を示すひとつの綱領が展開されているのに気づく。」（ベルンシュタイン 1974: 201）。

20　村田陽一がマルクスの批判する「中央集権制に反対する地方分権主義的傾向」として考えている見解は、次のミハイル・バクーニンのそれ（一例として）であろう。「未来の社会組織は生ずる組合アソシアシオンにはじまり、ついで市町村コミューン、地方、全国に広がり、最後に偉大な国際的、世界的連邦のなかにおける労働者の自由な提携と連合によってもっぱら下から上へと作られるものでなければならない。その時にはじめて自由と全体の幸福の生き生きとした本当の秩序が実現するであろう。」（バクーニン 1973: 158）。

21　この点に関して、マルクスの記述をもう少し紹介しておきたい。「一言でいえば、あらゆる公的機能は、今後も中央政府に属するであろうし少数の機能でさえ、コミューンの官吏〔communal agents〕によって、従ってコミューンの監督〔the control of the commune〕のもとに執行されるはずであった。中央の諸機能――人民のうえに立つ政治権力〔governmental authority over people〕のそれではなくて、国の一般的な、共通の欲求〔the general and common wants of the country〕によって必要とされる諸機能――が不可能になるであろうというのは、ばかげた言い分のひとつである。これらの機能は今後も存続するであろうが、職員自身は、古い政府機構〔the old governmental machinery〕の場合のように、現実の社会のうえに立つこと〔over real society〕はできないであろう。というのは、これらの機能はコミューンの吏員〔communal agents〕によって、従ってつねに現実の監督のもと〔under real control〕に執行されるはずだからである。公的機能は、中央政府〔a central government〕がその手先〔tools〕に授ける私有財産ではなくなるであろう。」（『フランスの内乱［第２草稿］』MEW 17: 596，MEGA I-22: 105-106）。

22　Ｊで述べるマルクスの構想には、すでにフランス革命期において本章注 18 で触れた Varlet の「社会状態における人権の厳粛な宣言」（1793）の第 23

条、および中心で活躍したドロワ・ド・ロム（Droit de l'homme）のセクションの呼びかけ（1793年3月27日）による「人民の保護のもとで諸県と連携する公安中央委員会」（Comité centrale de salut public, coreespondant avec les départements sous la sauvegrade du peuple）の結成が、その先行事例としてあるだろう。まず第23条には、「……諸セクションは、内容を明示した委任状を携えた議員を派遣する。集合したその代理人たちは、自己の委任者の意図を開示し、彼らに法案を作成し提示する。多数がこれを承認すれば、その基本協約が、社会契約と呼ばれる一つのまとまりとなる」（辻村1989: 424、下線部分は原文では大文字である）と記されている。また27のセクションから委員が派遣された同委員会の結成であるが、井上すゞのように「たんにパリのセクション連合としての中央委員会であるにとどまらず全国的規模に目標が拡大され、水平的関係で諸県と連合することによって成り立つ権力、民衆的フェデラリズムの志向」（井上1972: 153）があるとしてガバナンス的に理解する場合と、杉原泰雄の紹介するBaréreの同中央委員会に対する新しい専制だとする批判（杉原1978: 89-90）とこれへの「なかば本質を見抜いた批判」（杉原1978: 89）だとして肯定的に評価する場合とがある。なおこうした杉原の理解には、ガバメント的なそれが前提にあるのではないか思われる（堀2015: 298-303）。

23　最近の成果である森（2014: 109-111）は、「パリ・コミューンとマルクス主義」の項において、ここで関係する箇所として、こう述べる。マルクスは『フランスの内乱』のなかで、「コミューンとは帝政の反対物であり、『社会的な共和制の積極的な形態』（Marx 1962: 338＝三一五）であると特徴付ける。コミューンは、寄生態である国家に吸収されていた力を社会の身体に返還した、とも言われる。命令委任（mandat imperatif）への議員の拘束、代表者の労働者並賃金、いつでも解任可能であることなどが、この政治形態の新しさとして列挙される。」（森2014: 110）（そもそも「パリ・コミューンの命令委任も、直接立法の思想も、すでに二月革命のさいに存在していた考え方である」（森2014: 111）が）。この説明は、『フランスの内乱』自体の検討に多く紙幅を割くものではないとはいえ、本章の研究成果からみれば、マルクスの分析した「この政治形態の新しさ」を説明しきれていないと思われる。ちなみに、過去から同様の指摘が、例えば田口（1971: 190）の政治形態としてのコミューン論や福井（1993: 672-675）の「パリ・コミューンで見出された新たなプロレタリアート権力」の特質論としてなされてきていた。ところでJessop（1982＝1983: 訳本36-37）でも『フランスの内乱』の第1稿（特にMEW 17: 536-544）に言及し、「この決定的な著作は道具主義的な暗喩に満ちているけれども、その基本的な推進力は強度に反道具主義的である」（1982＝1983: 訳本37）との評価を示しているけれども、当該の本文で示す研究成果を共有するものではないようである。

24　小松善雄の場合、「パリ・コミューン期の移行過程論」を, 「フランスの内乱」とともに多くの一次文献で詳細に論じ、コミューンのアソシエーション社会主義を明らかにしようと努めているけれども、本章が把握しようとするガバナン

ス構想に関心が向かないようで、「コミューン政府」(小松 2008: 30) や「コミューン国家」(小松 2008: 68) が簡単に使用されている。藤田 (1999: 125-126) の場合は、マルクスのパリ・コミューン理解 (「『フランスにおける内乱』[草稿を含む]」[藤田 1999: 125]) について、このように述べる。「ここ〔MEW 17: 312 頁以下〕で語られている普通選挙制や命令委任制度などは、マルクスがゴータ綱領について『ブルジョワ的』水準として批判したそれらとは異なるものとみられた。なぜならば、『労働者階級は、できあいの国家機構をそのまま掌握して、自分自身の目的のために行使することはできない』(⑰ 312 頁) が、コミューンはできあいの国家とは質的に区別されるもの、それの否定形態であって、その意味で『国家そのものに対する、社会のこの超自然的な奇形児に対する革命』(⑰ 513 頁) として意味づけられるものであり、その意味で『ブルジョワ的水準』を超えるものとしてとられたからである」(藤田 1999: 125)。そして、「ここには、『プロレタリアートの革命的独裁』の政治形態についてマルクスが到達した見解が示されているといってよい」(藤田 1999: 125) と評価している。この点、ちなみに田中正人では、マルクスのパリ・コミューン理解 (田中 1998: 424-425) について、前述のⅠの箇所の「コミューン議員の大多数は、当然に、労働者か、労働者階級の公認の代表者」であることや、「階級的所有権の廃止……中産階級の大部分による支持、農民の抱くはずの『希望』」についてのマルクスの指摘に触れながら、マルクスにとって「パリ・コミューンが『真実に国民的』な政府であると同時に労働者的でもあった」(田中 1998: 425) ことをもって、「コミューン=労働者政府論」だとしている。また同時に田中 (1998: 425) は、Rougerie などの研究成果をもとに、こうしたマルクスの見解が必ずしも歴史的事実を正確に記述していない点を踏まえて、「現実のパリ・コミューンが何であったかについての遺言的解釈であった」(田中 1998: 425) という。

25 サンデル (2010, 2011〔1996〕) も「自己統治 (self-government)」に関心をもち、第 7 章のタイトルにも「共同体、自己統治、革新主義的改革」(サンデル下巻 2011) を取り上げている。彼の場合、その定義は「自ら運命を司る政治的共同体に構成員として属し、かつその共同体の様々な事柄を律する諸決定に加わる」(サンデル上巻 2010: 訳本 30) ことである。またその「自己統治」の内容は「公民的徳」によって支えられていて、その「公民的徳」を通じて「人間の自由」と内在的に関係しているとする (サンデル上巻 2010: 訳本 30)。ただしサンデル (2010, 2011〔1996〕) で展開する彼の政治哲学にとって、「自己統治」の概念自体が、それ以上に掘り下げられる位置づけではないことに留意したい。

26 ちなみに松田 (2003: 167-173) では、グラムシの考える将来社会像 (Societa regolata) が、「マルクスの知的独創性に関連する『国家の死滅』テーゼの再検討〔例えば注 12 の Levin 1989 の指摘〕を含む『政治社会の市民社会への再吸収』『自己規律的・自己統治的社会』」(松田 2003b: 168) であることを明らかにし、こうしたグラムシの理論的展望が「二一世紀においても分権的・非権威主義的将来社会像および社会変革の展望形成において持続的な知的・理論的参照点と

なる」（松田 2003: 170）ことを強調している。

27　ニコス・プーランツァス（1936-79）が、マルクスの 19 世紀後半期の構想であるところの、この基本構想を知っていたならば、生前最後の著書である『国家・権力・社会主義』（ユニテ 1984〔1978〕）で指摘していた「脱け出さねばならないディレンマ」（プーランツァス 1984: 291）だとする、次の社会主義への民主主義的進路の問題に関する認識が変ったものとなっていたかどうかに、どうしても関心が向ってしまう。なぜならば彼は、「現存の国家を正常な状態で維持し、二義的な変化を加えた上で代議制民主主義のみに執着する——これは社会民主主義的国家至上主義およびいわゆる自由主義的議会主義へと行き着く——か、それとも、下部における直接民主主義あるいは自主管理的運動にのみ依拠する——これは遅かれ早かれ必然的に国家至上主義的専制あるいは専門家による独裁へと行き着く——か、の間のディレンマ」（プーランツァス 1984: 291）を、そこにみていたからである。そして彼はこの隘路の突破を、「代議制民主主義の変革の過程と、下部における直接民主主義の諸形態ないし自主管理運動の発展の過程との連携」（プーランツァス 1984: 297）に求めつつも、同時にこの進路にもその裏側に、「ブルジャワジーの反動」と、この「二つの過程の連携の諸形態」（プーランツァス 1984: 301、傍点は原文）をめぐる「新しい問題」（プーランツァス 1984: 301）とが待ち受けているとみている。結局のところ彼は社会主義への民主主義的進路の問題に、「解答は未だ存在」（プーランツァス 1984: 303）せず、「危険のない王道」（プーランツァス 1984: 301）もないと断言するのである。

28　メタガバナンスについては、すでに参考文献として堀（2011 a）、具体的にはそのなかの「4. メタガバナンス論」を示しているけれども、当然のことながら、「ガバメント無きガバナンス」論に向けたメタガバナンスの議論を旺盛に行なう必要がある。なお既にスポーツ・ガバナンスのメタガバナンスと、具体的なメタガバナーの想定については述べてある（本書 pp.151-152）。

29　スイス連邦（仏語名: Confédération Suisse）は 1847 年の連邦憲法では国家連合（confédération）の性格をもっていたことから、ピエール J. プルードンは『連合の原理』（1971〔1863〕）のなかで、このように述べていた。「連邦は明らかに国家ではない。これは相互保証の協定によって団結した、独立した主権国家のグループである。（中略）／スイスでは連邦当局は、二十二の民衆から選出された議会と、議会によって任命された七名からなる執行評議会とで構成されている。議会と連邦評議会のメンバーの任期は三年である。（中略）各メンバーは解任しうるし、彼らの権限は取り消しうるし、彼らの権限は取消しうる。従って連邦の権力は、語のあらゆる意味において、選挙人の手中にある代理人なのであり、その権力は選挙人の意のままに変化する」（プルードン 1971〔1863〕: 374）。なお河村（1934）、西川（1974）、関根（1999）、ボ（2015）も参照した。ちなみにフランス革命期ではあるが、先の注（18）のなかで触れた杉原（1978）の「(2)『命令的委任案』の想定する国家構造: 井上氏により『命

令的委任案』の理解にふれて」で、杉原は井上の指摘する「民衆的フェデラリズム」が、「諸セクシオンの集合体としてのフランス（中略）は、一つの『国家連合 confédération』〔「連邦 fédération」ではない〕として、統一的国家意思形成機能を欠くことにならざるをえない」（杉原 1978: 58-59）との指摘を、機能欠如の理由を述べないままでなされている。したがって、ここから考えると堀（2015: 298-303）で検討した杉原の議論は、この時期の国家連合への評価から、すでに始まっていることになる。ところで現代においても、佐藤竺『ベルギーの連邦化と地域主義: 連邦・共同体・地域圏の並存と地方自治の変貌』（敬文堂、2016 年）から重要な示唆を得ることができる。

30　森（2014: 109-111）は、同じく「パリ・コミューンとマルクス主義」の項において、「マルクスの政治観がそのままロシアのボルシェヴィキによって適用されたというわけではない。そうするには、マルクス自身の政治についての考え方には、あまりに多くの曖昧さが存在した。しかし、そのような傾向を生みだす原因がマルクス自身にも存在したことは否定できない」（森 2014: 111）と指摘する。このような評価が先行研究の一部にあることは承知しているけれども、本章はマルクスの政治観が、本文中の『共産党宣言』の箇所で述べている「階級差異の消滅→公権力の政治的性格の喪失」の理解で一貫していると考えている。また「曖昧さ」があるとされる部分がその政治観を具体化する実践的場面であるとすれば、その「曖昧さ」が、この本文の当該センテンスで述べる研究方法を困難なものにするとまで考えているわけではない。

31　水田洋は、直接民主制で全員参加制の理想形態だといわれるコミューンに関して、「コンミューンは幻想となった」（水田 1969: 100-102）と断言している。その理由はこうである。「近代社会は、量的にも質的にも、コミューンを全面的にうけいれることはできない。コミューンは、原理としてすなわち思想として、あるいは、量的または質的に限定された局面で、存在しうるにすぎないのである。すでに、中世の都市においてさえ、コンミューン（中略）は、擬制であった。近代社会においては、幻想である。幻想だからといって無意味なわけではない。それは原理として、近代民主主義の（略）人間疎外的傾向を、批判し規制する力をもつ。（中略）しかし、それが純粋原理のままで、<u>現実化されるならば、有害である</u>。小集団においてしか、あるいは限定された事がらについてしか、なりたちえない諸個人の一体性を、たとえば、人類の名において、その集団の外にいる人間、限定の外にある事がらに、おしつけることになるからである。全体主義、ファシズムへの危険さえ、そこにはひそんでいる」（水田 1969: 100-101, 下線は引用者）。したがって、今後の具体的な探究作業にあたっては、この水田の警句を念頭におかなければならないと考える。なお、大石（1996: 26）は、民主制を、「統治する側と統治される側との間に、意思の合致または自同性（アイデンティティ）」の原理に基づく自律主義を「権力の組織原理とする国家形体」であるとし、この原理の徹底した「形」を「いわゆる純粋民主制の理念」（傍点は引用者）であるとしているけれども、この「いわゆる純粋民主制」が本章

のいう「真の自己統治」に十分に該当するものであろう。そしてまた、「それ〔純粋民主制〕が通常の政治的共同体として実行可能なものであるかどうかは、大いに問題である」との指摘だけがなされるけれども、ここでは承知しておくだけにしておきたい。

32　堀（2007: 24）では「ガバナンス」を、概念イメージ図（図序 -1）を使って、「基本としては、やはり水平軸に沿って描かれる楕円形」とだけ説明していたけれども、本章の研究成果を踏まえれば、次のように説明できるだろう。すなわち「ガバナンス」の概念イメージを支える水平軸の性格は、「生産者の自治に基づく国民・国(ネイション)の統一性」であり、かつ「その統一性の社会的生産に対する共同作因性」である。これらは、たとえば Jessop（2014）が、ガバナンスのあり方を、サイバネティックスやオートポイエーシスの諸理論で使われている「ヘテラルキー（heterarchy）」（= 水平型自己組織的ネットワークの諸調整モード: Jessop の定義）で特徴づけている（Torfing 2011: 1030 も参照）なかにおいて、そのヘテラルキー自体を根拠づける存在であると考えられる。もちろんこれ以上は、今後の課題としたい。ちなみに上田（2014）は、堀（2007: 24）の概念イメージ図にある「軸」を、「力の大きさ」と「方向」からなる関係構造のベクトルに読み替え、さらにそれを三次元分析概念へと発展させている。

　なおここで、「水平軸」のイメージについては、あわせてキーン（2013〔2009〕: ii）が、デモクラシーを「人びとの現実感覚を形づくる想像力の飛躍——架空の地平（ホライズン）——が育む、ユニークな政治形態」と表現し、そこに市民の「自己統治力」の保持を語っていること、あるいは丸山眞男でいえば「自律的な個人と個人とが横につながって社会とかアソシエイションを作っていく」（丸山 2014〔1959〕: 429）、「結局人間と人間との結合で〔制度〕を作っていく」（丸山 2014〔1959〕: 430）ことにも注目しておきたい。

33　岡田（2016）によって、隣接する行政法学においてもネットワーク概念への注目が始まっていることがわかる。「『ネットワーク状の権力』を水平的で分権型の法関係に組み替えていくための仕組み」（岡田 2016: 371）づくりを検討課題にしているけれども、これは本書が今後の研究課題とすべきものである。

参考文献

縣公一郎・藤井浩司（2016）編『ダイバーシティ時代の行政学』早稲田大学出版部。

明田ゆかり（2009）「EUにおける市民社会概念とガヴァナンスの交差: 市民社会対話は何をもたらしたか」田中俊郎・庄司克宏・浅見政江編『EUのガヴァナンスと政策形成』慶応義塾大学出版会。

足立忠夫（1992a）『新訂・行政学』日本評論社。

足立忠夫（1992b）「今はむかし: 私の行政研究の回顧（一）」「地方自治職員研修」1992年12月号。

有井行夫（2010）『マルクスはいかに考えたか: 資本の現象学』桜井書店。

アルチュセール，ルイ（2001）〔1967、カッコ内は原典の刊行年、以下同様〕「『社会契約』について」アルチュセール，ルイ，福井和美訳『マキャベリの孤独』藤原書房。

石井伸男（2003）「＜社会的＞解放か，＜政治的＞解放か？: カール・マルクスVSハンナ・アーレント」吉田傑俊，佐藤和夫，尾関周二編『アーレントとマルクス』大月書店。

石田徹（1991）『自由民士主義体制分析: 多元主義・コーポラティズム・デュアリズム』法律文化社。

石田徹・伊藤恭彦・上田道明（2016）編『ローカル・ガバナンスとデモクラシー: 地方自治の新たなかたち』法律文化社。

石田道彦（1999）「社会福祉事業における第三者評価の意義と課題」「季刊 社会保障研究」Vol. 35, No. 3。

一瀬智司（1988）『日本の公経営: その理論と実証』ぎょうせい。

井出嘉憲・西尾勝・村松岐夫（1996）「行政学を考える」「自治研究」53巻2号。

伊藤大一（1996）「書評 西尾勝・村松岐夫編『講座行政学』を読んで」『年報行政研究 31 分権改革: その特質と課題』ぎょうせい。

伊藤正次（2002）「教育委員会」松下・新藤編『自治体構想4 機構』岩波書店。

伊藤正次（2003）『日本型行政委員会制度の形成: 組織と制度の行政史』東京大学出版会。

伊藤正次（2006a）「教育委員会制度改革の視座と展望: 教育委員会必置論を超えて」「国際文化研修」52号。

伊藤正次（2006b）「教育委員会制度改革の構想と設計」「自治フォーラム」Vol.562。

伊藤正次（2007）「首長制の責任領域の拡大が問われる: 行政委員会制度改革の視点」「都市問題」98巻第7号。

伊東光晴ほか（1973-74）編『岩波講座 現代都市政策（全11巻・別巻）』岩波書店。

猪口孝（2011）『実証政治学構築への道』ミネルヴァ書房。

猪口孝（2012）『ガバナンス』東京大学出版会。

井上すゞ（1972）『ジャコバン独裁の政治構造』御茶の水書房。

今里滋（1983）「現代アメリカ行政学の展開とその『一体性の危機』（二・完）」「法政研究」50巻第2号。

今里滋（2001）「行政学のアイデンティティ」『年報行政研究 36 日本の行政学: 過去、現在、未来』ぎょうせい。
今里滋（2011）「行政学と行政学研究: アイデンティティ，制度化，標準化」日本行政学会編『年報行政研究 46 行政研究のネクスト・ステージ』ぎょうせい。
今村都南雄（1978）『組織と行政』東京大学出版会。
今村都南雄（1983）「アメリカ行政学の受けとめ方」『年報行政研究 17 行政学の現状と課題』ぎょうせい。
今村都南雄（1998）『行政学のパースペクティブ:「基礎理論」案内』地方自治総合研究所。
今村都南雄（2009）『ガバナンスの探究: 蝋山政道を読む』勁草書房。
今村都南雄・武藤博己・沼田良・佐藤克廣・南島和久（2015）『ホーンブック 基礎行政学 [第 3 版]』北樹出版。
岩尾裕純（1974）「『国立私学』を提言する」有倉遼吉・土橋寛編『私立大学の危機: 研究・教育と財政』時事通信社。
岩崎正洋（2011）編『ガバナンス論の現在』勁草書房。
ウィトゲンシュタイン, ルートヴィヒ（1975）〔1958〕大森荘蔵・杖下隆英訳『青色本・茶色本他（ウィトゲンシュタイン全集 6）』大修館書店。
ウィトゲンシュタイン, ルートヴィヒ（1976）〔1953〕藤本隆志訳『哲学探究（ウィトゲンシュタイン全集 8）』大修館書店。
牛山久仁彦（2013）「自治」石塚正英・柴田隆行監修『哲学・思想翻訳語辞典【増補版】』論創社。
上田滋夢（2014）「スポーツにおけるガバナンスの視座: EU と UEFA の関係構造にみられる三次元分析概念の考察」「立命館産業社会論集」50 巻 1 号。
上原専祿（1949）「大学自治の理念」『大学論』毎日新聞社（『日本現代教育基本文献叢書・戦後教育改革構想　II 期　11　大学論』日本図書センター、2001 年）。
上山信一（2004）「ニュー・パブリック・マネジメント（NPM）とわが国の行政学: 行政学のバージョンアップに向けて」『年報行政研究 39 ガバナンス論と行政学』ぎょうせい。
江川雅司（1984）「シャウプ勧告と地方財政調整制度」吉岡健次・兼村高文・江川雅司『シャウプ勧告の研究: シャウプ使節団日本税制報告書収録』時潮社。
OECD 教育調査団（1972）〔1971〕編『日本の教育政策』朝日新聞社（寺﨑昌男責任編集『日本現代教育基本文献叢書　戦後教育改革構想 II 期 19 日本の教育政策』日本図書センター、2001）。
大石眞（1996）『立憲民主主義: 憲法のファンダメンタルズ』信山社。
大住荘四郎（2002）『パブリック・マネジメント: 戦略行政への理論と実践』日本評論社。
大嶽秀夫（1978）「現代政治における大企業の影響力（1）」「国家学会雑誌」91 巻 5・6 号。
大西均（1998）「『さわやか運動』と『行政システム改革』: 三重県のめざす行政改革」

「季刊 行政管理研究」No.81。
大谷禎之介（2011）『マルクスのアソシエーション論』桜井書店。
大藪龍介（1998）「代表制と派遣制」マルクス・カテゴリー事典編集委員会編『マルクス・カテゴリー事典』青木書店。
大山耕輔（2001）「イギリス自治体におけるガバナンス」「月刊自治研」502号。
大山耕輔（2010）『公共ガバナンス』ミネルヴァ書房。
大山耕輔（2011）編『比較ガバナンス』おうふう。
岡田正則（2016）「グローバル化と現代行政法」岡田ほか編『現代行政法講座 I 現代行政法の基礎理論』日本評論社。
小田滋・神谷宗之介（2007）「国際スポーツ仲裁に関わって12年」「法の支配」147号。
小野耕二（2000）「日本における政治理論・比較政治の意義と課題（報告要旨）」『2000年度日本政治学会研究会報告要旨』（日本政治学会、2000年10月8日）。
小渕内閣（1999）「国立大学教官等の民間企業役員兼業に関する対応方針について」「閣議了解」（1999年11月30日）。
大蔵省主税局（1949）編「シャウプ勧告書の詳解」『財政』（財団法人大蔵財務協会、1949年9月25日）（復刻、吉岡健次・兼村高文・江川雅司『シャウプ勧告の研究: シャウプ使節団日本税制報告書収録』時潮社、1984）。
大崎 仁（1988）編『戦後大学史: 戦後の大学と新制大学の成立』第一法規出版。
大野正男（1970）編『講座 現代の弁護士2 弁護士の団体』日本評論社。
大森彌（1987）『自治体行政学入門』良書普及会。
大森彌（1990）『自治体行政と住民の「元気」: 続・自治体行政学入門』良書普及会。
大森彌（1994）『自治体職員論: 能力・人事・研修』良書普及会。
大森彌（2008）『変化に挑戦する自治体: 希望の自治体行政学』第一法規。
大森彌（2011）『政権交代と自治の潮流: 続・希望の自治体行政学』第一法規。
大森彌（2015）『自治体職員再論: 人口減少時代を生き抜く』ぎょうせい。
岡部史郎（1957）『行政管理論』良書普及会。
岡部史郎（1967）『行政管理』有斐閣。
風間規男（2007）編『行政学の基礎』一藝社。
小原正治（1954）「大学法案の推移」「レファレンス」44号。
重田園江（2013）『社会契約論: ホッブス, ヒューム, ルソー, ロールズ』ちくま新書。
海後宗臣（1971）「CIEと軍事法廷での証言」『教育学50年』評論社。
海後宗臣・寺崎昌男（1969）「大学管理制度」『戦後日本の教育改革9 大学教育』東京大学出版会。
片岡寛光（1983）「行政学の現状と課題: 諸外国の動向と行政理論の試み」『年報行政研究17 行政学の現状と課題』ぎょうせい。
片岡寛光（2004）「公・民・シビック部門が力を合わせ問題解決: 片岡寛光・大学院公共経営研究科委員長に聞く」「早稲田パブリックマネジメント」1号。
加藤一明（1996）「書評 西尾・村松編『講座 行政学』」『年報行政研究31 分権改革: その特質と課題』ぎょうせい。

加藤一明・加藤芳太郎・佐藤竺・渡辺保男（1966）『行政学入門』有斐閣。
金井利之（2010）『実践自治体行政学: 自治基本条例・総合計画・行政改革・行政評価』第一法規。
金子武嗣（2014）『私たちはこれから何をすべきなのか: 未来の弁護士像』日本評論社。
兼子一・竹下守夫（1999）『弁護士法〔第四版〕（法律学全集34）』有斐閣。
川中二講（1967）『行政管理概論』未来社。
河村又介（1934）『直接民主政治』日本評論社。
木下半治（1952）訳, マルクス著『フランスの内乱』岩波文庫。
行政改革会議事務局OB会（1998）編『21世紀の日本の行政』行政管理研究センター。
行政管理研究会（1961）編『行政管理と経営管理』有信堂。
行政管理研究センター（1997）『英国におけるエージェンシー制度の実情－武藤嘉文総務庁長官英国行政改革実情調査結果報告－』行政管理研究センター。
キーン, ジョン（2013）〔2009〕「日本の読者へ」森本醇訳『デモクラシーの生と死（上）』みすず書房。
久保はるか（2000）「2000年度日本行政学会総会・研究会報告」「季刊 行政管理研究」No.90。
熊沢誠（2000）『女性労働と企業社会』岩波新書。
慶応義塾（2012）「三田評論」1156号。
国立国語研究所「外来語」委員会（2006）『「外来語」言い換え提案［総集編］』国立国語研究所 http://www.ninjal.ac.jp/gairaigo/Teian1_4/iikae_teian1_4.pdf（閲覧日2013年9月14日）。
木暮健太郎（2009）「第1世代から第2世代のガバナンス論へ: ガバナンス・ネットワーク論の展開を中心へ」「杏林社会科学研究」25巻1号。
小島昭（1979）「書評 村松岐夫編『行政学講義』」「都市問題研究」32巻1号。
後藤洋（1984）「マルクス『フランスにおける内乱』の研究」「経済学論集」22号。
小林丈人（2010 a b）「イニシアティブという直接民主主義の可能性（一）（二）」「法学志林」107巻3号, 107巻4号。
小松善雄（2008）「パリ・コミューン期の移行過程論: 続・資本主義から協同社会主義への移行過程（上）」「立教経済学研究」61巻3号。
駒村康平（1999）「介護保険、社会福祉基礎構造改革と準市場原理」「季刊 社会保障研究」35巻3号。
コルシュ, カール（1979）〔1931〕木村靖二・山本秀行訳「革命的コミューン（1931年）」E. ゲルラハ編, 木村靖二・山本秀行訳『労働者評議会の思想的展開: レーテ運動と過渡期社会』批評社。
サイモン, ハーバートA.（1977）〔1961〕ほか岡本康雄ほか訳『組織と管理の基礎理論』ダイヤモンド社。
坂本忠次（1979）「マルクス主義の古典における民主的地方自治論の展開」坂本忠次『国家と地方自治の財政論』青木書店。
坂本義和（2011）『人間と国家: ある政治学徒の回想（上・下）』岩波新書。

佐々木信夫（1990）『都市行政学研究』勁草書房。
佐藤金三郎（1971）「資本論第三部原稿について（二）」「思想」564号。
佐藤俊一（1988）『現代都市政治理論: 西欧から日本へのオデュッセア』三嶺書房。
佐藤俊一（2002）『地方自治要論』成文堂。
佐藤春吉（2012）「批判的実在論（Critical Realism）と存在論的社会科学の可能性」「唯物論研究年誌」17号。
佐藤誠（2003）「ルソーとマルクス（中）」「同朋大学論集」87号。
佐藤真之（2012）「発話行為としての社会契約: ルソー『社会契約論』の「全面譲渡」をめぐって」「エティカ」5号。
自治体問題研究所（1979）『「都市経営論」を批判する』自治体研究社。
柴田三千雄（1972）「『権威主義』と『反権威主義』の形成」「季刊社会思想」2巻2号。
城山英明（1999）「行政学における中央省庁の意思決定研究」城山英明ほか編著『中央省庁の政策形成過程』中央大学出版部。
城山英明・鈴木寛・細野助博（1999）『中央省庁の政策形成過程: 日本官僚制の解剖』中央大学出版部。
城山英明・細野助博（2002）『続・中央省庁の政策形成過程: その持続と変容』中央大学出版部。
進藤兵（2002）「行政学・地方自治（学界展望2001年）」日本政治学会編『年報政治学2002 20世紀のドイツ政治理論』岩波書店。
新藤宗幸（1982）「文部行政の分権化構想」「世界」444号。
新藤宗幸（1989）『財政破綻と税制改革』岩波書店。
新藤宗幸（1993）「公共性の拡散と再編: ポスト福祉国家への課題」山ノ内靖ほか編『岩波講座社会科学の方法第7巻 政治空間の変容』岩波書店。
新藤宗幸（1997）「教育委員会は必要なのか」岩波書店編集部『教育をどうする』岩波書店。
新藤宗幸（2000）「日本における行政学・地方自治論の意義と課題（報告要旨）」『2000年度日本政治学会研究会報告要旨』日本政治学会2000年10月8日。
新藤宗幸（2001）『講義 現代日本の行政』東京大学出版会。
新藤宗幸（2002）「教育行政と地方分権化: 改革のための論点整理」東京市政調査会『分権改革の新展開に向けて』日本評論社。
新藤宗幸（2005）「教育行政に問われる『タテ系列』の解体」「都市問題」96巻4号。
人事院職員課（2000）「営利企業への就職の承認に関する年次報告（平成11年）の概要について」（2000年3月）。
杉原泰雄（1978）『人民主権の史的展開』岩波書店。
墨田区役所（2007）『協治（ガバナンス）ガイドブック』http://www.city.sumida.lg.jp/sumida_kihon/governance/rikai/book.html（閲覧日2013年9月14日）。
ストーカー, ジェリー（2013）〔2006〕山口二郎訳『政治をあきらめない理由: 民主主義で世の中を変えるいくつかの方法』岩波書店。
ストレンジ, スーザン（1998）〔1996〕櫻井公人訳『国家の退場』岩波書店。

関根照彦（1999）『スイス直接民主制の歩み:疑しきは国民に』尚学社。
曽我謙悟（2013）『行政学』有斐閣。
田尾雅夫（1999）『ボランタリー組織の経営管理』有斐閣。
田口富久治（1971）『マルクス主義政治理論の基本問題』青木書店。
武笠行雄（1998）「概念」廣松渉ほか編『岩波哲学・思想事典』岩波書店。
高橋寛人（1996）「書評・荻原克男著『戦後日本の教育行政構造:その形成過程』」「季刊教育法」106号。
高寄昇三（1985）『現代都市経営論』勁草書房。
高寄昇三（1990）『都市経営思想の系譜』勁草書房。
高寄昇三（1992-93）『宮崎神戸市政の研究（全4巻）』勁草書房。
田口富久治（2001）「辻清明の政治学」『戦後日本政治学史』東京大学出版会。
田村徳治（1925）『行政学と法律学』弘文堂書房。
田村徳治（1938）『行政機構の基礎原理』弘文堂書房。
田中正人（1998）「パリ・コミューン」マルクス・カテゴリー事典編集委員会編『マルクス・カテゴリー事典』青木書店。
田中守（1992）「心残りのこと:行政研究への願望」『年報行政研究27 統治機構の諸相』ぎょうせい。
田畑稔（1998）「アソシエーション」マルクス・カテゴリー事典編集委員会編『マルクス・カテゴリー事典』青木書店。
田辺国昭（2001）「20世紀の学問としての行政学?:「新しい公政管理論（New Public Management）の投げかけるもの」『年報行政研究36 日本の行政学:過去、現在、未来』ぎょうせい。
ダナーマーク，バース（2015）〔2002〕ほか 佐藤春吉監訳『社会を説明する:批判的実在論による社会科学論』ナカニシヤ出版。
渓内謙・阿利莫二・井出嘉憲・西尾勝（1974）編『現代行政と官僚制（上下）』東京大学出版会。
田丸大（2000）『法案作成と省庁官僚制』信山社。
中央省庁等改革推進本部事務局（2000）編集発行『独立行政法人って何だろう:あなたの疑問にＱ＆Ａでお答えします!』（2000年4月）。
辻清明（1976a）「日本における行政学の展望と課題」辻清明編集代表『行政学講座 第1巻 行政の理論』東京大学出版会。
辻清明（1976b）編集代表『行政学講座（全5巻）』東京大学出版会。
辻清明（1983）「私の行政学」『年報行政研究17 行政学の現状と課題』ぎょうせい。
辻村みよ子（1977）「『命令委任』法令に関する覚え書き:フランス革命期の議論を中心に」「一橋研究」2巻3号。
辻村みよ子（1989）『フランス革命の憲法理論:近代憲法とジャコバン主義』日本評論社。
辻山幸宣（1993）「80年代の政府間関係」『年報行政研究28 新保守主義下の行政』ぎょうせい。

坪井由実（2006）「子どもの教育と市町村: 市町村の教育改革能力をいかに高めていくか」『国際文化研修』52 号。

坪井由実・渡部昭男（2015）編『地方教育行政法の改定と教育ガバナンス: 教育委員会制度のあり方と「共同統治」』三学出版。

手島孝（1964）『アメリカ行政学』日本評論社。

手島孝（1995）「復刊にあたって」『アメリカ行政学［復刻版］』日本評論社。

手島孝（1999）『総合管理学序説』有斐閣。

寺﨑昌男（1970）「解説」上原專祿ほか『復刻文庫 10 戦後の大学論』評論社。

寺﨑昌男（1992）『プロムナード東京大学史』東京大学出版会。

デンジン＆リンカン（2006）〔2000〕編 平山満義監訳『質的研究ハンドブック 1 巻 質的研究のパラダイムと眺望』北大路書房。

統一球問題における有識者による第三者調査・検証委員会（2013）「同調査報告書」（2013 年 9 月 27 日）http://p.npb.or.jp/npb/20130927chosahokokusho.pdf（閲覧日 2013 年 10 月 25 日）。

東京大学改革準備調査会（1969）『東大問題資料 3 東京大学改革準備調査会報告書』東京大学出版会。

東京大学社会科学研究所・大沢真理・佐藤岩夫（2016）『ガバナンスを問い直す［I・II］』東京大学出版会。

道垣内正人（2003）「KEYWORD 日本スポーツ仲裁機構」,「法学教室」276 号。

道垣内正人（2008）「日本スポーツ仲裁機構とその活動」『日本スポーツ法学会年報』15 号。

富野暉一郎（1991）『グリーン・デモクラシー: いま池子から訴える』白水社。

外山公美（2011）編『行政学』弘文堂。

内藤誉三郎（1948）「私立学校法案と大学法案の構想」「文部時報」855 号。

中嶋哲彦（2014）「大阪府・市における首長の教育支配:『不当な支配』と教育委員会廃止論登場の必然性」『日本教育法学会年報』43 号。

中村祐司（2006）『スポーツ行政学』成文堂。

中村祐司（2011）「スポーツ政策ネットワーク」菊ほか編『スポーツ政策論』成文堂。

永井道雄（1962）「『大学公社』案の提唱」「世界」202 号、永井道雄（1969）『大学の可能性』中央公論社。

長山雅幸（1987）「マルクスの思想形成と『社会契約論』:『クロイツナハ・ノート』・ルソー抜粋の意義」『商学論集』56 巻 2 号。

成沢光（1981）「統治: 日本における語の用法について」日本政治学会編『年報政治学 政治学の基礎概念』岩波書店。

鳴海正泰（1994）『地方分権の思想: 自治体改革の軌跡と展望』学陽書房。

新川達郎（2001）「ローカルガバナンスにおける地方議会の役割」『月刊自治研』502 号。

新川達郎（2011）編著『公的ガバナンスの動態研究: 政府の作動様式の変容』ミネルヴァ書房。

西尾隆（1998）「行政学のアカウンタビリティとその内在化」日本行政学会編『年

報行政研究 33 行政と責任』ぎょうせい。
西尾隆（1999）「公務員制度改革の政治行政: 行政学の視点から」「ジュリスト」1158 号。
西尾勝（1976）「組織理論と行政学」辻清明編『行政学講座第 1 巻　行政の理論』東京大学出版会。
西尾勝（1983a）「日本の行政研究」『年報行政研究 17　行政学の現状と課題』ぎょうせい。
西尾勝（1983b）代表・「政府間関係」研究集団「新々中央集権と自治体の選択」「世界」451 号。
西尾勝（1988）『行政学』放送大学教育振興会。
西尾勝（1990a）〔1979〕「自治」西尾勝『行政学の基礎概念』東京大学出版会。
西尾勝（1990b）〔1983〕「政府間関係の概念」西尾勝『行政学の基礎概念』東京大学出版会。
西尾勝（1999）「行政制度の再編制と行政学の再構成」「季刊 行政管理研究」86 号。
西尾勝（2001a）『行政学（新版）』有斐閣。
西尾勝（2001b）「時代状況と日本の行政学の課題」『年報行政研究 36 日本の行政学: 過去、現在、未来』ぎょうせい。
西尾勝・村松岐夫（1994）編『講座行政学 1 巻 行政の発展』有斐閣。
西尾勝・村松岐夫（1994-95）編『講座行政学（全 6 巻）行政の発展』有斐閣。
西川長夫（1974）「反国家主義の思想と論理」河野健二編『プルードン研究』岩波書店。
西村高宏（2006）「日本における「医師の職業倫理」の現状とその課題」「医療・生命と倫理・社会」5 巻 1・2 号。
「21 世紀日本の構想」懇談会（2000）「最終報告書: 日本のフロンティアは日本の中にある: 自立と協治で築く新世紀」。http://www.kantei.go.jp/jp/21century/index.html（閲覧日 2013 年 9 月 14 日）。
日本医師会（2008）「医師の職業倫理指針（改訂版）」。
日本学術会議政治学委員会・政治学分野の参照基準検討分科会（2014）「報告 大学教育の分野別質保証のための教育課程編成上の参照基準 政治学分野」（2014 年 9 月 10 日）http://www.scj.go.jp/ja/member/iinkai/daigakuhosyo/daigakuhosyo.html（閲覧日 2015 年 12 月 29 日）。
日本行政学会（1983）編『年報行政研究 17 行政学の現状と課題』ぎょうせい。
日本行政学会（2000）『2000 年度日本行政学会総会・研究会要項』（日本行政学会、2000 年 5 月）。
日本行政学会（2004）編『年報行政研究 39 ガバナンス論と行政学』ぎょうせい。
日本行政学会（2005）編『年報行政研究 40 官邸と官房』ぎょうせい。
日本近代教育史料研究会（1998）編『教育刷新委員会 教育刷新審議会 会議録 第十巻 第九特別委員会、第十特別委員会、第十一特別委員会』岩波書店。
日本スポーツ仲裁機関（2011）「ガバナンスガイドブック」http://www.jsaa.jp/guide/governance/governance.pdf（閲覧日 2013 年 9 月 14 日）。

日本スポーツ法学会 (2011)「スポーツ団体の自立・自律とガバナンスをめぐる法的諸問題」『日本スポーツ法学会年報』18号。
日本政治学会 (2015) 編『年報政治学 2014 - Ⅱ 政治学におけるガバナンス論の現在』木鐸社。
日本都市センター (1978) 編『都市経営の現状と課題: 新しい都市経営の方向を求めて』ぎょうせい。
日本都市センター (1979) 編『新しい都市経営の方向』ぎょうせい。
日本弁護士会連合会調査室 (2007) 編著『条解弁護士法〔第4版〕』弘文堂。
根岸毅 (1973)「政治学における行政部研究の位置づけ」『年報行政研究 10 政策決定と公共性』ぎょうせい。
荻原克男 (1986)「戦後文部行政の機構と機能(上)」「北海道大学 教育学部紀要」47号。
荻原克男 (1996)『戦後日本の教育行政構造: その形成過程』勁草書房。
バクーニン, ミハイル (1973)〔1871〕「序 / パリ・コミューンと国家の概念」外川継男・佐近毅編『バクーニン著作集 3』白水社。
蓮見音彦・似田貝香門・矢沢澄子 (1990) 編『都市政策と地域形成: 神戸市を対象に』東京大学出版会。
長谷川正安 (1972)「パリ・コミューン―11 完―コミューンの評価」「月刊労働問題」167号。
長谷川正安 (1991)『コミューン物語 1870-1871』日本評論社。
長谷部恭男 (2013)「国民代表の概念」長谷部恭男『憲法の円環』岩波書店。
花村四郎ほか (1951)「弁護士法施行二周年記念座談会」「自由と正義」2巻9号。
ハーヴェイ, デヴィッド (2012)〔2010〕森田ほか訳『資本の＜謎＞: 世界金融恐慌と 21 世紀資本主義』作品社。
原田久 (2016)『行政学』法律文化社。
ハンチントン, サミュエル P., クロジエ, ミッシェル, 綿貫譲治 (1975) (綿貫譲治監訳)『民主主義の統治能力(ガバナビリティ)』サイマル出版会。
広原盛明 (1996)『震災・神戸都市計画の検証: 成長型都市計画とインナーシティ再生の課題』自治体研究社。
福井英雄 (1993)「マルクスの政治過程分析と国家論:『フランス三部作』を中心に」「立命館法学」230号。
福家俊朗 (1999)「法的負担の公理におけるパラダイム転換」「法政論集」177号。
福田耕治・真渕勝・縣公一郎 (2001) 編『行政の新展開』法律文化社。
福田歓一 (2012)『ルソー』岩波現代文庫。
藤田勇 (1980)『社会主義社会論』東京大学出版会。
藤田勇 (1999)『自由・平等と社会主義: 1840 年代のヨーロッパ~1917 年ロシア革命』青木書店。
古川俊一 (1999)「公共部門評価システムの制度化と限界: 計画行政への含意」「計画行政」22巻4号。
プーランツァス, ニコス (1984)〔1978〕田中正人・柳内隆訳『国家・権力・社会主義』

ユニテ。
プルードン, ピエール J. (1971)〔1863〕『アナキズム叢書プルードンⅢ』三一書房。
フュレ, フランソワ (2008)〔1986〕今村仁司・今村真介訳『マルクスとフランス革命』法政大学出版局。
ベルンシュタイン, エドゥアルト (1974)〔1899〕佐瀬昌盛訳『現代思想 第7巻 社会主義の諸前提と社会民主主義の任務』ダイヤモンド社。
堀江湛 (1988)「慶応義塾大学法学部政治学科の回顧と現況: 政治学科開設90年にあたって」「法学研究」61巻5号。
堀雅晴 (1988)「農業政策分析試論: 米の需給均衡化対策を中心に」山川雄巳編『現代日本の公共政策』関西大学経済・政治研究所。
堀雅晴 (1989)「アメリカにおける連邦補助金制度の形成: 農業普及事業法案の成立をめぐって」「関西大学法学論集」39巻2号。
堀雅晴 (1990)「アメリカ農業普及制度の展開: 20世紀初頭の利益集団形成史とも関連して」「島大法学」34巻1号。
堀雅晴 (1998a)「世界の行政改革論議」「経済科学通信」基礎経済科学研究所、87号。
堀雅晴 (1998b)「行政・市民の新しい関係の創造」辻山幸宣編『住民・行政の協働』ぎょうせい。
堀雅晴 (2000)「地方分権一括法と社会福祉」「おおさかの住民と自治」No. 254。
堀雅晴 (2001a)「世紀転換期の現代行政学: 現代アメリカ行政学の自画像をてがかりに」「立命館法学」271・272号。【本書第2章】
堀雅晴 (2001b)「アメリカにおける『ガバナンス』」「月刊自治研」502号。
堀雅晴 (2002)「ガバナンス論争の新展開: 学説・概念・類型・論点」安本典夫・中谷義和編著『グローバル化と現代国家: 国家・社会・人権論の課題』御茶の水書房。【本書第3章】
堀雅晴 (2003)「地域経営論と住民参加論の現在」「地方議会人」33巻12号。
堀雅晴 (2005a)「グローバル化時代の日本政治行政システム: その変容性をめぐる一試論」大平祐一・桂島宣弘編『「日本型社会論」の射程:「帝国化」する世界の中で』文理閣。
堀雅晴 (2005b)「書評 OECD編著 平井文三監訳『世界の公務員の成果主義給与』明石書店」「季刊 行政管理研究」112号。
堀雅晴 (2006)「リサーチ行政学・地方自治論」大塚桂編『日本の政治学』法律文化社。【本書第1章】
堀雅晴 (2007)「ガバナンス論の現在」同志社大学人文科学研究所編『公的ガバナンスの動態に関する研究（人文研ブックレット）』同志社大学人文科学研究所。
堀雅晴 (2008a)「私立大学における大学ガバナンスと私学法制: 2004年改正私学法の総合的理解のために」「立命館法学」316号。
堀雅晴 (2008b)「被占領期における中央教育行政のあり方をめぐって: ガバナンス論の源流を求めて」2008年度日本行政学会「分科会C脱審議会の政治行政」【本書第5章】

堀雅晴（2011a）「民主的ガバナンス・ネットワーク論: Eva Sørensen & Jacob Torfing のマルチ理論アプローチの場合」「立命館法学」333・334 号.
堀雅晴（2011b）「ガバナンス論の到達点: ガバナンス研究の回顧と展望をめぐって」新川達郎編『公的ガバナンスの動態研究』ミネルヴァ書房.【本書第 4 章】
堀雅晴（2014 a）「ガバナンス論研究の現状と課題: "スポーツのグッドガバナンス"に向けて」「体育・スポーツ経営学研究」27 巻 1 号.【本書序章, 第 6 章】
堀雅晴（2014 b）「グローバリゼーションと新自由主義: 高等教育と国際機関」細井克彦ほか編『新自由主義大学改革』東信堂.
堀雅晴（2014 c）「マルクスとガバナンス論: アソシエーション論への包摂にむけて(1)」「立命館法学」356 号.【本書終章】
堀雅晴（2015）「マルクスとガバナンス論: アソシエーション論への包摂にむけて(2・完)」「立命館法学」359 号.
ボ, オリヴィエ（2015）鈴木秀美監訳「フェデレーション理論の諸原理」「自治研究」91 巻 7 号.
牧原出（1994）「官僚制理論」西尾勝・村松岐夫編『講座行政学(1) 行政の発展』有斐閣.
松下圭一（1961）「地域民主主義の課題と展望」「思想」443 号.
松下圭一・村松岐夫（1990）「対談 戦後政治と地方自治: 松下政治学の生成と展開」「レヴァイアサン」6 号.
松田博（2003）『グラムシ研究の新展開: グラムシ像刷新のために』御茶の水書房.
真渕勝（1998）「書評 今村都南雄著『行政学の基礎理論』」日本行政学会編『年報行政研究 33 行政と責任』ぎょうせい.
真渕勝（2012）『行政学 第 2 刷（補訂）』有斐閣.
間宮陽介（2000）「グローバリゼーションと公共空間の創設」山口定・神野直彦編『2025 年日本の構想』岩波書店.
丸山文裕（2004）「国立大学法人化後の授業料」「大学財務経営研究」1 号.
丸山眞男（1998）『丸山眞男講義録第七冊 日本政治思想史 1967』東京大学出版会.
丸山眞男（2014）〔1959〕・上原専禄「教育の本質: 課題と展望（1959 年 4 月）」丸山眞男手帖の会編『丸山眞男話文集 続 1』みすず書房.
三重県（1998）『平成 10 年度行政システム改革』1998 年 3 月.
みすず書房（1991）「追悼・辻清明」「みすず」33 巻 12 号.
水田洋（1969）『社会科学のすすめ』講談社現代新書.
美馬孝人（1975）「若きマルクスにおけるルソーの克服について(3)」「経済論集」23 巻 2 号.
宮本憲一（1990）「都市経営の総括」「都市政策」59 号.
宮本憲一（2005）『現代自治選書 日本の地方自治: その歴史と未来』自治体研究社.
武藤泰明（2013）『プロスポーツクラブのマネジメント: 戦略の策定から実行まで 第二版』東洋経済新報社.
宗像誠也（1958）「文部大臣論: 中央教育行政機構はこれでよいか」「世界」146 号.
村上弘・佐藤満（2009）編『よくわかる行政学』ミネルヴァ書房.

村田陽一（1970）「解説」マルクス，K. 著，村田陽一訳『フランスにおける内乱』国民文庫。
村松岐夫（1963）「サイモンの『行政行動論』について」「法学論叢」72 巻 6 号。
村松岐夫（1966）「行政における組織目標と人間の行動：サイモンの行政理論の一研究」「法学論叢」78 巻 6 号。
村松岐夫（1977）編『行政学講義』青林書院。
村松岐夫（1981）『戦後日本の官僚制』東洋経済新報社。
村松岐夫（1983）「行政学の課題と展望」『年報行政研究 17 行政学の現状と課題』ぎょうせい。
村松岐夫（1985a）編『新版行政学講義』青林書院。
村松岐夫（1985b）「政策過程」三宅一郎ほか『日本政治の座標』有斐閣。
村松岐夫（1999）「『旧来型行政システム』の改革－『最終報告』と地方分権化『諸勧告』」京都大学法学部百周年記念論文集刊行委員会編『京都大学法学部創立百周年記念論文集 第一巻』有斐閣。
村松岐夫（2001）『行政学教科書（第二版）』有斐閣。
村松岐夫（2016）「外国事情を知る文献を読まなくなった」「季刊行政管理研究」No. 153。
村山高康（1973）「フランスにおける内乱」現代の理論編集部編『マルクス・コンメンタールV：主要著作の研究的解説』現代の理論社。
森政稔（2014）「プルードンとアナーキズム：＜政治的なもの＞と＜社会的なもの＞」宇野重規編『岩波講座政治哲学 3 近代の変容』岩波書店。
森田孝（1949）「新しい文部省の機構と性格」「文部時報」863 号。
森田朗（2010）「これからの行政学を展望して」「季刊 行政管理研究」131 号。
文部科学省（2010）「スポーツ立国戦略：スポーツコミュニティ・ニッポン」（2010 年 8 月 26 日）。
文部科学省（2012）『スポーツ政策調査研究（ガバナンスに関する調査研究）調査研究成果報告書』（2012 年 3 月，WIP ジャパン株式会社）。
文部科学省（2013）『スポーツ庁の在り方に関する調査研究 調査研究成果報告書』（WIP ジャパン株式会社，2013 年 3 月）。
安江則子（2007）『欧州公共圏：EU デモクラシーの制度デザイン』慶応義塾大学出版会。
柳春生（1973）「パリ・コミューンにおける国家統治の原理」「比較法研究」34 号。
矢部明宏（2011）「EU における参加民主主義の進展：EU 市民発案に関する規則」「外国の立法」249 号。
山口二郎（1989）『一党支配体制の崩壊』岩波書店。
山下秋二（2006）「スポーツ経営の政策基盤」山下ほか編『スポーツ経営学 改訂版』大修館。
山下高行（2009）「企業スポーツとスポーツレジーム：その特性を浮き彫りにする」「スポーツ社会学研究」17 巻 2 号。

山本清（2012）「公共料金としての国立大学の授業料」『国立大学財務・経営センター研究報告第 14 号 高等教育機関における授業料の国際比較研究』国立大学財務・経営センター。
山本啓（2014）『パブリック・ガバナンスの政治学』勁草書房。
結城洋一郎（1977）「『命令的委任』に関する若干の考察」「一橋論叢」78 巻 6 号。
吉岡健次・兼村高文・江川雅司（1984）『シャウプ勧告の研究: シャウプ使節団日本税制報告書収録』時潮社。
吉川精一（2011）『英国の弁護士制度』日本評論社。
吉富重夫（1939）『行政組織原理』日本評論社。
吉富重夫（1948）『政治の実践的性格』玄林書房。
吉富重夫（1951）「行政学文献解題」『年報政治学 1951』岩波書店。
吉野耕作（1997）『文化ナショナリズムの社会学: 現代日本のアイデンティティの行方』名古屋大学出版会。
吉原直樹（2000）編『都市経営の思想: モダニティ・分権・自治』青木書店。
寄本勝美（1978）「役割相乗型の行政を求めて: 新時代における行政と市民の課題」日本行政学会編『年報行政研究 13 行政の責任領域と費用負担』ぎょうせい。
寄本勝美（1983）「書評 大島太郎著『官僚国家と地方自治』『自治体革新の展望』」『年報行政研究 17 行政学の現状と課題』ぎょうせい。
ルソー, ジャン＝ジャック（1954）〔1762〕桑原武夫・前田貞次郎訳『社会契約論』岩波文庫。
ルフェーヴル, アンリ（1967）〔1965〕河野健二・柴田朝子訳『パリ・コミューン 上』岩波書店。
蠟山政道（1928）『行政学総論』日本評論社。
蠟山政道（1930）『行政組織論』日本評論社。
蠟山政道（1936）『行政学原論 第一分冊』日本評論社。
蠟山政道（1950）『行政学講義序論』日本評論社。
蠟山政道（1950）ほか「討論 日本における政治学の過去と将来」日本政治学会編『日本政治学会年報 政治学 1950 年度』岩波書店。
蠟山政道（1966）「都市政策の体系と内容」『関一遺稿集 都市政策の理論と実際』都市問題研究会。
蠟山政道・辻清明・吉富重夫（1962）「日本における行政学の形成と将来」日本行政学会編『年報 行政研究 1』勁草書房。
渡辺茂樹（1974）「ルソーの『ジュネーヴ草稿』について: 全面的譲渡論研究（一）」「一橋論叢」71 巻 6 号。
渡辺茂樹（1995）「『社会契約論』の人間論的基礎: 全面的譲渡論研究（2）」「一橋研究」30 号。
渡辺茂樹（1996）「ルソーの『平和論』と『戦争状態論』について: 全面的譲渡論研究（3）」「一橋研究」1 巻 3 号。
ワルドー, ドワルト（1966）〔1955〕足立忠夫訳『行政学入門』勁草書房。

Alm, J. (ed.) (2013), *Action for Good Governance in International Sports Organisations*, Final report, Play the Game and Danish Institute for Sports Studies, April 2013.

Bang, H. P. and E. Sørensen, (1998), The Everyday Maker: a New Challenge to Democratic Governance, paper to the ECPR Workshops, 26th Joint Sessions, University of Warwick, 23-28 March.

Barry, A.,T. Osborne, and N. Rose, (1996) (eds.), *Foucault and political reason*, UCL Press.

Bekke, H.M., M.J.M.Kickert and J.Kooiman (1995), Public management and governance, in Kickert and FA van Vught (eds.), *Public Policy and Administration Sciences in the Netherlands*, Harvester/Wheatsheaf.

Bellamy, R. and Palumbo, A. (2010) (eds.), *From Government to Governance*, Ashgate.

Bevir, M. (2003), A decentred theory of governance, Bang, H., (ed.), *Governance as Social and Political Communication*, Manchester: Manchester University Press.

Bevir, M. (2004), Governance and interpretation: what are the implications of postfoundationalism? *Public Administration*, 82 (3).

Bevir, M. (2007) (eds.), *Encyclopedia of Governance*, Thousand Oaks: Sage.

Bevir, M. (2009), *Key Concepts in Governance*, Sage.

Bevir, M. (2011) (eds.), *The SAGE Handbook of Governance*, Los Angeles: Sage.

Bevir, M.(2012), *Governance: a very short introduction*, Oxford: Oxford University Press (野田牧人訳『ガバナンスとはなにか』NTT出版, 2013年).

Bevir, M. and F. Trentmann (2007), *Governance, consumers, and citizens: agency and resistance in contemporary politics*, Palgrave Macmillan.

Bevir, M. and R.A.W. Rhodes (2003), *Interpreting British governance*, Routledge.

Bevir, M. and R.A.W. Rhodes (2006), *Governance stories*, Routledge.

Bevir, M. and R.A.W. Rhodes (2010a), 'Rethinking the State', in Bevir, M. & R.A.W. Rhodes, *the State as Cultural Practice*, Oxford University Press.

Bevir, M. and R.A.W. Rhodes (2010b), *the State as Cultural Practice*, Oxford University Press.

Blank, R. H. and V. Burau (2014), *Comparative Health Policy*, fourth edition. Basingstoke: Pargrave Macmillan.

Bowornwathana, B. (2010), Minnowbrook IV in 2028: From American Minnowbrook to Global Minnowbrook, *Public Administration Review*, Volume 70, Issue Supplement.

Bovaird, T. (2002), Public Management and Governance: Emerging Trends and Potential Future Directions, in Vigoda, E. (2002) *Public administration: an interdisciplinary critical analysis*, New York and Basel: Marcel Dekker.

Bruyninckx, H. (2012), Sport governance: between the obsession with rules and regulation and the aversion to being ruled and regulated, in Segaert, B. et al (eds.) *Sport governance, development and corporate responsibility*, New York and London: Routledge.

Burrell, G. and G. Mogan (1979), *Sociological paradigms and organizational analysis*, Exter, NH: Heinemann Educational Books(鎌田伸一ほか訳『組織理論のパラダイム』千倉書房 1986).

Cadbury Report (1992), *The Report of the Committee on the Financial Aspects of Corporate Governance*, HMSO.

Carr, D. K. and I. D. Littman (1993), *Excellence in Government: Total Quality Management in the 1990s*, Arlington, VA: Coopers & Lybrand.

Chappelet, J.-L. (2012), From daily management to high politics: the governance of the International Olympic Committee, in Robinson, L. et al., *Routledge handbook of sport management*, New York and London: Routledge.

Cooke, J. E. (1961) (ed.), *The Federalist*, Cleveland OH: The World Publishing Company(斎藤真・武則忠見訳『ザ・フェデラリスト』福村出版、1991 年).

Davies, J. S. (2011), *Challenging Governance Theory: From networks to hegemony*, Bristol: The Policy Press.

Dean, M. (1999), *Governmentality: Power and Rule in Modern Society*, Sage Publications.

Deutsch, K. (1963), *The Nerves of Government*, Free Press.

Etzioni, A. (1993), *The Spirit of Community: rights, responsibilities, and the communitarian agenda*, NY: Crown Publishers.

Expert Group "Good Governance" (2013), *Deliverable 2 Principles of good governance in sport*. http://ec.europa.eu/sport/library/documents/b24/xg-gg-201307-dlvrbl2-sept2013.pdf(閲覧日 2013 年 10 月 19 日).

Foucault, M. (1977), *Discipline and punish: the birth of prison*, Tavistock.

Foucault, M. (1991), Governmentality, in G. Burchell, C. Gordon, and P. Miller (eds.), *The Foucault Effect*, Harvester Wheatsheaf.

Frederickson, H.G. (1982), *New Public Administration*, Alabama: the University of Alabama Press(中村陽一監訳『新しい行政学』中央大学出版部、1987 年).

Frederickson, H. G. (1999), The Repositioning of American Public Administration, *PS: Political Science and Politics*, December 1999, 32 (4).

Furlong, P. and D. Marsh (2010) A skin not a sweater: ontology and epistemology in political science, in Marsh, D. and G. Stoker (eds.) *Theory and methods in political science*, third edition, Basingstoke and New York: Palgrave Macmillan.

Garson, D. and S. Overman (1983), *Public Management Research in the United States*, New York: Praeger.

Geeraert, A. et al. (2013a), *Working Paper: Good governance in International Non-Governmental Sport Organisations: an analysis based on empirical data on accountability, participation and executive body members in Sport Governing Bodies*.https://www.kuleuven.be/samenwerking/SGR/cas2013/Workingpapergoodgovernance(閲覧日 2013 年 10 月 19 日).

Geeraert, A. et al. (2013b), The governance network of european football:

introducing new governance approaches to steer football at the EU level, *International Journal of Sport Policy and Politics*, 5 (1)

Gioia, D.A., and E. Pitre (1990), Multiparadigm perspectives on theory building, *Academy of Management Review*, 1990, No. 15.

Goggin, M.L., A. O'M. Bowmn, J.P. Lester, and L.J. O'Toole, Jr. (1990), *Implementation Theory and Practice: Toward a Third Generation*. Glenview, IL: Scott, Foresman/Little, Brown.

Grix, F. (2010), The 'governance debate' and the study of sport, *International Journal of Sport Policy*, 2 (2).

Gunnell, J. G. (1993), *The Descent of Political Theory: the Genealogy of an American vocation* (中谷義和訳『アメリカ政治理論の系譜』ミネルバ書房 2001 年).

Heclo, H. (1978), Issue Networks and the Executive Establishment, in A. King (ed.), *The New American Political System*, American Enterprise Institute.

Henney, A (1984), *Inside Local Government: the case for radical reform*, Sinclair Browne.

Henry, I. (2008), European Models of Sport: Governance, Organisational Change and Sports Policy in the EU, *Hitotsubashi Journal of Arts and Sciences* 50.

Hirst, P. (1997), *From Statism to Pluralism*, UCL Press.

Hirst, P. (2000), Democracy and Governance, in J. Pierre (eds.), *Debating Governance*, Oxford University Press.

Hirst, P. and G. Thompson (1996), *Globalization in Question: the international economy and the possibilities of governance*, Polity Press.

Hjern, B. and D.O. Porter (1981), Implemantation structures: a new unit of administrative analysis, *Organization studies*, 2 (3).

Hill, M. (1997), *The Policy Process in the Modern State*, third edition, Harvester/Wheatsheaf.

Hindley, D. (2007), Resource Guide in Governance and Sport. http://www.heacademy.ac.uk/assets/hlst/documents/resource_guides/governance_and_sport.pdf (閲覧日 2013 年 10 月 19 日).

Hall, S. (1983), The great moving right show, in S. Hall and M. Jacques, (eds.), *The Politics of Thatcherism*, Lawrence & Wishart.

Hanf, E. and F.W. Scharpf (1978)(eds.), *Interorganizational Policy-making: Limits to Central Coordination and Control*, Sage Publications.

Holzer, M. and V. Gabrielian (1998), Five Great Ideas in American Public Administration, in J. Rabin, W.B. Hildreth, G.J. Miller, *Handbook of Public Administration*, Second Edition, New York: Marcel Dekker Inc.

Hood, C. (1984), *The Tools of Government*, Chatam House.

Hood, C. (1996), Exploring variations in public management reform, in Bekke, H. A.G.M., Perry, J. L. & Toonen, T. A.J., *Civil service systems in comparative perspective*, Bloomington & Indianapolis: Indiana University Press.

Hood, C. and D. Ruth (2015), *A Government that Worked Better and Cost Less?: Evaluating Three Decades of Reform and Change in UK Central Government*, Oxford University Press.

Horn, M. (1995), *The Political Economy of Public Administration*, Cambridge University Press.

Hoye R. (2014), Sport governance, in Henry, I. and Ko, L.-M., (eds.), *Routledge handbook of sport policy*, New York and London: Routledge.

Hoye, R. and G. Cuskelly (2007), *Sport Governance*, Oxford and Burlington: Elsevier.

Ingraham, P.W. (1993), Of pigs and pokes and policy diffusion: another look at pay for performance, *Public Administration Review*, 53 (4).

IOC (2008), *Basic Universal Principles of Good Governance of the Olympic and Sports Movement*, Lausanne: IOC. http://www.olympic.org/Documents/Conferences_Forums_and_Events/2008_seminar_autonomy/Basic_Universal_Principles_of_Good_Governance.pdf（閲覧日 2013 年 10 月 19 日）.

IOC (2009), *THE OLYMPIC MOVEMENT IN SOCIETY*, Copenhagen, October 5, 2009. http://www.olympic.org/Documents/Conferences_Forums_and_Events/2009_Olympic_Congress/Olympic_Congress_Recommendations.pdf.（閲覧日 2013 年 10 月 19 日）.

IOC (2011), *Olympic Charter in Force as from 8July 2011*, Lausanne: IOC. http://www.joc.or.jp/olympism/charter/pdf/olympiccharter2011_en.pdf.（閲覧日 2013 年 9 月 14 日）.

IOC and Sport Solidarity (2010), *Sport Administration Manual*, Lausanne: IOC. http://www.okbih.ba/pdf/world_programmes/C%20-%20NOC%20Management/10%20-%20National%20Training%20Courses%20for%20Sport%20Admin/10.4%20Sport%20Administration%20Manual.pdf（閲覧日 2013 年 10 月 19 日）.

Jessop, B.(1982), *The capitalist state: Marxist theories and methods* Oxford: Blackwell（田口・中谷・加藤・小野訳『資本主義国家: マルクス主義的諸理論と諸方法』御茶の水書房 1983）.

Jessop, B. (1995), The Regulation Approach, Governance and Post-Fordism: An Alternative Perspective on Economic and political Change?, *Economy and Society*, Vol.24, pp.307-33.

Jessop, B. (1997), The Governance of Complexity and the Complexity of Governance: Preliminary Remarks on Some Problems and Limits of Economic Guidance, in A Amin and J. Hausner (eds.), *Beyond Market and Hierarchy: Interactive Governance and Social Complexity*, Edward Elgar.

Jessop, B. (1998), The Rise of Governance and the Risk of Failure: The Case of Economic Developement, *International Social Science Journal*, 50 (155).

Jessop, B. (2000), Governance Failure, in G. Stoker (ed.), *The New Politics of British Local Governance*, Macmillan Press.

Jessop, B. (2002), *The Future of the Capitalist State*, Polity Press (中谷義和監訳『資本主義国家の未来』御茶の水書房 2005 年).

Jessop, B. (2005a), Critical realism and the strategic-relational approach, *New Formations*, 56 (1).

Jessop, B. (2007a), *State Power: A Strategic-Relational Approach*, Polity Press (中谷義和訳『国家権力: 戦略―関係アプローチ』御茶の水書房、2009 年).

Jessop, B. (2007b), Governance and Metagovernance: on reflexivity, requisite variety, and requisite irony. in M. Bevir, ed., *Public governance*, Volume1: theories of governance, Sage Publications.

Jessop, B. (2012), *Introduction to Bevir*, unpublished paper in English.

Jessop, B. (2014)〔2003〕, Capitalism, Steering, and the State (English version: http://bobjessop. org/2014/01/11/capitalism-steering-and-the-state, 閲覧日 2014 年 11 月 2 日), Kapitalismus, Steuerung und Staat, in S. Buckel, R-M. Dackweiler, and R.Noppe, eds, *Formen und Felder politischer Intervention*. Zur Relevanz von Staatund Steuerung, Munster: Westfalisches Dampfboot, 30-49, 2003.

Jun, J. S. and O. Koike (1998), Why is total quality management not popular in Japanese public administration?, *International Review of Administrative Sciences*, 64 (2).

Kamarck, E. C. (2000), Globalization and Public Administration Reform, in Nye J.S. and J.N. Donahue, *Governance in a Globalizing world*, the Brookings Institute.

Kass, H. D. and B. L. Catron (eds.) (1990), *Images and Identities in Public Administration*, Newbury Park, CA: Sage Publications.

Kettl, D. F. (1993), Public administration: The State of the Field, in A. W. Finifter edited, *Political Science: The State of the Discipline,* Washington, DC: American Political Science Association.

Kettl, D. F. (2000), Public Administartion at the Millennium: The State of the Field, *Journal of Public Administration Research and Theory*, 10 (1).

Kickert, W. (1993), Complexity, governance and dynamics: conceptual explanations of public network management, in J. Kooiman (ed.), (1993) .

Kickert, W.J.M., E.H. Klijn and J.F.M. Koppenjan (eds.) (1997), *Managing Complex Networks*, Sage Publications.

King, R. and G. Kendall (2004), *The State, Democracy & Globalization*, New York: Palgrave Macmillan.

Knott, J. H. and G. J. Miller (1987), *Reforming Bureaucracy: The politics of Institutional Choice*. Englewood Cliffs, NJ.: Prentice-Hall.

Klijn, E.-H. (2008), Governance and governance networks in Europe: An assessment of ten years of research on the theme , *Public Management Review*, 10 (4).

Kooiman, J. (ed.) (1993), *Modern Governance: New Government-Society Interactions*, Sage Publications.

Kooiman, J. (2003), *Governing as Governance*, Sage.

Kooiman, J.（2008）, Reviews, *Public Administration*, 86（3）.
Krasner, S.D.（ed.）（1983）, *International Regimes*, Cornell University Press.
Laclau, E. and C. Mouffe（1985）, *Hegemony and socialist strategy: towards a radical democratic politics*, Verso（山崎カヲル，石澤武訳『ポスト・マルクス主義と政治: 根源的民主主義のために』大村書店 1992 年；西永亮，千葉眞訳『民主主義の革命: ヘゲモニーとポスト・マルクス主義 [原著第 2 版の翻訳]』筑摩書房 2012 年）.
Levi-Faur, D.（ed.）（2012）, *Oxford Handbook of Governance*, Oxford University Press.
Levin, M.（1989）, *Marx, Engels and Liberal Democracy*, Basingstoke: The Macmillan Press.
Lindberg, L.N. and J.L. Campbell（1991）, *Governance of the American Economy*, Cambridge University Press.
Long, N. E.（1949）, Power and Administration, *Public Administration Review*, 9（4）.
March, J. G. and J. P. Olsen（1989）, *Rediscovering Institutions: the Organizational Basis of Politics*, The Free Press.
March, J. G. and J. P. Olsen（1995）, *Democratic Governance*, The Free Press.
Marcussen, M. and Torfing, J.（eds.）（2007）, *Democratic Network Governance in Europe*, Palgrave Macmillan.
Marx, K. und F. Engels, *Werke*（MEW）, Berlin: Dietz Verlag, 1956-90（大内兵衛・細川嘉六監訳『マルクス＝エンゲルス全集』大月書店 1959-91 年）.
Marx, K. und F. Engels, *Gesamtausgabe*（MEGA）, Erste Abteilung Werke/Artikel/Entwurfe, Band22, Berlin: Dietz Verlag, 1978.
Maheshwari, S. R.,（2009）, *A Dictionary of Public Administration*, Orient BlackSwan.
Mayntz, R.（1991）, *Modernization and the Logic of Interorganizational Networks*, in MPFIG Discussion Paper 8（Max Plank Institute für Gesellschaftsforschung）.
Mayntz, R.（1993）, Governing Failure and the Problem of Governability: Some comments on a Theoretical Paradigm, in Kooiman（ed.）（1993）.
Mayntz, R.（1998）, *New Challenges to Governance Theory*, European University Institute.
McCargo, D.（2004）, *Contemporary Japan*, Second Edition, New York: Palgrave Macmillan.
McSwite, O.C.（1997）, *Legitimacy in public administration: A discourse analysis*, Thousand Oaks, CA: Sage Publications.
Meuleman, L.（2008）, *Public Management and the Metagovernance of Hierachies, Networks and Markets*, Physical Verlag.
Moe, T. M.（1995）, The politics of Structural Choice: Toward a Theory of Public Bureauccracy, in Oliver E. Williamson, ed., *Organization Theory: From Chester Barnard to the present and beyond*, New York: Oxford University Press.
Nielsen, P.（2007）, Marxism, in M. Hartwing（ed.）, *A Dictionary of Critical Realism*, London and New York: Routledge

O'Conner, J. (1973), *The Fiscal Crisis of the State*, St Martin's Press (池上惇・横尾邦夫監訳『現代国家の財政危機』御茶の水書房、1981 年).

Osborne, D., and T. Gaebler (1992) *Reinventing Governemnt: How the Entrepreneurial Sprit is Transforming the Public Sector*. Reading, Mass.: Addison–Wesley (日本能率協会・自治体経営革新研究会訳『行政革命』日本能率協会マネジメントセンター、1995 年).

Palumbo, A. (2010), Governance: meanings, themes, narratives and questions, in Bellamy, R. and A. Palumbo (eds.) (2010), *From government to governance*, Ashgate: Abingdon Oxon.

Payne, A. (2000), Globalization and Modes of Regionalist Governance, in Pierre, J. (ed.) (2000a).

Perri 6 (1997), *Holistic Government*, Demos.

Peters, B. G. (2000), Globalization Institutions and Governance, in B. G. Peters and J. Savoie (eds.), *Governance in the Twenty-first Century: Revitalizing the Public Service*, McGill-Queen's University Press.

Peters, B. G. (2005), *Institutional Theory in Political Science: the 'New Institutionalism'*, Second Edition, Continuum (土屋光芳訳『新制度論』芦書房、2007 年).

Peters, B. G. and F.K.M. Van Nispen (1998), *The Study of Policy Instruments*, Edward Elgar.

Peters, B. G. and J. Pierre (1998), Governance without government? Rethinking Public Administration, *Journal of Public Administration Research and Theory*, 8 (2).

Peters, B. G. and J. Pierre (2000), *Governance, Politics and the State*, Basingstoke: Macmillan.

Peters, B. G. and J. Pierre (2005), *Governing Complex Societies: Trajectories and Scenarios*, Palgrave macmillan.

Peters, B. G. and V. Wright (1996), Public Policy and Administration, Old and New, in Goodin, R. E., and H-D. Klingemann, (eds.), *A New Handbook of Political Science*, New York: Oxford University Press.

Pierre, J. (ed.) (2000a), *Debating Governance*, Oxford University Press.

Pierre, J. (2000b), Introduction: Understanding Governance, in Pierre, J.(ed.) (2000a).

Pierre, J. (2000c), Conclusion: Governance beyond State, in Pierre, J. (ed.) (2000a).

Pollitt, C. and G. Bouckaert (2000), *Public Management Reform: a Comparative Analysis*, Oxford: Oxford University Press.

Powell, W.W. and J. DiMaggio (1983), The Iron Cage Revisited: Institutional Isomorphism and Collective rationality in Organizational Fields, *American Sociological Review*, 48 (2).

Powell, W. W. and P. J. DiMaggio (ed.) (1991), *The New Institutionalism in Organization Analysis*, Chicago and London: The University of Chicago Press.

Pressman, J.L. and A. Wildavsky (1973), *Implementation: How great expectations in Washington are dashied in Oakland ; or, why it's amazing that federal programs work at all this being a saga of the economic development administration as told by two sympathetic observers who seek to build morals*, Berkeley: University of California Press.

Putnam, R.D. (1993), *Making Democracy Work: Civic Traditions in Modern Italy*, Princeton University Press (河田潤一訳『哲学する民主主義: 伝統と改革の市民的構造』NTT出版、2001年).

Rhodes, R.A.W. (1976), *Current Developments in the Study of Public Administration in the United States*, Discussion Paper 1976, New Series No.1, Institute of Local Government Studies, University of Birmingham.

Rhodes, R.A.W. (1988), *Beyond Westminster and Whitehall*, Unwin Hyman.

Rhodes, R.A.W. (1996a), From Institutions to Dagma: Tradition, Eclecticism, and Ideology in the Study of British Public Administration, *Public Administration Review*, 56 (6).

Rhodes, R. A. W. (1996b), The New Governance: Governing without Government, *Political Studies*, 44 (3).

Rhodes, R.A.W. (1997a), *Understanding Governance: Policy networks, Governance, Reflexivity and Accountability*, Open University Press.

Rhodes, R.A.W. (1997b), Forward, in Kickert,W.J.M., Klijn, E.-H. and Koppenjan,J. F.M. (eds) (1997).

Rhodes, R.A.W. (2000), Governance and Public Administration, in J. Rieere (ed.) (2000a).

Rjork, P. and H. Johansson (2000), *Towards a governance theory: a stat-centric approach*, paper in IPSA XⅦ World Congress, Quebec, Canada.

Rose, N. and P. Miller (1992), Political power beyond the state: problematic of government, *British Journal of Sociology*, 43 (2).

Rosenau, J. N. and E. O. Czempiel (1992), *Governance without government: order and change in world politics*, Cambridge: Cambridge University Press.

Rosenau, J.N. (2000), Change, Complexity, and Governance in a Globalizing Space, in Pierre, J. (ed.) (2000a).

Sabel, C. (1995), Bootstrapping Reform: Rebuilding Firms, the Welfare State and Unions, *Politics and Society*, 23 (1).

Salamon, L. M. and M. S. Lund (1989), *Beyond Privatization: the Tools of Government Action*, Urban Institute Press.

Sandel, M. J. (1996), *Democracy's Discontent: America in Search of a Public Philosophy*, Harvard University Press (サンデル, マイケル J. (2010・2011) 〔1996〕千葉大学人文科学研究科公共哲学センター訳『民主政の不満: 公共哲学を求めるアメリカ (上) (下)』勁草書房).

Sbragia, A. (2000), The European Union as Coxswain: Governance by Steering, in Pierre, J. (ed.) (2000a).

Scharpf, F.W. (1993), *Games in Hierarchies and Networks: Analytical and Empirical*

Approaches to the Study of Governmental Institutions, Westview Press.

Scharpf, F.W. (1994), Games Real Actors Could Play: Positive and Negative Coordination in Embedded Negotiations, *Journal of Theoretical Politics*, 6 (1).

Scharpf, F.W. (1997), *Games Real Actors Play: Actors-centered Institutionalism in Policy Research*, Westview Press.

Scharpf, F.W. (1999), *Governing in Europe: Effective and Democratic?* Oxford University Press.

Schenk, S. (2011), *Safe hands: building integrity and transparency at FIFA*, Berlin: Transparency International.

Schulkind, E. (1971), *The Paris Commune of 1871*, London: The Historical Association.

Scott, W.R. (1995), *Institutions and Organizations*, Sage publications.

Selznick, P. (1992), *The Moral Commonwealth: social theory and the promise of community*, Berkeley: University of California Press.

Shepsle, K. A. and B.R. Weingast (1995), *Positive Theories of Congressional Institutions*, Ann Arbor: University of Michigan Press.

Simpson, J. and E. Weiner (eds.) (1989), *The Oxford english dictionary*, Second Edition, Vol. VI, Clarendon Press: Oxford.

Skocpol, T. (1985), Bringing the State Back in: Stratagies of Analysrs in Current Reserch, in Evans,P.,T. Skocpol and D. Rueschemeyer (eds.), *Bringing the State Back In*, New York: Cambridge University Press.

Smith, A. M. (1994), *New Right discourse on race and sexuality: Britin, 1968-1990*, Cambridge University Press.

Sørensen, E. and J. Torfing (2003), Network politics, political capital and democracy, *International Journal of Public Administration*, 26 (6).

Sørensen, E. and J. Torfing (eds.) (2007), *Theories of Democratic Network Governance*, Palgrave Macmillan.

Stillman, R. J., II (1999), American versus European Public Administration: does Public Administration make the modern state, or does the state make Public Administration?, in W. J.M. Kickert, and R. J. Stillman, II, *The Modern State and its Study: New Administrative Sciences in a Changing Europe and United States*, Chelten, UK, & Northampton, USA: Edward Elgar, 1999.

Stillman, R. J., II (2000), The Study of Public Administration in the United States: The Eminently Practical Science, in R. J. Stillman II, *Public Administration: concepts and cases*, 7th edition, Boston, MA: Houghton Mifflin Company.

Stoker, G. (1998), Theory and Urban Politics, *International Political Science Review*, 19 (2).

Stoker, G. (2000), Urban Political Science and The Challenge of Urban Governance, in Pieere, J. (ed.) (2000a).

Stoker, G. (2006), Public value management: a new narrative for networked governance? *The American Review of Public Administration*, 36 (1).

Strange, S. (1996), *The Retreat of the State*, Cambridge University Press (櫻井公人訳『国家の退場: グローバル経済の新しい主役たち』岩波書店 1998 年).

Thelen, K., F. Longstreth and S. Steinmo (1992), *Structuring Politics: Historical Institutionalism in Comparative Analysis*, Cambridge University Press.

Thoma, J.E. and L. Chalip (1996), *Sport governance in the global community*. Morgantown, W. Va: Fitness Information Technology.

Thompson, F. (1997), Defining the New Public management, in Jones, L. R., Schedler, K. and Wade, S. W., (eds.), *Advances in International Comparative Managment*. Greenwich, Conn.: JAI Press

Thompson, G., Frances, J., Levacic, R., and Mitchel, J. (eds.) (1991), *Markets, hierarchies and networks: The coordination of social life*, Sage.

Torfing, J. (2010), *The European Governance Debate: Towards a New Paradigm ?*, Estudio/Working Paper 111/2010, Universidad Autonoma De Madrid.

Torfing, J. (2011), Governance Networks, in *International Encyclopedia of Political Science*, Volume 4, Thousand Oaks: Sage.

Townshend, J. (2003), Discourse theory and political analysis: a new paradigm from the Essex School?, *British Journal of Politics and International Relations*, 5 (1).

UNESCO (1998), Governance, *International Social Science Journal*, No.155.

UNESCO (2013), Declaration of Berlin. http://www.mineps2013.de/fileadmin/Dokumente/pdf/MINEPS%20V%20-%20%20Declaration%20of%20Berlin%20%28Original%20English%20Final%29.pdf (閲覧日 2013 年 10 月 19 日).

Uveges, J. A. and L. F. Keller (1998), One Hundred Years of American Public Administration and Counting: Moving into a Second Century in the Study and Practice of Public Management in American life, in J. Rabin, W.B. Hildreth, G.J. Miller (eds.), *Handbook of Public Administration*, Second Edition, New York: Marcel Dekker Inc.

Virtanen, T. (1996), The Competencies of New Public Managers, in D. Farnham et al, (eds.) *New Public Managers in Europe*, Basingstoke: Macmillan.

VOCASPORT Research Group (2004), Vocational education and training in the field of sportin the European Union. http://www.kirolan.org/El%20sector%20del%20empleo%20deportivo/0.1.1%20lotvocasport_en.pdf (閲覧日 2013 年 10 月 19 日).

Wamsley, G.L. (1998), Blacksburg Manifesto, in J. M. Shafritz (ed.), *International Encyclopedia of Public Policy and Administration*, Westview Press.

Wamsley, G.L., Bacher, R.N., Goodsell, C.T., Kronenberg, P.S., Rohr, J.A., Stivers, C.M., White, O.F., and J.F. Wolf (1990), *Refounding Public Administration*, Newbury Park, CA: Sage Publications.

Wamsley, G.L. and J.F. Wolf (eds.) (1996), *Refounding Democratic Public Administration: Modern Paradoxes, Postmodern Challeges*, Thousand Oaks, CA: Sage Publications.

Weaver, R. K. and B.A. Rockman (eds.) (1993), *Do Institutions Matter?: Comparing*

Capabilities in the U.S. and Abroad, The Brookings Institution.

White, J. D. (1999), *Taking Language Seriously: the narrative foundations of public administration*, Georgetown University Press.

Wilson, W. (1887), The Study of Administration, *Political Science Quarterly* 2 (2), in J. M. Shafritz and A.C. Hyde, *Classics of Public Administration*, Fourth Edition, Fort Worth, TX: Harcourt Brace College Publishers, 1997.

Wilson, J. Q. (1989), *Bureaucracy: What Government Agencies Do and Why They Do It*, New York: Basic Books.

Wood, D. B. and R. Waterman (1994), *Bureaucratic Dynamics*, Westview.

World Bank (1997), *Governance and development*, World Bank.

Yorimoto, K. (2000), The Establishment of A Cooperative Relationship between the Central and Local Governments with the Aim of Implementing Sustainable Development. Paper prepared for the International Conference on Governance Challeges for the 21th Century: sustainable development, Environmental Conditions, and Public management in the United States, Japan, and Other Pacific Rim Nations, sponsored by the National Institute for Research Advancement and The National Academy of Public Administration, July 26-28, 2000, Tokyo, Japan.

あとがき

　今年で、研究生活に入って 37 年余になる。振り返れば、実に多くの方々からのあたたかいご指導・ご助言があり、それを片時も忘れたことがない。そうした方に対して一人ひとりお名前を記して感謝を申し上げなければならないことは承知しているけれども、何分にも紙幅の関係があることから、次の先生方に限ってお名前を記して、感謝の意を表することをお許し願いたい。

　まず関西大学の大学院で指導教授を務めていただきました故上林良一先生をはじめ、学部ゼミ担当教員の故上田惟一先生、修士論文副査の故山川雄巳先生には親切にしていただき、大変幸せでした。大袈裟な言い方ではなくて、この先生方との出会いがなければ、現在の私は存在していない。この点では、学生時代の関西大学政治研究会、大学院時代の現代政治研究会の方々も同様である。それから最初に勤務した島根大学法文学部法学科の諸先生方、そして現在の立命館大学法学部等および人文科学研究所でご一緒させていただいている先輩・同僚の方々、とりわけ故福井英雄先生や中谷義和先生・松田博先生をはじめとする諸先生方には知的刺激をいつも与えていただき、感謝の言葉も見つからない。また本書に所収する諸論考からお気づきのとおり、学部教授会から 4 度にわたる学外研究の機会を与えていただいた。本書は、こうしたチャンスがなければ決して生まれなかった。あわせて法学部共同研究室の職員の皆様、特に法学アカデミーの赤塚みゆき様・内海桂様には資料収集をお手伝いいただいた。

　学外では 2011 年 3 月末に急逝されました故寄本勝美先生を記さなければならない。ピッツバーグ大学への留学に際して色々なアドバイスを頂いたことがご縁となり、様々な機会に研究室を訪ねさせていただき、先生の提唱された「機能的相互連携型システム論」の着想に至った背景などを伺った。そして 2000 年以来、君村昌先生や新川達郎先生・風間規男先生には同志社大学人文科学研究所でのガバナンス研究に加えていただき、視野を大いに広

げさせていただくことができた。また 2005 年度から科研・研究代表の小池治先生には欧州や北中米での研究機会を、同じく細井克彦先生には高等教育研究の機会をそれぞれ与えていただき、新たな知見を得ることができた。最近では中西純司先生に、国際的規模で研究と実践が進むスポーツ・ガバナンス研究にお誘いいただいた。進藤兵先生には、2014 年度日本政治学会研究会の公募分科会「マルクスと政治学」を共に組織していただき、批判的実在論の古典的文脈のなかにガバナンス研究を位置づけることができた。国外では、1998 年 8 月～ 99 年 9 月の学外研究先のピッツバーグ大学の B. Guy Peters、2005 年 10 月～ 06 年 3 月マンチェスター大学（現サウザンプトン大学）の Gerry Stoker、ボルドー政治学院の Vincent Hoffmann-Martinot、シュツットガル大学の Oscar Gabriel、2007 年 9 月メキシコ・経済教育研究センター（CDE）の David Arellano-Gault、2010 年 4 月～ 6 月ロスキレ大学の Eva Sørensen と Jacob Torfing には、いずれも見ず知らずの研究者に快く研究の場を与えてくださった。

　最後になってしまったけれども、昔の誼で校正作業に多大な労力をさかせてしまった、竹澤祐丈氏には感謝に絶えない。また出版事情の厳しい折に、2016 年度立命館大学学術図書出版推進プログラムの採択のおかげのもと、刊行の機会を与えてくださり編集も担当していただいた東信堂社長・下田勝司氏に、心より感謝を申し上げる。

2017 年 2 月 20 日

堀　雅晴

索引

事項索引

ア行

アカウンタビリティ 40, 84
アソシエーション論 157, 159, 176
新しい公 7
新たな社会システム 159, 162, 180
Wilsonian／ヒエラルキー型 46
ウエストミンスターモデル 72, 108, 115
エージェンシー 39, 87, 110
エリート理論 9
エンパワーメント 37
欧州委員会 144

カ行

ガバナンス概念 7, 72
ガバナンス型行政学 178
ガバナンス型中央教育行政機構 135
ガバナンス論争 70, 81, 91, 93
ガバナンス・ネットワーク 11, 95
ガバメント・ガバナンス並立論 10, 157, 178
ガバメント無きガバナンス論 10, 70, 90, 157, 164, 173, 188
官僚バッシング 55
既成行政学 30, 35, 54, 62
基礎付け主義 8, 9, 10, 118, 142, 157
機能的相互連携（連結）型システム論
 .... 13, 31, 60
教育委員会廃止論 138
教育刷新委員会 133
協同型マネジメント 7

共同作因 ～

共同作因 171, 174, 177, 190
行政学的思考 30, 46, 56
行政官僚制 .... v, 30, 32, 44, 71, 79
「狭義のガバナンス」と「広義のガバナンス」
 .... 149, 150
グッドガバナンス 8, 142
経験主義 11, 108, 111, 117
決別宣言 116
公共オーソリティ 11, 107
「公共性の空間」 126
公共選択理論 35, 48, 51, 59, 62
公認の哲学 31, 36, 62
国家危機仮説 10
国家姦知仮説 10
国家回復論 12, 111
国家退場論 10
国家中心アプローチ 70, 81
「国産の行政学」 19, 20, 27, 32
国際オリンピック委員会（IOC）........ 142
国連ミレニアム宣言 149
コーポレート・マネジメント 85

サ行

Jeffersonian／弱い執行部・ボトムアップ
 47
実在論 9, 157
実証主義 9, 12, 117
実体概念 73, 74, 86
市民公務員 42
熟議民主主義 75
住民参加論 7
「自律性」と「自己統治」.................. 158
「新々中央集権」 28
新制度主義 43, 104, 120
新天地開拓型行政学 .... iii, v, 13
社会科学論 7
ステアリング 70, 73

ステイクホルダー ················ 97, 145
スポーツ・ガバナンス ············· 150, 152
政策コミュニティ ················· 71, 80
「政治的空間の閉塞性」 ············· 30, 44
政治的正統性 ························ 57
政治的任用 ······················ 37, 84
政府間関係論 ······················ 168
相互作用型ガバナンス ············ 101, 102

タ行
大学集合ガバナンス ·············· 129, 135
大学単位ガバナンス ·················· 129
大学法試案要綱 ····················· 131
「第三の波」 ················· 11, 108, 112
第二世代研究論 ·················· 98, 121
多元主義理論 ························· 9
「脱審議会の政治行政」 ··············· 125
脱中心化理論 ················ 112, 113, 118
地方財政委員会構想 ·················· 139
地方自治経営学会 ···················· 29
「中央の『官』の独占」批判 ············ 128
直接民主主義 ················ 75, 171, 188
提携型政府 ·························· 99
鉄の三角形 ·························· 75
伝統的マルクス主義 ···················· 9
東京市政調査会 ······················ 23
「統治客体意識」 ···················· 126

ナ行
中曽根政権 ·························· 27
ナラティブ ················ 10, 112, 115
「2001年体制」 ······················· 125
日本医師会 ························· 154
日本行政学 ············ i, 19, 21, 32, 34
日本スポーツ仲裁機構 ················ 148
日本地方自治学会 ···················· 29
日本弁護士連合会 ··················· 151
日本野球機構 ······················· 152

ニュー・パブリック・マネジメント (NPM)
 ···················· 11, 21, 40, 44, 48, 94
ニュー・マネージェリアリズム ········· 35
ニューレーバー ····················· 115
ネオマルクス主義 ··············· 80, 117
ネットワーク論 ······················ 71

ハ行
「派遣制」構想 ······················ 171
Hamiltonian／強い執行部・トップダウン
 ································· 46
反基礎付け主義 ···················· iii, 9
ヒエラルキー ················ 4, 36, 78
「一つの政体＝複数のコミューンの発議権」
 ································ 167
批判的実在論 ················ v, 9, 111
分析概念 ························ 73, 76
ヘテラルキー ················· i, 5, 190
米国行政学 ············ 17, 23, 34, 48, 52
弁護士自治 ···················· 151, 154
弁護士法 ·························· 151
ポストモダン ····················· 53, 93

マ行
Madisonian／権力バランス型 ········· 46
マルクスの「自己統治 (self-government)」
論 ······························· 174
無国家国家 ···················· 12, 116
メタガバナー ······················ 151
メタガバナンス ········ iv, 11, 110, 167
文部省／文部科学省 ············ 129, 147

ヤ行
UNESCO (国際連合教育科学文化機関)
 ································ 146

人名索引

アルファベット順

Bevir, M. ……………………………… 108
Camy, J. ……………………………… 141
Easton, D. …………………………… 117
Eells, W. C. ………………………… 131
Frederickson, H. G. ………………… 51
Heclo, H. ……………………………… 72
Hill, M. ……………………………… 71
Jessop, B. …… 91, 98, 100, 115, 157, 178, 186
Keller, L. F. ………………………… 56
Kettl, D. ……………………………… 44
Klijn, E.-H. ………………………… 94
Kooiman, J. ………………………… 100
Mayntz, R. ……………………… 71, 100
Peters, B. G. ……………… iii, 35, 73, 78, 81
Pierre, J. …………………… 70, 74, 78
Pressman, J. L. …………………… 46, 50
Rathgen, K. ………………………… 22
Rhodes, R. A. W. ……………… 77, 85, 108
Rjork, P. ……………………………… 69
Sørensen, E. ……………………… iv, 110
Stein, L. v. ………………………… 22
Stillman, R. J. ……………………… 52
Stoker, G. ……………………………… 4, 13
Torfing, J. ………………… iv, 10, 98, 110
Uveges, J. A. ………………………… 56
Varlet, J. …………………………… 184
Wilson, J. Q. ………………………… 50
Wilson, W. …………………………… 17, 34
Johansson, H. ……………………… 69

ア行

有井行夫 ……………………………… 122
石井伸男 ……………………………… 171
伊藤大一 ……………………………… 29
伊藤正次 ……………………………… 138
猪口孝 ………………………………… 14
井上すゞ ……………………………… 186
今里滋 …………………………… 14, 45
今村都南雄 ………………………… 120
岩崎正洋 …………………………… 120
ウィトゲンシュタイン, L. ……… 114
上田滋夢 …………………………… 190
上原専祿 …………………………… 137
大石眞 ……………………………… 189
大嶽秀夫 …………………………… 179
大谷禎之介 ………………………… 159
大藪龍介 …………………………… 171
大山耕輔 …………………………… 120
岡田正則 …………………………… 190
岡部史郎 ……………………………… 26
重田園江 …………………………… 180

カ行

海後宗臣 …………………………… 138
木下半治 …………………………… 182
キーン, J. ………………………… 190
後藤洋 ……………………………… 181
小松善雄 …………………………… 186
コルシュ, K. ……………………… 184

サ行

サイモン, H. ……………………… 26
坂本忠次 …………………………… 184
坂本義和 ……………………………… 14
佐々木信夫 ………………………… 30
佐藤竺 ……………………………… 189
サッチャー, M. ………………… 108, 151
サンデル, M. ……………………… 187
柴田三千雄 ………………………… 182
新藤宗幸 ………………………… 31, 61, 138

杉原泰雄 …………………………… 184, 186

タ行

田口富久治 …………………………… 186
田畑稔 ………………………………… 180
田中二郎 ……………………………… 20
田中正人 ……………………………… 187
田中守 ………………………………… 27
田辺国昭 ……………………………… 20
田村徳治 ……………………………… 18
辻清明 ………………………… 18, 19, 45
辻村みよ子 …………………………… 184
坪井由実 ……………………………… 139
寺崎昌男 ……………………… 22, 131, 136
辻山幸宣 ……………………………… 28
手島孝 …………………………… 26, 35
道垣内正人 …………………………… 148
富野暉一郎 …………………………… 30

ナ行

長洲一二 ……………………………… 29
鳴海正泰 ……………………………… 25
新川達郎 ……………………………… 120
西尾隆 ………………………………… 41
西尾勝 ……………… 7, 21, 26, 28, 60, 158, 167
西村高宏 ……………………………… 154

ハ行

バクーニン, M. ………………… 182, 185
長谷川正安 …………………………… 183
長谷部恭男 …………………………… 184

福井英雄 ……………………………… 186
福田歓一 ……………………………… 181
藤田勇 ………………………………… 179
プーランツァス, N. …………………… 188
フュレ, F. …………………………… 182
古川俊一 ……………………………… 62
プルードン, P. J. …………… 185, 188
ベルンシュタイン, E. ……………… 185

マ行

松下圭一 ……………………………… 25
松田博 ………………………………… 187
真渕勝 ………………………………… 14
マルクス, K. ………………… v, 157, 174
丸山眞男 ………………………… vi, 177, 190
水田洋 ………………………………… 189
村田陽一 ………………………… 170, 185
村松岐夫 ………………………… 27, 40
村山高康 ……………………………… 182
森田孝 ………………………………… 135
森政稔 ………………………………… 186

ヤ・ラ・ワ行

山本啓 ………………………………… 120
蝋山政道 ……………………………… 18
ルソー, J. J. ………………………… 180
ワルドー, D. ………………………… 26
吉川精一 ……………………………… 154
寄本勝美 ………………………… 13, 31, 60
結城洋一郎 …………………………… 184

◎著者紹介

堀　雅晴（ほり まさはる）

- 1956 年　岡山県浅口郡金光町（浅口市）生れ
- 1975 年　金光学園高等学校（金光学園中学・高等学校）卒業
- 1979 年　関西大学法学部卒業
- 1990 年　関西大学大学院法学研究科・博士課程後期課程満期退学
- 1990 年　島根大学法文学部講師
- 1991 年　島根大学法文学部助教授
- 1994 年　立命館大学法学部助教授
- 2001 年　立命館大学法学部教授（現在に至る）

主な業績

「離島振興と過疎債活用型第三セクター：㈱隠岐振興と超高速船「レインボー」」今村都南雄編『「第三セクター」の研究』中央法規、1993 年。

「日本における政治的民主主義の現状と課題：椿発言問題と証人喚問事件」福井英雄編『現代政治と民主主義』法律文化社、1995 年。

「市民セクターへの財政支援」武藤博己・調査研究委員長『市民セクターと行政の連携に関する調査研究報告書』行政管理研究センター、1997 年。

「震災復興政策における国と地方」立命館大学震災復興研究プロジェクト編『震災復興の政策科学』有斐閣、1998 年。

「公共性と教育」飯田哲也・浜岡政好編『公共性と市民［第 2 版］』学文社、2017 年。

現代行政学とガバナンス研究

2017 年 3 月 31 日　初版第 1 刷発行　　〔検印省略〕

＊定価はカバーに表示してあります

著　者 © 堀 雅晴　　発行者　下田勝司　　　印刷・製本　中央精版印刷

東京都文京区向丘 1-20-6　郵便振替 00110-6-37828
〒 113-0023　TEL 03-3818-5521（代）　FAX 03-3818-5514
E-Mail tk203444@fsinet.or.jp
Homepage http://www.toshindo-pub.com

発行所　株式会社 東信堂

Published by TOSHINDO PUBLISHING CO.,LTD.
1-20-6, Mukougaoka, Bunkyo-ku, Tokyo, 113-0023, Japan

ISBN978-4-7989-1424-4　C3032 Copyright©2017 Hori Masaharu

東信堂

歴史認識と民主主義深化の社会学	庄司興吉編著	四二〇〇円
主権者の社会認識——自分自身と向き合う	庄司興吉	二六〇〇円
主権者の協同社会へ——新時代の大学教育と大学生協	庄司興吉	二四〇〇円
地球市民学を創る——地球社会の危機と変革のなかで	庄司興吉編著	三二〇〇円
社会学の射程——ポストコロニアルな地球市民の社会学へ	庄司興吉	三二〇〇円
グローバル化と知的様式——社会科学方法論についての七つのエッセー	大矢根淳／J・カルトゥネン著／庄司興吉監訳	二八〇〇円
社会的自我論の現代的展開	船津衛	二四〇〇円
組織の存立構造論と両義性論——社会学理論の重層的探究	舩橋晴俊	二五〇〇円
市民力による知の創造と発展——身近な環境に関する市民研究の持続的展開	萩原なつ子	三二〇〇円
現代日本の階級構造——計量・方法・理論	橋本健二	四五〇〇円
階級・ジェンダー・再生産	橋本健二	三八〇〇円
人間諸科学の形成と制度化——社会諸科学との比較研究	長谷川幸一	三八〇〇円
現代社会と権威主義——フランクフルト学派権威論の再構成	保坂稔	三六〇〇円
インターネットの銀河系——ネット時代のビジネスと社会	M・カステル著／矢澤・小山訳	三六〇〇円
自立支援の実践知	似田貝香門編	三八〇〇円
[改訂版]ボランティア活動の論理——ボランタリズムとサブシステンス	西山志保	三六〇〇円
自立と支援の社会学——阪神大震災とボランティア	佐藤恵	三二〇〇円
NPO実践マネジメント入門(第2版)	パブリックリソースセンター編	二三八一円
現代行政学とガバナンス研究	堀雅晴	三八〇〇円
個人化する社会と行政の変容——情報、コミュニケーションによるガバナンスの展開	藤谷忠昭	二八〇〇円
NPOの公共性と生涯学習のガバナンス	高橋満	二〇〇〇円
コミュニティワークの教育的実践	高橋満	二八〇〇円

〒113-0023 東京都文京区向丘1-20-6 TEL 03-3818-5521 FAX 03-3818-5514 振替 00110-6-37828
Email tk203444@fsinet.or.jp URL:http://www.toshindo-pub.com/

※定価：表示価格（本体）＋税

東信堂

「帝国」の国際政治学―冷戦後の国際システムとアメリカ	山本吉宣	四七〇〇円
アメリカの介入政策と米州秩序―複雑システムとしての国際政治	草野大希	五四〇〇円
国際開発協力の政治過程―国際規範の制度化とアメリカ対外援助政策の変容	小川裕子	四〇〇〇円
主要国の環境とエネルギーをめぐる比較政治―持続可能社会への選択	太田宏	四六〇〇円
国連行政とアカウンタビリティーの概念―国連再生への道標	蓮生郁代	三二〇〇円
宰相の羅針盤〔改訂版〕 総理がなすべき政策 日本よ、浮上せよ！	村上誠一郎+21世紀戦略研究室	一六〇〇円
福島原発の真実、このままでは永遠に収束しない―原子力を「冷温密封」する！まだ遅くない	村上誠一郎＋原発対策国民会議	二〇〇〇円
3.11本当は何が起こったか：巨大津波と福島原発―科学の最前線を教材にした暁星国際学園「ヨハネ研究の森コース」の教育実践	丸山茂徳監修	一七一四円
21世紀地球寒冷化と国際変動予測	丸山茂徳著	一六〇〇円
2008年アメリカ大統領選挙	吉野孝勝訳	二〇〇〇円
オバマの勝利は何を意味するのか	吉野孝編著	
オバマ政権はアメリカをどのように変えたのか―二〇一二年大統領選挙と分断された政治の行方	吉野孝編著	二六〇〇円
オバマ政権と過渡期のアメリカ社会―支持連合・政策成果・中間選挙	吉野孝編著	二四〇〇円
オバマ後のアメリカ政治―選挙、政党、制度メディア、対外援助	吉野孝編著	二五〇〇円
ホワイトハウスの広報戦略―大統領のメッセージを国民に伝えるために	M・J・クマー吉牟田剛訳	二八〇〇円
政治学入門	内田満	一八〇〇円
政治の品位―日本政治の新しい夜明けはいつ来るか	内田満	二〇〇〇円
吉野川住民投票―市民参加のレシピ	武田真一郎	一八〇〇円
日本型移民国家の創造	坂中英徳	二四〇〇円
新版 日本型移民国家への道	坂中英徳	二四〇〇円
戦争と国際人道法―その歴史のあゆみと	井上忠男	二四〇〇円
解説 赤十字の基本原則―人道機関の理念と行動規範（第2版）	J・ピクテ井上忠男訳	一〇〇〇円
新版 世界と日本の赤十字―世界最大の人道支援機関の活動	森棟居正尚孝	二四〇〇円

〒113-0023　東京都文京区向丘1-20-6　TEL 03-3818-5521　FAX 03-3818-5514　振替 00110-6-37828
Email tk203444@fsinet.or.jp　URL:http://www.toshindo-pub.com/
※定価：表示価格（本体）＋税

東信堂

日本コミュニティ政策の検証——自治体内分権と地域自治へ向けて〈コミュニティ政策叢書1〉	山崎仁朗編著	四六〇〇円
高齢者退職後生活の質的創造——アメリカ地域コミュニティの事例〈コミュニティ政策叢書2〉	加藤泰子	三七〇〇円
豊田とトヨタ——産業グローバル化先進地域の現在	山岡丹田辺徹宜彦編著	四六〇〇円
社会階層と集団形成の変容——集合行為と「物象化」のメカニズム	丹辺宣彦	六五〇〇円
「むつ小川原開発・核燃料サイクル施設問題」研究資料集	蓮見音彦	一八〇〇〇円
現代日本の地域格差	蓮見音彦	三八〇〇円
二〇一〇年、全国の市町村の経済的・社会的なちらばり——センサス等の市町村別集計に見る地域変動のダイナミックス	茅野恒秀・山下祐介編著 金山行孝編著	二二〇〇円
地域社会研究と社会学者群像——社会学としての闘争論の伝統	橋本和孝	五九〇〇円
【現代社会学叢書より】		
現代大都市社会論——分極化する都市？〈アーバン・ソーシャル・プランニングを考える・全2巻〉	橋本和孝・藤田弘夫・吉原直樹編著	二三〇〇円
都市社会計画の思想と展開	橋本和孝・吉原直樹編著	二三〇〇円
世界の都市社会計画——グローバル時代の都市社会計画	園部雅久	三八〇〇円
インナーシティのコミュニティ形成——神戸市真野住民のまちづくり	今野裕昭	五四〇〇円
【地域社会学講座 全3巻】		
地域社会学の視座と方法	似田貝香門監修	二五〇〇円
グローバリゼーション/ポスト・モダンと地域社会	古城利明監修	二五〇〇円
地域社会の政策とガバナンス	矢澤澄子・岩崎信彦監修	二七〇〇円
【シリーズ防災を考える・全6巻】		
防災の社会学〔第二版〕——防災コミュニティの社会設計へ向けて	吉原直樹編	三八〇〇円
防災の心理学——ほんとうの安心とは何か	仁平義明編	三二〇〇円
防災の法と仕組み	生田長人編	三二〇〇円
防災教育の展開	今村文彦編	三三〇〇円
防災と都市・地域計画	増田聡編	続刊
防災の歴史と文化	平川新編	続刊

〒113-0023 東京都文京区向丘1-20-6　TEL 03-3818-5521　FAX 03-3818-5514　振替 00110-6-37828
Email tk203444@fsinet.or.jp　URL http://www.toshindo-pub.com/
※定価：表示価格（本体）＋税

東信堂

国際法新講〔上〕〔下〕	田畑茂二郎	〔上〕二七〇〇円／〔下〕二九〇〇円
ベーシック条約集〔二〇一七年版〕	代表編集 薬師寺・坂元・浅田	二六〇〇円
ハンディ条約集〔第2版〕	代表編集 薬師寺・坂元・浅田	一五〇〇円
国際環境条約資料集	代表編集 坂元・高村・薬師寺	八六〇〇円
国際環境条約・宣言集〔第3版〕	編集 松井・富岡・田中・薬師寺・	三八〇〇円
国際人権条約・宣言集〔第3版〕	編集 松井・薬師寺・坂元・小畑・徳川	三八〇〇円
国際機構条約・資料集〔第2版〕	編集 香西・安藤	三三〇〇円
国際機構条約・資料集〔第2版〕	代表編集 西・仁介	
判例国際法〔第2版〕	代表 松井芳郎	三八〇〇円
日中戦後賠償と国際法	浅田正彦	五二〇〇円
国際法〔第3版〕	浅田正彦編著	二九〇〇円
国際環境法の基本原則	松井芳郎	三八〇〇円
国際民事訴訟法・国際私法論集	高桑昭	六五〇〇円
国際機構法の研究	中村道	八六〇〇円
21世紀の国際法と海洋法の課題	編集 薬師寺・桐山・西村・	七八〇〇円
国際海洋法の現代的形成	田中則夫	六八〇〇円
国際海峡	坂元茂樹編著	四六〇〇円
条約法の理論と実際	坂元茂樹	六八〇〇円
国際立法──国際法の法源論	村瀬信也	六〇〇〇円
小田滋・回想の海洋法	小田滋	七六〇〇円
小田滋・回想の法学研究	小田滋	四八〇〇円
国際法と共に歩んだ六〇年──学者として裁判官として	R・フォーク 川崎孝子訳	六八〇〇円
21世紀の国際法秩序──ポスト・ウェストファリアの展望	松井芳郎	三八〇〇円
国際法から世界を見る〔第3版〕──市民のための国際法入門	大沼保昭	二八〇〇円
国際法／はじめて学ぶ人のための〔新訂版〕	篠原梓	三六〇〇円
国際規範としての人権法と人道法	井上忠男	三三〇〇円
戦争と国際人道法──赤十字の歴史とあゆみ	井上忠男	二四〇〇円
人道研究ジャーナル5号	日本赤十字国際人道研究センター編	二〇〇〇円
プレリュード国際関係学	板木雅彦・山下範久編	二四〇〇円
核兵器のない世界へ──理想への現実的アプローチ	黒澤満編著	二三〇〇円
軍縮問題入門〔第4版〕	黒澤満	二五〇〇円

〒113-0023　東京都文京区向丘1-20-6　TEL 03-3818-5521　FAX 03-3818-5514　振替 00110-6-37828
Email tk203444@fsinet.or.jp　URL-http://www.toshindo-pub.com/
※定価：表示価格（本体）＋税

〈シリーズ 社会学のアクチュアリティ:批判と創造 全12巻〉

クリティークとしての社会学——現代を批判的に見る眼	西原和久・宇都宮京子 編	一八〇〇円
都市社会とリスク——豊かな生活をもとめて	池岡義孝・浦野正樹 編	二〇〇〇円
言説分析の可能性——社会学的方法の迷宮から	斉藤直子・友枝敏雄 編	二三〇〇円
グローバル化とアジア社会——ポストコロニアルの地平	吉原直樹・佐藤俊樹 編	二三〇〇円
公共政策の社会学——社会的現実との格闘	厚東洋輔・三重野卓 編	二三〇〇円
社会学のアリーナへ——21世紀社会のフロンティア	友枝敏明・武川正吾 編	二三〇〇円
モダニティと空間の物語——社会学のフロンティア	斉藤日出治・吉原直樹 編	二六〇〇円
戦後日本社会学のリアリティ——せめぎあうパラダイム	西原和久 編	二六〇〇円

〔地域社会学講座 全3巻〕

地域社会学の視座と方法	似田貝香門 監修	二五〇〇円
グローバリゼーション/ポスト・モダンと地域社会	古城利明 監修	二五〇〇円
地域社会の政策とガバナンス	矢澤澄子 監修	二七〇〇円

〈シリーズ世界の社会学・日本の社会学〉

タルコット・パーソンズ——最後の近代主義者	中野秀一郎	一八〇〇円
ゲオルグ・ジンメル——現代分化社会における個人と社会	居安正	一八〇〇円
ジョージ・H・ミード——社会的自我論の展開	船津衛	一八〇〇円
アラン・トゥーレーヌ——現代社会のゆくえと新しい社会運動	杉山光信	一八〇〇円
アルフレッド・シュッツ——主観的空間の社会学	森元孝	一八〇〇円
エミール・デュルケム——社会の道徳的再建と社会学	中島道男	一八〇〇円
レイモン・アロン——危機の時代の警世家	岩城完之	一八〇〇円
フェルディナンド・テンニエス——ゲゼルシャフト時代のゲマインシャフト	吉田浩	一八〇〇円
カール・マンハイム——時代を診断する亡命者	澤井敦	一八〇〇円
ロバート・リンド——アメリカ文化の内在的批判者	園部雅久	一八〇〇円
アントニオ・グラムシ——『獄中ノート』と批判社会学の生成	鈴木富久	一八〇〇円
費孝通——民族自省の社会学	佐々木衞	一八〇〇円
奥井復太郎——都市社会学と生活論の創始者	藤木弘雄	一八〇〇円
新明正道——綜合社会学の探究	山本鎮雄	一八〇〇円
米庄太郎——新総合社会学の先駆者	北島滋	一八〇〇円
高田保馬——理論と政策の統一・無媒介的統一・家族研究	川合隆男	一八〇〇円
戸田貞三——実証社会学の軌跡	蓮見音彦	一八〇〇円
福武直——民主化と社会学の現実化を推進		

〒113-0023 東京都文京区向丘1-20-6 TEL 03-3818-5521 FAX 03-3818-5514 振替 00110-6-37828
Email tk203444@fsinet.or.jp URL:http://www.toshindo-pub.com/

※定価:表示価格(本体)+税

東信堂

書名	著者/訳者	価格
責任という原理——科学技術文明のための倫理学の試み（新装版）	ハンス・ヨナス／加藤尚武監訳	四八〇〇円
主観性の復権——心身問題から『責任という原理』へ	H・ヨナス／石川・小野谷・片桐・飯田・木下・馬渕・山本訳	四六〇〇円
ハンス・ヨナス「回想記」	H・ヨナス／盛永・宇佐美・滝口訳	二〇〇〇円
生命の神聖性説批判	H・クーゼ／飯田・小野谷・片桐・水野訳	四六〇〇円
生命科学とバイオセキュリティ——デュアルユース・ジレンマとその対応	四ノ宮成祥・河原直人編著	二四〇〇円
医学の歴史	石渡隆司監訳	四六〇〇円
安楽死法：ベネルクス3国の比較と資料	今井道夫・浅井篤監修	二七〇〇円
死の質——エンド・オブ・ライフケア世界ランキング	加奈恵・小野谷訳	一二〇〇円
バイオエシックス入門〔第3版〕	丸祐一・小野谷・飯田亘之訳	二三八一円
バイオエシックスの展望	今井道夫・飯田亘之編	二三八一円
生命の淵——バイオシックスの歴史・哲学・課題	松坂香今浦昭悦知宏編著	二〇〇〇円
今問い直す脳死と臓器移植〔第2版〕	大林雅之	二〇〇〇円
キリスト教から見た生命と死の医療倫理	澤田愛子	二〇〇〇円
動物実験の生命倫理——個体倫理から分子倫理へ	浜口吉隆	二三八一円
医療・看護倫理の要点	大上泰弘	四〇〇〇円
テクノシステム時代の人間の責任と良心	水野俊誠	二〇〇〇円
原子力と倫理——原子力時代の自己理解	H・レンク／山本達訳	三五〇〇円
科学の公的責任——科学者と私たちに問われていること	小Th・笠原・野平編訳	一八〇〇円
歴史と責任——科学者は歴史にどう責任をとるか	小Th・笠原・野平編訳	一八〇〇円
〈ジョルダーノ・ブルーノ著作集〉より	小Th・笠原・野平編訳	一八〇〇円
カンデライオ	加藤守通訳	三二〇〇円
原因・原理・一者について	加藤守通訳	三三〇〇円
傲れる野獣の追放	加藤守通訳	四八〇〇円
英雄的狂気	加藤守通訳	三六〇〇円
ロバのカバラ——ジョルダーノ・ブルーノにおける文学と哲学	N・オルディネ／加藤守通監訳	三六〇〇円

〒113-0023 東京都文京区向丘1-20-6　TEL 03-3818-5521　FAX 03-3818-5514　振替 00110-6-37828
Email tk203444@fsinet.or.jp　URL:http://www.toshindo-pub.com/

※定価：表示価格（本体）＋税

東信堂

オックスフォード キリスト教美術・建築事典	P&L・マレー著 中森義宗監訳	三〇〇〇〇円
イタリア・ルネサンス事典	J・R・ヘイル編 中森義宗監訳	七八〇〇円
美術史の辞典	中森義宗・P・デューロ 中森義宗・清水忠訳他	三六〇〇円
涙と眼の文化史――中世ヨーロッパの標章と恋愛思想	徳井淑子	三六〇〇円
青を着る人びと	伊藤亜紀	三五〇〇円
社会表象としての服飾――近代フランスにおける異性装の研究	新實五穂	三六〇〇円
バロックの魅力	河田悌一	一八〇〇円
新版 ジャクソン・ポロック	ますこ ひろしげ	五四〇〇円
美を究め美に遊ぶ――芸術と社会のあわい	荻江藤光紀・田野佳編著	二八〇〇円
美学と現代美術の距離――アメリカにおけるその乖離と接近をめぐって	小穴晶子編	二六〇〇円
ロジャー・フライの批評理論――知性と感受性の間で	藤枝晃雄	二六〇〇円
レオノール・フィニ――境界を侵犯する新しい種	金 悠美	三八〇〇円
書に想い 時代を読む	要 真理子	四二〇〇円
日本人画工 牧野義雄――平治ロンドン日記	尾形希和子	二八〇〇円
〈世界美術双書〉		
バルビゾン派	井出洋一郎	二〇〇〇円
キリスト教シンボル図典	中森義宗	二三〇〇円
パルテノンとギリシア陶器	関 隆志	二三〇〇円
中国の版画――唐代から清代まで	小林宏光	二三〇〇円
象徴主義――モダニズムへの警鐘	中村隆夫	二三〇〇円
中国の仏教美術――後漢代から元代まで	久野美樹	二三〇〇円
セザンヌとその時代	浅野春男	二三〇〇円
日本の南画	武田光一	二三〇〇円
画家とふるさと	小林 忠	二三〇〇円
ドイツの国民記念碑――一八一三―一九一三年	大原まゆみ	二三〇〇円
日本・アジア美術探索	永井信一	二三〇〇円
インド、チョーラ朝の美術	袋井由布子	二三〇〇円
古代ギリシアのブロンズ彫刻	羽田康一	二三〇〇円

〒113-0023 東京都文京区向丘1-20-6
TEL 03-3818-5521 FAX 03-3818-5514 振替 00110-6-37828
Email tk203444@fsinet.or.jp URL:http://www.toshindo-pub.com/

※定価：表示価格（本体）＋税